KB108975

혼자 시작하는
사주명리 공부

혼자 시작하는 사주명리 공부

기초부터 심화, 다양한 사례 분석까지
한 권으로 끝내는 친절한 사주명리학 강의

김원 지음

더퀘스트

들어가며

나와 세상을 이해하는 도구, 사주명리

20년 넘게 직장 생활을 하는 동안 거의 10번 정도 이직을 했습니다. 지금 저는 50대인데 제 또래가 흔히 하는 경험은 아니었죠. 면접 때 약속한 직무가 아닌 다른 일을 시키거나, 하고 싶은 업무를 맡아서 좋아했는데 1년 만에 부서 이동을 통보받거나, 계약서 없이 일을 시작했다가 이틀 만에 채용이 취소되는 등 이직 사유도 다양했습니다.

그동안 열심히 살았다고 자부했기에 이 모든 일이 팔자 탓인 것만 같았습니다. 그래서 전국에 용하다는 곳을 돌며 운명을 물어보고 돈도 많이 썼지요. 그러다 문득 이런 생각이 들었습니다. '이렇게 계속 물어볼 거면 내가 배워서 직접 내 운명을 들여다보자!' 그렇게 사주명리 공부가 시작됐습니다.

물론 삶의 고민은 공부하면서도 계속되었지만 예전처럼 남에게 당했다거나 그럴 줄 몰랐다고 생각하는 경우는 많이 줄었습니다. 내 사주를 이해하니 남 탓을 하기보다 내 마음, 내 행동을 더 들여다보게 되었기 때문입니다. 그사이에 경력도 쌓여 지금은 업계에서 평판 있는 회사의 고위직에 몸담고 있습니다.

이 책은 예전의 저처럼 '내 사주를 직접 알아보자'라는 목표를 세운 분들을 위해 시작되었습니다. 특히 사주명리 공부를 시작부터 제대로 해보고 싶은 분, 동영상이나 교재로 어느 정도 공부했으나 자신이나 지인의 사주를 해석하기 어려워하는 분들을 염두에 두었습니다.

그런데 공부를 하면서 느낀 건 시중에 관련 서적이 적지 않지만 '친절한' 교재는 드물다는 점이었습니다. 저자가 고수라고 생각되는 책이라도 초보자에게는 어렵거나 두껍고, 읽기는 편하지만 중요한 이론들을 일부만 다뤄 종합적인 해석을 하기는 어려운 책도 있었습니다. 세상에 완벽한 책은 없겠지만 쉽게 읽히면서도 중요한 내용을 모두 다루는, 혼자 공부할 때 도움이 되는 사주명리 교재가 있으면 좋겠다고 생각했습니다.

'읽기 쉽고도 중요한 내용을 모두 다루는 교재 만들기'가 이 책을 시작한 동기라면 목표는 뭘까요? 그것은 바로 '이 책으로 공부한 분들이 사주의 핵심을 간파하고 인생사의 주요 사안들에 대해 구체적으로 설명할 수 있도록 돕는 것'입니다.

[사주로 누군가의 인생을 읽는다]

사주는 한 인간에 대한 스토리텔링입니다. 누군가를 어떤 사람이라고 이야기하려면 그 사람을 가장 잘 표현하는 한 문장으로도 요약할 줄 알아야 하지만 취향, 능력, 건강, 인간관계, 부와 명예 등 삶의 주제별로도 상세히 이야기할 수 있어야 합니다. 이처럼 사주 분석은 전체를 이야기하면서도 부분을 놓치면 안 됩니다.

사실 사주 분석이 아니더라도 인간이나 어떤 사건에 총체적으로 접근하려면, 나아가 과거를 분석하고 미래를 예측 및 준비하려면 전체와 부분, 어느 하나도 놓치면 안 됩니다. 경제경영 분야에서 자주 언급되는 '거시적', '미시적'이라는 단어도 결국 전체와 부분에 관한 이야기인 것처럼, 전체와 부분을 충분히 이해해야 비로소 그 분야의 '구조'를 파악했다고 할 수 있습니다.

그런데 사주의 전체와 부분을 모두 아우르며 구조를 파악하는 일은 쉽지 않습니다. 공부를 어느 정도 했다는 분들도 "이 사주는 관운은 좋은데…", "젊어서 결혼하면 안 좋고…", "팔자에 물이 필요한데…" 같은 이야기를 몇 마디쯤 하다가 말문이 막히는 것을 자주 봅니다. 이것저것 보이는 대로 몇 마디 하는 수준에 머무르지 않으려면 처음부터 사주의 구조를 넓고 깊게 파악하는 훈련을 해야 합니다. 이 책에서 제가 여러 번 강조할 내용이기도 합니다.

> 한 인생을 총체적으로 이해하고 올바른 대안을 찾으려면
> 처음 공부할 때부터 전체와 부분을 모두 아우르는
> 구조적 접근 방법으로 훈련해야 합니다.

그런데 여러분은 왜 이 책을 읽으시나요? 아직 책의 첫 부분을 살피며 읽을지 말지 고민하고 있나요? 사주 상담을 전업으로 하려는 분이 아니라면 아마도 '내 운을 직접 확인하고 싶다'라는 바람 때문일 것입니다. 예전의 저와 같이 말이죠. 잘 본다는 역술인을 찾아가도 되는데 굳이 시간을 들여 공부하고자 하는 까닭은 아마도 '나'를 알고 싶다는 인간 고유의 욕구 때문일 겁니다. 사실 이런 목적의 사주 공부야말로 제가 지향하는 바입니다. '나'는 내가 가장 잘 알면서도 잘 모르기도 하기에, 세상을 살면서 나를 이해하는 도구를 하나 더 가진다면 그 또한 든든한 힘이 되겠죠.

물론 일반인이 사주명리를 직업으로 삼고 상담을 많이 해본 전문가를 뛰어넘기는 어렵습니다. 그렇지만 개인이기 때문에 자기 자신과 가족, 지인들의 지난날에 대해서는 누구보다 잘 안다는 강점이 있습니다. 어느 정도 공부가 이뤄지면 내가 아는 기억의 데이터베이스를 통해 이론과 실제를 맞춰보면서 '그때 그래서 그랬구나' 하는 통찰이 생깁니다. 그리고 이런 깨달음은 마음속 깊이 자리 잡고 미래의 구체적인 계획과 실행에 대한 확신으로 이어집니다.

물론 정초에 용하다는 곳에 가서 "올해는 승진운이 좋다", "올해는 주식 투자하면 안 된다"라는 이야기를 듣는 것도 도움이 되기는 합니다. 그러나 스스로 공부해서 나의 지난날을 사주명리라는 새로운 틀로 이해하고 '왜 그런지'를 알게 된다면 이는 외부인에게서 받은 상담과는 비교가 되지 않습니다.

'나'라는 개인은 내가 제일 깊이 압니다. 자신이 분석한 것을 믿고 그에 따른 준비를 하면 타인에 의한 결정이 아니라 스스로 내린 선택과 결정이란 측면에서 책임과 실천의 질이 달라집니다.

어떤 사람들은 유명한 곳에 가서 상담을 받으면서도 듣고 싶지 않은 이야기는 알아서 거르기도 합니다. 또 어떤 사람들은 원하는 이야기를 해주는 역술인을 만나기 위해 전국 방방곡곡을 돌아다니기도 합니다. 스스로 사주명리를 공부한다면 적어도 그런 일은 일어나지 않겠죠.

자기 자신, 가족, 가까운 지인들의 사주를 전문가 못지않게 분석할 줄 알면 남다른 실천력도 생깁니다. 자신이 처한 환경과 상황을 누구보다 잘 알기 때문에 남이 뭉뚱그려 이야기하는 대안보다 훨씬 더 자신에게 잘 맞는 대안을 찾을 수 있습니다. 이것이 제가 여러분에게 사주명리 공부를 권하는 이유입니다.

[마음의 여유를 주는 학문]

나와 주변 사람들의 사주를 이해하게 되면 삶을 결과로 보기보다는 총체적인 인과관계로 파악하게 됩니다. 그리고 상대방의 입장과 상황을 이해하는 마음의 여유도 생깁니다. 인생을 오래 산 어른들은 실패의 원인을 난시 노력이 부족했나서나, 한두 사람 때문에 내 앞길이 막혔나는 식으로 이해하지 않습니다. 살아보니 모든 일에는 복잡한 실타래가 있음을 깨닫게 되었기에 매사 순리대로 하려는 마음의 여유를 가지려 하죠.

사주명리를 공부하면 오래 살아보지 않아도 순리를 수용하고 여유로운 마음을 가질 수 있습니다. 구체적인 고민에 대한 답을 찾기 위해 공부하다 보면 어느덧 나와 남을 이해하고 마음의 평화를 얻는 다른 차원의 도구를 얻게 됩니다.

사주명리를 공부하면
나와 주변 인생의 복합적인 인과관계를 알게 되어
유용한 도움을 얻기도 하지만
차츰 그것을 넘어 마음의 여유,
주변에 대한 이해까지 생겨납니다.

이 책을 통해 사주가 여러분의 인생을 이해하고 어려움을 헤쳐나갈 수 있게 도와주는 또 다른 도구가 되길 바랍니다. 사주 공부가 인생을 획기적으로 바꾸지는 못해도 그동안의 여정을 돌아보고 마음의 여유를 찾을 수 있도록 돕는 것은 분명합니다. 활용할 수 있는 도구가 많을수록 험난한 세상을 살아가기도 수월해지겠죠. 자, 그러면 여러분의 인생에 든든한 지원군이 되어줄 사주명리 공부를 시작해볼까요?

차례

제3강

기본 이론 2

제4강

기본 이론 3

제5강

실전 사례 풀이

제6강

실전 사례 연습

사주명리 공부 로드맵

사주명리의 의미와 기본 용어들을 소개합니다.

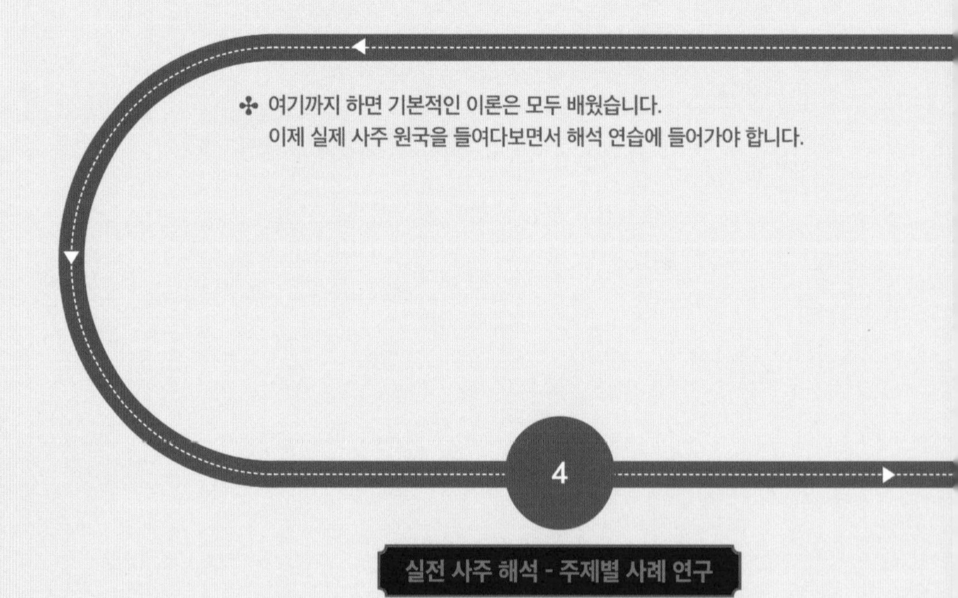

✣ 여기까지 하면 기본적인 이론은 모두 배웠습니다.
이제 실제 사주 원국을 들여다보면서 해석 연습에 들어가야 합니다.

직장운, 사업운, 결혼운, 기타 사례 등을 통해
이론 공부 내용을 점검합니다.

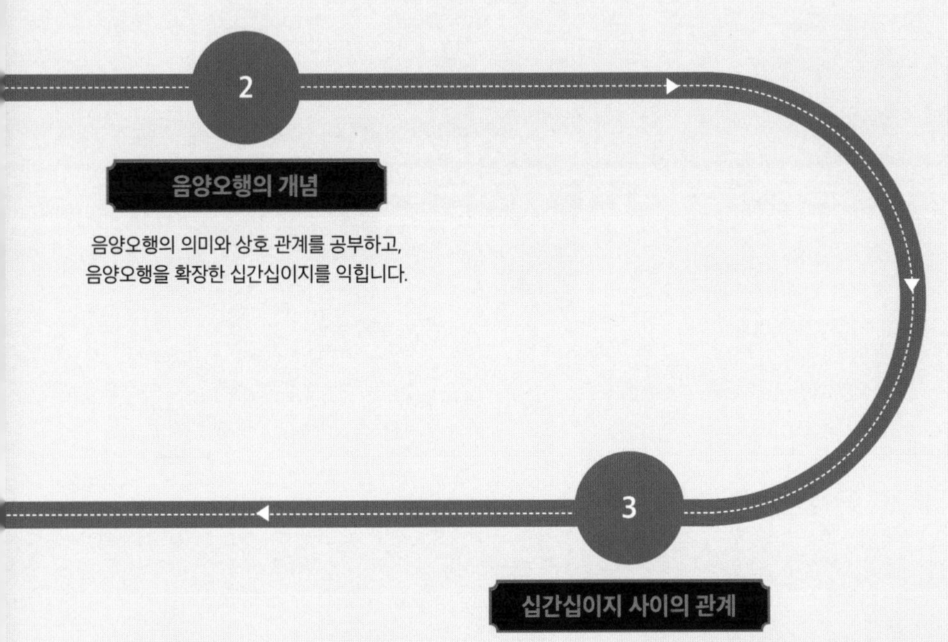

2

음양오행의 개념

음양오행의 의미와 상호 관계를 공부하고,
음양오행을 확장한 십간십이지를 익힙니다.

3

십간십이지 사이의 관계

자연적 존재로서의 인간, 사회적 존재로서의 인간에 대해
십간십이지 간의 관계를 통해 알아봅니다.

5

실전 사주 연습 - 주변 사례 분석하기

가족이나 지인들의 사주를 분석하며
사주명리 분석의 가치를 체험합니다.

GOAL

제1강

사주명리의 기초

◦01◦ 사주명리란 무엇인가

'사주명리'는 대체 무엇일까요? 사주명리라는 글자를 하나씩 해석하면 간단하게 답의 실마리를 찾을 수 있습니다. 먼저 '사주四柱'는 '네 개의 기둥'이라는 의미입니다.

시	일	월	연

위 표의 오른쪽부터 연年, 월月, 일日, 시時 각각의 칸에 두 글자씩 한자를 배정합니다. 이렇게 한자 두 개씩 세로로 배치된 모습이 마치 네 개의 기둥 모양과 같다고 해서 기둥 '주柱' 자를 사용해 사주라고 부릅니다. 한자가 총 여덟 개이니 '사주팔자四柱八字'라고도 합니다.

'명리命理'의 뜻은 무엇일까요? 운명命에 대한 이치理를 뜻합니다. 그래서 사주명리란 '연, 월, 일, 시의 정보를 근거로 인간의 길흉화복을 이야기하는 것'이라고 이해할 수 있습니다.

사주의 각 기둥은 시주時柱, 일주日柱, 월주月柱, 연주年柱라고 부릅니다. 그리고 아래 표와 같이 각 기둥의 칸에 태어난 연, 월, 일, 시의 정보가 들어갑니다. 총 여덟 글자가 들어가는 것이죠. 이 여덟 글자 속에 한 인간의 생로병사, 자연의 음양오행의 원리가 모두 들어 있습니다.

	시	일	월	연
천간	시간 (자녀의 기운)	일간 (나의 기운)	월간 (부친의 기운)	연간 (조부의 기운)
지지	시지 (자녀의 기운)	일지 (직업의 기운, 배우자의 기운)	월지 (모친의 기운)	연지 (조모의 기운)

표의 윗줄은 '하늘'을 상징한다고 하여 '천간天干'이라고 하고, 사주 주인공의 타고난 성격이나 지향하는 바를 나타냅니다. 표의 아랫줄은 '땅'을 상징한다고 하여 '지지地支'라고 하며 사주 주인공이 생활하는 환경을 나타냅니다. 동시에 각 글자들은 가족과 관련된 기운도 상징합니다. 곧 자세히 배우겠지만 천간의 '간干'과 지지의 '지支'는 십간십이지十干十二支에 있는 '간'과 '지'입니다.

아직 용어들이 좀 낯설게 느껴져도 괜찮습니다. 책을 읽어나가다 보면 서서히 내용들이 눈에 익숙해질 것입니다. 지금은 '아, 이런 게 있구나' 정도로만 여기고 넘어가면 됩니다.

[사주를 믿습니까]

대체 우리는 사주를 왜 보는 걸까요? '나'를 알기 위해 봅니다. 나의 과거를 확인하고 미래를 예측하고 싶어 봅니다. 또 내 주변에 있는 사람들인 가족, 친구, 동료, 지인 등의 운명을 알고 싶어서, 그들과 나 사이의 운명을 알고 싶어서 봅니다.

사주명리 공부를 통해 자신을 들여다보면 나는 누구이고 어떤 성격을 타고났으며, 무엇을 추구하는 성향이 있는지, 어떤 부분이 유리하고 불리한지를 대략적으로나마 그릴 수 있게 됩니다. 또 내게 과한 기운은 무엇이고 부족한 기운은 무엇인지, 다른 사람과 잘 지낼 수 있는 사람인지, 건강은 어떤지 등도 가늠할 수 있습니다. 이를 초년, 청년, 장년, 말년으로 나눠서 보기도 하고, 10년의 큰 인생 흐름인 대운이나 매년의 운세인 세운을 통해서 파악하기도 합니다. 이처럼 사주명리는 내게 주어진 운명의 큰 전개도를 파악하는 것이라 할 수 있습니다.

'사주로 한 인생을 정확히 예측할 수 있느냐', '명리가 학문이 맞느냐' 같은 도전적 질문들을 자주 듣습니다. 개인적으로는 저 자신을 이해하기 위해 시작한 사주명리 공부였고, 그 목적은 어느 정도 달성했기에 예전에는 이런 질문들에 대답할 필요를 느끼지 못했습니다. 하지만 같은 질문을 여러 번 듣다 보니 나름의 답을 정리해봐야겠다는 생각이 들었습니다.

사주명리에서는 두 시간 안에 태어난 사람은 모두 같은 운명으로 간주합니다. 두 시간을 한 팔자로 간주하면 그사이에 우리나라에서만도 수십 명 이상이 태어납니다. 이 사람들의 운명이 모두 100퍼센트 같을 수는 없습니다. 두 시간 안에 태어난 사람들이 모두 한 직장에서 만날 가능성은 당연히 희박합니다.

그렇다면 사주명리는 대체 뭘까요? 사주명리는 기질과 비슷하다고도 볼 수 있습니다. 저마다 가지고 태어난 것이 있는데 어떤 환경과 상황을 만나느냐에 따라 기질의 발현이 달라집니다. 그리고 그 기질은 그 사람의 모든 것을 결정하지는 않지만 '어느 정도'는 결정합니다.

사주명리를 통해서는 그 사람의 대략적인 성격이나 기호, 잘하는 분야, 취직이나 재물운에서 유리하거나 불리한 시기 등을 알 수 있습니다. 인생의 70~80퍼센트 이상을 미루어 짐작할 수 있게 해주죠. 이 정도만 알아도 인생의 충분한 나침반이 아닐까요?

사주명리의 이론은 자연을 관찰하며 발견한 이치들을 인간의 삶에 적용하면서 만들어진 것입니다. 수많은 사람의 연, 월 일, 시에 대한 자료들이 이론적 검증에 사용되어 왔습니다. 서양의 통계학처럼 수학적 모델을 만들고 데이터를 통해 유의성을 검증하지는 않았지만 아주 방대한 자료로, 오랫동안 검증해왔죠. 통계학은 아닐지라도 '통계적' 접근은 했다고 볼 수 있습니다. 그래서 저는 사주명리가 신뢰할 만한 학문이자 도구라고 생각합니다.

[느리더라도 꾸준하게]

이 책을 읽다가 이해가 잘 안 되는 부분도 있을 겁니다. 그럴 때는 '천천히 한 번에' 이해하기보다 '빠르게 여러 번' 보면서 공부하는 방법을 권합니다. 걷다 보면 높은 산에 올라갈 것이고, 그때 돌아보면 어디서 헤맸는지 알게 될 것이라는 믿음으로 공부해야 합니다. 물론 빨리 가면 좋습니다. 그러나 늦더라도 꾸준히 공부한 사람이 결국은 뛰어난 실력을 갖추는 것을 여러 번 봤습니다. 이는 사주명리에만 통하는 규칙은 아니라고 생각합니다.

한자가 많이 나올까 봐 걱정할 필요도 없습니다. '갑甲, 을乙, 병丙, 정丁, 무戊, 기己, 경庚, 신辛, 임壬, 계癸' 그리고 '자子, 축丑, 인寅, 묘卯, 진辰, 사巳, 오午, 미未, 신申, 유酉, 술戌, 해亥'까지 외워야 할 한자는 22개뿐입니다. 게다가 이 중 동물띠를 뜻하는 한자 12개는 매년 초 방송과 언론 등에서 많이 들어봤을 겁니다.

또한 음양오행陰陽五行이 사주명리의 기본인데 이것도 우리 생활 속에 이미 존재합니다. 요일을 보면 일요일은 해를 뜻하는 양陽, 월요일은 달을 뜻하는 음陰, 나머지가 화火, 수水, 목木, 금金, 토土의 다섯 요일입니다. 이미 일상에서 음양오행을 접하고 있는 것입니다.

이 책을 집어 든 것만으로도 여러분은 사주명리와 보이지 않는 인연이 있다고 생각합니다. 이제 나와 주변을 이해하고 과거와 현재와 미래에 대해 새로운 시각으로 생각하도록 돕는, 좋은 친구이자 도구인 사주명리를 천천히 알아가 봅시다.

◦02◦

무엇을 공부해야 하는가

사주가 대체 뭐길래 한 사람을 이해하고 미래의 준비를 도울 수 있는 걸까요? 우리는 무엇을 공부해야 한 사람의 사주를 이해할 수 있을까요?

사주명리는 태어난 연, 월, 일, 시가 인생의 핵심 정보라고 가정합니다. 이 정보는 우리에게 친숙한 '갑, 을, 병, 정…', '자, 축, 인, 묘…'를 합한 22개 한자, 즉 십간十干 10개와 십이지十二支 12개로 바꿀 수 있습니다. 이 글자 간의 관계를 이해하면 한 사람의 삶이 보인다는 것이 사주명리의 핵심입니다. 따라서 사주 분석의 시작은 생년월일시 정보를 '갑, 을, 병, 정…', '자, 축, 인, 묘…'의 십간십이지로 바꾸는 것입니다.

이것을 돕는 책을 만세력萬歲曆이라고 하는데, 과거와 미래의 달력 수십 년 치를 정리한 책이라고 생각하면 됩니다. 요즘은 인터넷에서 '만세력'을 검색하면 쉽게 사용할 수 있습니다.

그림 1. 양력 2021년 2월 2일 오후 4시 30분에 출생한 남자의 사주

	시	일	월	연
사주팔자 (명命)	정관	主	편인	겁재
	丙	辛	己	庚
	申	巳	丑	子
	겁재	정관	편인	식신

대운(운運)	71	61	51	41	31	21	11	1
1대운	丁	丙	乙	甲	癸	壬	辛	庚
	酉	申	未	午	巳	辰	卯	寅

예를 들어 어떤 남자가 양력 2021년 2월 2일 오후 4시 30분에 태어났다고 가정하고 이 정보를 만세력 프로그램에 입력하면 위와 같은 정보가 나옵니다. 프로그램에 따라 보이는 방식은 조금씩 다를 수 있지만 기본 내용은 같습니다. 여러분과 주변 사람의 실제 생일을 넣어보고 어떤 글자들이 나오는지 확인해보는 것도 좋습니다.

타고난 명命에 해당하는 여덟 글자를 '원국原局'이라고도 합니나. 협의의 사주팔자는 원국을 말하고, 광의의 사주팔자는 원국에 대운, 세운 등 바뀌는 운을 종합하여 말합니다. 앞으로는 명에 해당하는 여덟 글자를 원국이라고 부르겠습니다.

사주명리에서는 연월일시 순으로 외부의 기운이 들어온다고 봅니다. 오른쪽에서 왼쪽으로 영향을 주는 것이죠. 이는 뒤에서 사례 설명을 할 때 좀 더 자세히 이야기하겠습니다.

[명, 타고난 '사주팔자']

그림 1(24쪽)을 보면 연, 월, 일, 시 아래에 세로로 각각 두 개의 한자가 있습니다. 태어난 연도 아래의 '경자庚子'라는 글자는 사주의 주인공이 경자년(쥐띠 해)에 태어난 것을 뜻합니다. 2021년 2월 2일은 양력으로는 신축년(소띠 해)이지만 아직 입춘立春이 지나지 않았기에 전년도인 2020년 쥐띠 해입니다.

사주명리에서 새해의 시작은 양력 1월 1일도, 음력 1월 1일도 아닙니다. 입춘이 한 해의 시작입니다. 연초마다 방송에서 올해는 "신축년 소띠다", "임인년 호랑이띠다"라는 식으로 이야기합니다. 두 글자로 태어난 해를 표현하는 것이죠. 같은 방법으로 월, 일, 시에도 두 글자씩 한자를 배정합니다. 사주팔자를 달리 표현하면 '명命'입니다. 흔히 팔자가 좋다, 나쁘다 하는 건 이 여덟 글자가 좋은지 나쁜지를 말하는 것입니다.

이 여덟 글자는 태어날 때 엄마 뱃속을 나와 첫 숨을 쉬는 때의 생년월일시를 기준으로 부여받는다고 가정합니다. 자연과 한 개체가 호흡으로 만나는 첫 순간의 기운이 그 사람이 평생 사용할 기운이 된다고 보는 것이죠.

그런데 사주팔자만 좋으면 인생이 잘 풀릴까요? 그럴 확률이 높을 뿐, 언제나 그렇지는 않습니다. 자주 언급되는 비유가 자동차입니다. 공장에서 어떤 차는 최고급 세단으로 출고되고 어떤 차는 작은 경차로 출고됩니다. 간혹 불량품이 있는 채로 출고되기도 합니다. 그런데 최고급 세단이 비바람 치는 흙길, 자갈길, 산길을 달린다면 과연 이 차가 행복할까요? 경차이지만 화창한 날에 차 없는 고속도로를 막힘 없이 달린다면 과연 불행할까요? 품질 불량이어도 심각한 수준만 아니라면 적절한 리콜로 문제를 해결하지 않나요? 그래서 다음에 알아볼 '운運'이 중요합니다.

[운, '삶의 길흉화복']

운은 평소에 우리가 "운이 좋다"라거나 "운이 나쁘다"라면서 자주 사용하는 말입니다. 사주 분석에서 운은 나름의 정의가 있습니다. 앞서 이야기한 자동차가 달릴 '도로'가 바로 운입니다. 명命이라는 자동차가 운運이라는 도로를 달리는 전체 모습을 봐야 그 사람의 운명運命을 분석할 수 있습니다. 변하지 않는 사주팔자인 명과 변화하는 운을 순서대로 부르면 명운命運이지만 흔히 쓰는 운명이라고 불러도 좋습니다.

이제 운이 사주의 주인공이 달릴 도로라는 개념은 알겠는데, 구체적으로 사주를 분석할 때는 무엇을 봐야 하는 걸까요? 예를 들어 어떤 해가 임인壬寅년 호랑이띠 해라고 한다면 사주팔자 여덟 글자의 명은 임인년이라는 도로를 달리고 있다고 해석하면 됩니다.

사실 명에는 연도뿐 아니라 월, 일, 시간까지 포함됩니다. 운의 흐름은 연도까지 보면 알 수 있지만 정밀한 분석이 필요하면 월에 해당하는 두 글자까지 봅니다. 그림 1(24쪽)을 보면 '경자庚子년, 기축己丑월, 신사辛巳일, 병신丙申시'의 사주팔자를 가진 명命이 2034년인 갑인甲寅년의 시점이 되면 '갑인'이라는 도로를 달리고 있는 것입니다.

그러면 그림 1의 아랫 부분에 있는 '대운大運'은 무엇을 의미할까요? 많은 사람이 '대박운'이 아니냐고 하지만 그게 아니라 10년 단위의 운을 말합니다. 1년의 운보다 큰 범위의 운을 의미하는 것이죠. 이는 좋을 수도, 나쁠 수도 있습니다. 1년 단위의 운은 '세운歲運'이라고 해서 그해에 달리는 도로의 모습을 뜻합니다. 대운은 10년간 달리는 도로 또는 도로가 위치한 지형적 환경을 뜻합니다.

그림 1 사주의 주인공을 예로 들면 2034년에 이 사람은 14세(만 13세)입니다. 대운표를 보니 11세부터의 21세까지 10년간은 신묘辛卯라는 인생 도로를 달립니다. 그리고 14세인 2034년이라면 신묘 대운과 갑인 세

운이라는 환경을 살아가는 것입니다. 대운과 세운 모두를 확인해야 사주팔자의 주인공이 특정 시기에 만나는 길흉화복을 제대로 이해할 수 있습니다.

요약해보면 한 사람의 운명을 이해하는 순서는 두 단계로 진행됩니다. 첫째, 타고난 여덟 글자인 사주팔자를 분석해서 변하지 않는 그 사람만의 특징과 장단점을 이해합니다. 자동차라면 출고 시 고급 세단인지, 경차인지, 불량은 없는지 보는 것입니다. 둘째, 인생을 살아가며 만나는 10년 단위의 환경인 대운과 매년 만나는 세운이 사주의 주인공에게 유리한지, 불리한지를 시기별로 분석합니다.

월 단위, 일 단위도 대운이나 세운과 같이 두 글자씩의 환경으로 분석할 수 있지만 분석 단위를 너무 좁히지 않는 것을 권합니다. 아주 운이 좋거나 나쁠 때만 월 단위 분석을 하는 것이 좋다고 생각합니다. 매일매일 그날의 운을 계산한다면 너무 피곤할 것 같아서입니다. 물론 선택은 개인의 자유입니다.

타고난 사주팔자인 '명'은 태어날 때의 생년월일시로 이미 정해진 것이라는 걸 알았습니다. 그렇다면 운은 어떨까요? 10년 단위의 대운도 이미 표에 계산되고, 매년 어떤 띠인지도 정해졌다면 운전자 마음대로 도로를 선택하지 못하는 게 아닐까요?

이 부분은 전문가들 사이에서도 의견이 분분합니다. 운명론자들은 우리는 운전자가 아니라 자동차이며, 보이지 않는 운전자에 의해 이미 프로그램된 대로 주행할 뿐이라고 주장합니다. 의지론자들은 인간은 자유

의지가 있어 어떤 도로를 달릴지 선택할 수 있다고 주장합니다. 중도론자들은 큰 흐름은 바꿀 수 없지만 비바람이 심한 날에 고기를 잡으러 가지 않는 어부의 선택 정도는 할 수 있다고 말합니다. 판단은 독자들에게 맡기겠습니다. 참고로 저는 마지막 중도론자입니다.

대운 작성의 원리와 순서

대운은 사람마다 다르다고 했습니다. 그러면 대운은 어떻게 결정될까요? 대운은 월간과 월지, 즉 월주月柱의 두 글자를 기준으로 작성됩니다. 그런데 사주 주인공의 성별과 연간年干의 음양陰陽에 따라 월주라는 기준을 활용하는 방법이 다릅니다.

만일 어떤 사람이 남자인데 연간이 양陽의 천간이라면 어떻게 대운이 결정될까요? 예를 들면 바로 그림 1의 사주가 그런 경우입니다. 사주 주인공은 남자이고 연간이 경庚이라는 양의 천간인데요. 이렇게 되면 월주가 기축己丑이니 이것을 기준으로 순방향으로 '경인庚寅, 신묘辛卯, 임진壬辰…'의 순서가 됩니다. 다만 몇 년마다 대운이 바뀌느냐를 정하는 대운수는 만세력을 조회해서 찾아야 합니다. 책 혹은 인터넷에서 볼 수 있는 만세력 모두 생년월일시만 알면 대운이 몇 살마다 바뀌는지 알 수 있습니다.

만약 남자인데 연간이 음의 천간이면 역행합니다. 그림 1의 주인공처럼 월주가 기축이라면 '무자戊子, 정해丁亥, 병술丙戌…'의 순서로 진행됩니다. 여자인데 연간이 양의 천간이면 역행이고, 음의 천간이면 순행으로 대운 글자들을 정하게 됩니다

·03·

십간과 십이지

명과 운이 사주 분석의 개념적 이해라면 이제 무엇을 공부해야 사주를 볼 수 있는지 알아봐야겠죠. 앞서 연, 월, 일, 시를 십간십이지十干十二支의 여덟 글자로 바꾼다고 했습니다. 십간과 십이지는 1년을 해와 달의 순환 주기를 기본으로 하늘과 땅의 조화를 생각하며 만들어낸 개념입니다. 십간과 십이지를 갑자, 을축 등으로 서로 한 글자씩 말을 조합하면 모두 60개가 생기는데 이게 바로 60갑자입니다.

과거 중국철학에서는 시간이 순환한다고 생각했고 이 시간의 순환을 60개의 단위로 나누었는데, 그것이 바로 간지입니다. 십간은 갑甲, 을乙, 병丙, 정丁, 무戊, 기己, 경庚, 신辛, 임壬, 계癸로 사주팔자 윗줄에 배치됩니다. 십이지는 자子, 축丑, 인寅, 묘卯, 진辰, 사巳, 오午, 미未, 신申, 유酉, 술戌, 해亥로 사주팔자의 아랫줄에 배치됩니다.

십간은 표의 윗줄이라 하늘에 있다고 비유해 '천간天干', 십이지는 표의 아랫줄이라 땅에 있다고 비유해 '지지地支'라고 부른다고 했습니다. 그림 1의 사주 주인공의 경우 태어난 '연'도의 천'간'인 경庚은 연간年干이 되고, 태어난 '연'도의 지'지'인 자子는 연지年支가 됩니다.

사주명리에서 십간(천간)의 의미는 하늘의 기운입니다. 지구상의 모든 생명은 하늘과 땅의 기운을 받아 살아갑니다. 그런데 하늘의 기운은 눈에 보이지도, 손에 잡히지도 않습니다. 구체적이지 않기 때문에 일상생활 곳곳에 다 영향을 미치지도 않습니다. 그러나 인생 전반을 아우르는 기운이기에 한 인간의 근본적인 성향, 나아가고자 하는 방향성, 전략 등을 유추하는 근거로 활용할 수 있습니다. 그래서 많은 학자가 십간을 한 인간이 어떤 곳(목표, 이상향)을 향해 달려가는 기운, 동력 등으로 풀이합니다.

십이지(지지)는 땅의 기운입니다. 사람은 두 발을 땅에 딛고 살아갑니다. 하늘의 기운이 추상적인 것, 형이상학적 것, 포괄적인 무언가를 의미한다면 지지는 인간의 시간, 구체적인 활동, 현실적인 가치, 작지만 분명히 느낄 수 있는 기운 등을 의미합니다. 인간의 현실적인 삶에 대한 것이라고 할 수 있죠.

천간과 지지

천간天干	갑甲, 을乙, 병丙, 정丁, 무戊, 기己, 경庚, 신辛, 임壬, 계癸
지지地支	자子, 축丑, 인寅, 묘卯, 진辰, 사巳, 오午, 미未, 신申, 유酉, 술戌, 해亥

[십간십이지, '자연으로서의 인간']

앞서 그림 1에 제시된 사람은 '경자庚子년, 기축己丑월, 신사辛巳일, 병신丙申시(양력 2021년 2월 2일 오후 4시 30분)'에 태어났습니다. 십간에서는 '경庚, 기己, 신辛, 병丙'의 네 글자를 사용했고, 십이지에서는 '자子, 축丑, 사巳, 신申'의 네 글자를 사용했습니다.

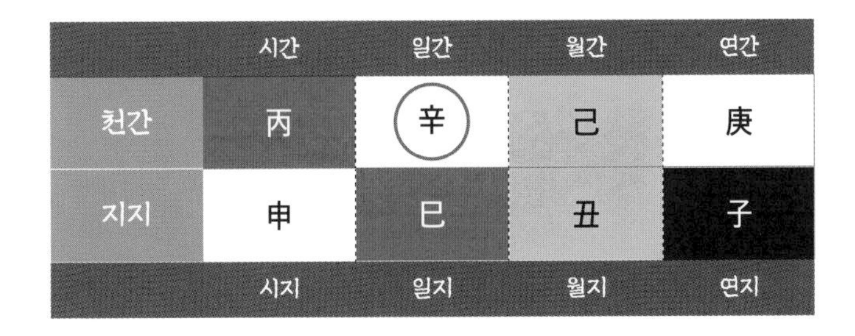

	시간	일간	월간	연간
천간	丙	辛	己	庚
지지	申	巳	丑	子
	시지	일지	월지	연지

이제 아주 중요한 개념을 소개합니다. 태어난 날의 천간인 일간日干을 사주의 주인공인 '나'로 본다는 것입니다. 물론 여덟 글자 전체가 내 모습이기는 합니다. 그러나 여덟 글자 안에서도 특히 자기 자신을 대표하는 글자를 하나 정하고, 이를 기준점으로 삼은 후 다른 글자들과의 상호 관계로 '명'을 이해하는 것이 사주팔자를 분석하는 방법입니다.

위 표의 주인공은 일간이 '신辛'입니다. 뒤에 배우겠지만 이 글자는 보석이나 칼과 같이 '가공되고 제련된 금속'을 의미합니다. 곁에 있는 다른 글자가 물을 의미한다면 금속과 물의 관계를, 다른 글자가 불을 의미한다면 금속과 불의 관계를 생각하는 식으로 팔자를 이해합니다. 사주 원국의 첫인상을 빠르게 파악할 때는 물이 너무 많으면 금속이 녹슨다거나, 불은 금속을 녹인다거나 하는 수준으로 분석합니다. 일단 자연 속의 한 개체로 이해한 다음, 사회적 존재로서 분석하는 것이죠. 나라는 인간이 금속이라면 물에 해당하는 사람은 내게 어떤 의미인지 이해하는 식입니다.

이렇게 하기 위해서는 먼저 자연을 구성하는 요소들에는 무엇이 있는지, 각각의 특징들은 어떤지 알아야 합니다. 그래야 나를 뜻하는 자연 요소와 주변 다른 요소들의 상호작용을 이해할 수 있습니다. 앞서도 이야기했지만 사주명리는 자연을 관찰하며 나온 이론입니다. 자연은 밝음과 어둠을 기본으로 하며 다섯 가지의 요소로 이루어진다고 봅니다. 이것이 음양오행론입니다.

음陰과 양陽은 어둠과 밝음을 뜻하며 오행은 화火(불), 수水(물), 목木(나무), 금金(쇠), 토土(흙)입니다. 오행의 의미를 알고 나면 오행 간의 관계를 공부해야 합니다. 관계는 크게 '동등한 관계', '도움을 주는 관계', '통제하고 제압하는 관계'로 나눕니다. 다시 말해 A는 B와 동등하거나, A는 B를 돕거나, A는 B를 제압하고 취하는 것이 세상에 존재하는 모든 관계의 원리라는 것입니다.

곰곰이 생각해보면 그렇지 않습니까? A가 나무인데 B도 나무이면 서로 동등하고, A가 물인데 B가 나무이면 A는 B를 돕는 것이고, A가 나무인데 B가 도끼면 B는 A를 제압하는 것입니다. 이와 같은 자연적 특징을 사람에게 적용하면 사회적 관계로 확상됩니다.

음양오행을 알아본 다음에는 십간십이지를 음양오행의 틀 안에서 이해해야 합니다. 음양오행을 추상적 속성으로 보고, 이것을 현실 속에 구현한 실체가 십간십이지라는 것이 사주명리의 개념입니다. 예를 들면 갑甲

은 나무木를 뜻하는데 그중에서도 양陽의 나무를 가리키며, 축丑은 흙土인데 음陰의 흙이라는 식입니다.

우리가 대화할 때 쓰는 '단어'는 말하는 사람이 표현하려는 의미를 담고 전달하는 그릇입니다. 즉 사회적 약속으로, 그 단어의 속뜻이 무엇이라고 공유될 뿐입니다. '나무'라는 단어는 한국인에게는 익숙하지만 한국어를 모르는 외국인에게는 무슨 뜻인지 가늠할 수 없는 낯선 단어입니다. '나무'라는 말을 들어도 연상되는 것이 아무것도 없겠죠.

사주명리도 마찬가지입니다. 개념적인 수준의 음양오행을 자연과 사회에 구체적으로 드러내기 위한 표현 도구가 필요합니다. 이것이 바로 십간십이지입니다. 어떤 학자는 음양오행은 골격만 있는 사람이라 표정도 없고 홀로 설 수 없으며 따라서 움직일 수도 없다고 했습니다. 하지만 음양오행을 십간십이지로 구현하면 표정 있는 인간의 모습, 움직이며 활동하는 자연과 사회 속의 개체가 된다고 했죠.

십간십이지로 표현해야 사주의 상세한 설명이 가능하고(미시적 분석), 한 폭의 풍경화처럼 인생 전체를 그릴 수도 있기에(거시적 분석) 한 인생을 구조적으로 파악할 수 있습니다.

[십신, '사회적 존재로서의 인간']

자연 속의 한 개체로 사주를 이해한다고 해도 우리가 실제 나무나 물은 아닙니다. 사회적 동물인 인간이죠. 무병장수도 중요하지만 돈과 명예, 사랑 등 희로애락을 만드는 관심사도 살펴봐야 합니다. 그래서 '나'를 둘러싼 다른 글자들과의 관계를 10가지 사회적 유형으로 나눠 '십신十神' 이라고 부르고, 십신을 통해 사주의 십간십이지를 해석한 결과에 사회적 의미를 부여합니다.

다시 그림 1을 살펴봅시다. 양력 2021년 2월 2일생인 이 사람의 사주 여덟 글자 위아래에 적힌 '정관, 식신, 편인, 겁재' 등이 바로 십신입니다. 정관正官은 이른바 관운官運이라고 하는 조직운, 명예운을 뜻합니다. 겁재劫財는 재물을 겁탈한다는 뜻으로 경쟁의 기운입니다. 식신食神은 먹고사는 힘으로서 생계 또는 성실성을 뜻합니다.

그림 1. 양력 2021년 2월 2일 오후 4시 30분에 출생한 남자의 사주

	시	일	월	연
사주팔자 (명命)	정관	主	편인	겁재
	丙	辛	己	庚
	申	巳	丑	子
	겁재	정관	편인	식신

대운(운運)	71	61	51	41	31	21	11	1
1대운	丁	丙	乙	甲	癸	壬	辛	庚
	酉	申	未	午	巳	辰	卯	寅

이런 식으로 10개의 사회적 의미를 지닌 십간십이지를 해석하는 것까지 배우면 드디어 사주팔자를 해석할 수 있습니다. 여기에 대운 두 글자와 세운 두 글자, 즉 운運이 타고난 여덟 글자인 명命과 상호작용하는 것을 배우면 특정 시기의 길흉화복까지 이해하게 됩니다.

지금까지 이야기한 것을 토대로 앞으로 공부할 내용을 정리하면 다음 표와 같습니다.

주제	내용	주요 이론
음양오행의 개념과 관계	오행의 의미 오행 간의 동등, 도움, 통제 관계	상생상극론相生相剋論
십간십이지의 의미	오행을 표현하는 기호로서 십간십이지의 의미	십간십이지론 十干十二支論
십간십이지 간의 관계	십간십이지 간의 동등, 도움, 통제 관계	합충론合沖論
십신의 사회적 의미	10가지 십신 개념을 통해 사회적 존재로서의 인간 이해	십신론十神論

태권도 고수에게 들으니 초보 때부터 기본 품세가 대련에 어떻게 사용되는지 알려줘야 수련생들이 좋아하고 학습 진도도 빠르다고 합니다. 모든 공부가 마찬가지인 것 같습니다. 학자가 될 것도 아닌데 이론 따로, 실전 따로 공부하는 것은 비효율적입니다. 그래서 앞으로 각 이론을 설명하면서 가급적 실제로 사주를 해석할 때 그 이론이 어떻게 쓰이는지 사례를 들면서 설명하고자 합니다. 그러면 이제 본격적으로 공부를 시작해볼까요.

사주명리의 역사

사주명리의 초기 역사에 대해 정확히 알려진 바는 없습니다. 동양에서 음양陰陽이라는 이분법적인 세계관은 기원전에도 있었지만 연, 월, 일, 시에 특정한 의미를 부여하는 사주 개념은 중국의 수, 당 시기에 등장했다는 설이 많습니다.

명리가 학문적으로 발전하기 시작한 시기는 오대五代 말에서 송나라 초기에 서자평徐子平이라는 학자가 등장한 이후로 봅니다. 이전까지는 태어난 연도를 한 개인의 중심점으로 봤는데, 서자평이 등장해 태어난 날을 개인의 중심점으로 해석하면서 이전보다 다양한 세부 이론들이 발전했습니다. 이후의 명리학을 '자평명리학'이라고 부를 정도입니다.

명나라 때는 명태조 주원장의 책사로 유명한 유백온劉伯溫을 통해 소개된 《적천수適天髓》라는 책이 아직까지도 명리학의 바이블이라 불립니다. 《적천수》는 후대의 학자들이 여러 주석서를 낼 정도로 영향력이 컸습니다. 청나라 시대에 이르러 《적천수》와 더불어 3대 고전이라 불리는 《자평진전子平眞詮》, 《궁통보감窮通寶鑑》이 출간되며 명리학의 이론적 발전이 정점에 이르렀습니다. 《자평진전》은 사주 주인공의 '격格'을 논하는 격국론格局論에 기여했고, 《궁통보감》은 월별 계절의 흐름에 따라 춥고 더운 정도를 중심으로 사주를 해석하는 조후론調候論과 관련이 큽니다.

20세기에 들어서는 1949년 공산당의 집권으로 홍콩, 대만 등으로 이주한 고수들을 중심으로 중화권 사주명리의 맥이 이어졌습니다.

우리나라에서는 조선시대에 사주명리가 과거시험의 종목(잡과雜科)일 정도로 번성하다 일제강점기에 쇠퇴했습니다. 이렇게 된 데는 여러 설이 있는데, 한국 문화 유산의 말살에 몰두하던 일제 정책에 사주명리학이 영향을 받았다는 주장도 있고, 20세기 초에 급격히 유입된 근대문화가 사주명리를 미신으로 취급했다는 이야기도 있습니다.

해방 후에는 분단과 전쟁 때문에 남한을 중심으로 사주명리가 발전했습니다. 북한의 많은 고수가 월남했고, 이들 중 다수는 부산 등 남부지방에 정착했습니다. 1960년대부터 1990년대까지는 전국구 고수들이 명성을 날리던 시기였습니다. 도계 박재완 선생, 자강 이석영 선생, '부산 박도사'라는 별칭의 제산 박재현 선생 등이 정재계 인사들과 많은 일화를 남기며 20세기를 풍미했죠.

2000년대 이후는 인터넷, 모바일 등을 통해 사람들이 새로운 경로로 사주명리를 만나는 시대가 되었습니다. AI 기술을 접목해 사주명리 서비스를 제공하는 스타트업부터 전국의 사주명리 상담가들을 모으며 성장하는 플랫폼 사업도 등장했습니다. 디지털 시대의 사주명리는 어떤 모습으로 변해갈지 흥미롭습니다.

제2강

기본이론 1

·01·

음양오행

사주명리는 단순 암기가 아니라 문제 푸는 방법을 배우는 과목입니다. 일종의 수학이라고 생각하면 됩니다. 간단한 방정식은 '근의 공식'을 대입하면 풀 수 있지만 어려운 미적분은 공식만으로는 풀 수 없습니다. 그렇기에 단순히 이론을 외우는 것이 아니라 이론이 등장하게 된 배경을 이해해야 합니다. 많은 학생이 배경을 충분히 이해하지 못한 채 일단 공식부터 암기합니다. 그나마 성실한 학생들은 문제 패턴을 외워 시험을 볼 때 옛날에 풀었던 문제를 떠올리려 합니다. 이론의 본질은 모른 채 공식과 문제 유형만 암기한 학생들은 당연히 변별력을 위한 '킬러' 문제에는 손도 못 대죠.

사주 해석도 마찬가지입니다. 몇 가지 사주명리 이론을 외운 후 해석하기 어려운 사주를 마주하면 풀이법이 보이지 않는다며 혼란스러워합니다. 그러나 이론의 배경을 충분히 이해하면 어렵지 않습니다. 이론은 자주 등장하는 현상들을 일반화한 것입니다. 여러 이론이 일반화될 수 있었던 핵심 논리를 정확히 이해하면 복잡한 사례를 만나도 핵심에 집중해 답을 찾을 수 있습니다.

[음양오행의 이론적 배경]

사주명리를 공부하며 우리가 배울 첫 이론인 음양오행陰陽五行도 암기만 할 게 아니라 이론적 배경을 이해해야 합니다. 중국철학에서는 '음'과 '양'이 처음부터 존재했던 것은 아니라고 봅니다. 무극無極이라 불리는 '아무것도 존재하지 않는 세계'가 태극太極이라 불리는 만물의 시발점이 되고, 태극이 둘로 갈라진 것이 음과 양이라고 봅니다. 태극에서 음과 양이 분리되면서 세계에 새로운 변화가 시작되었죠. 물론 하나의 가설이지만 음양 이론이라는 말에 대한 기원 정도는 알아야 한다고 생각합니다.

음양 이론은 우리 주변에서도 흔히 볼 수 있습니다. 해와 달, 남극과 북극, 양극과 음극, 남자와 여자, 더위와 추위 등 세상의 사물과 개념들은 상반된 두 가지로 존재합니다. 양陽은 발산하고 드러내며 생장하는 성질을, 음陰은 저장하고 거둬들이며 침잠하는 성질을 나타냅니다. 하늘, 해, 남자, 큰 것, 더운 것, 밝은 것 등은 양을 의미하며 땅, 달, 여자, 작은 것, 찬 것, 어두운 것 등은 음을 의미합니다.

오행五行 또한 직관적으로 이해할 수 있습니다. 일주일의 시작인 일요

일과 월요일은 각각 해와 달을 뜻하므로 양陽과 음陰입니다. 이를 제외한 나머지 화, 수, 목, 금, 토요일이 각각 불火, 물水, 나무木, 쇠金, 흙土의 다섯 요소, 즉 오행五行이라고 보면 됩니다.

음양오행론은 이론이면서도 다른 이론을 만들기 위한 가설이자 전제입니다. 어떤 이론의 탄생에는 선행 이론이 있고, 선행 이론의 맨 앞단에는 이론을 도출한 가설이 있습니다. 가설은 실증이 어렵고 논리적인 설명만 가능합니다. 그래서 '가정해서 설명'할 뿐이죠. 예를 들어 우주에 대한 어떤 가설이 있습니다. 자연을 관찰하고 논리로 풀어보니 말이 되지만 당시의 기술로는 제대로 된 천체망원경이 없어 실증하기 어렵습니다. 그러나 이 가설을 인정하면 많은 것이 설명됩니다. 이 가설을 전제로 다른 이론들을 전개해 많은 현상을 설명할 수 있죠. 음양오행론도 마찬가지입니다. 또 태어난 시간으로 사람의 명命이 정해진다는 것도 사주명리의 주요 가설로 받아들이면 됩니다.

[오행의 상생과 상극]

오행의 각 요소를 좀 더 살펴보겠습니다. 자연의 모든 생명체는 물에서 시작됩니다. 따라서 수水를 시작점으로 놓는 데에는 이견이 없을 것입니다. 물이 없는 곳에는 생명이 없기 때문입니다. 물은 생명을 만듭니다. 생명을 만드는 행위를 사주명리에서는 나무에 물을 주는 모습으로 비유합니다.

그림 2. 오행의 상생

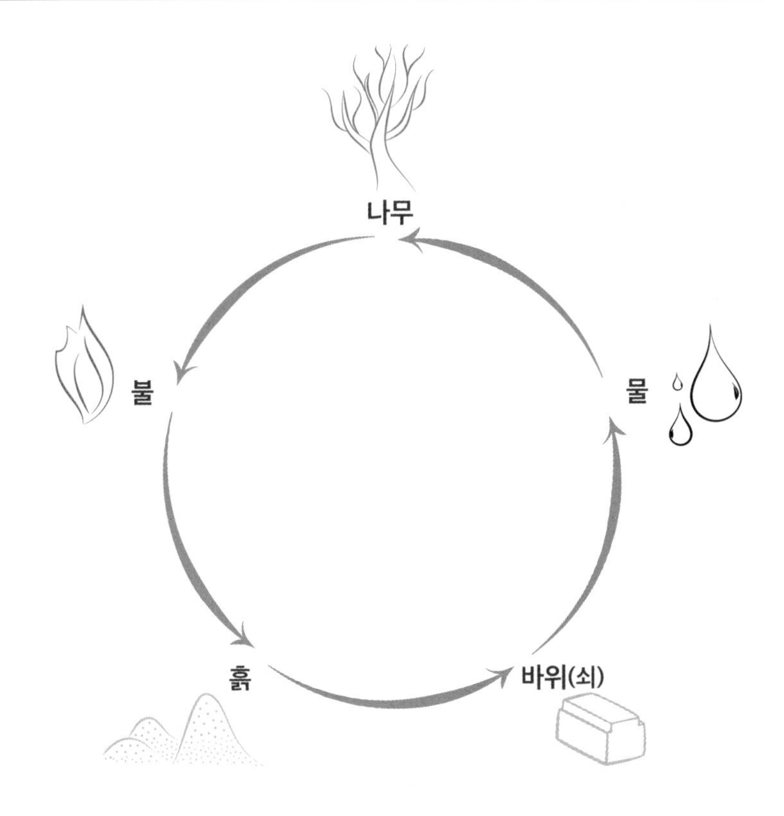

나무는 땔감이 되어 불을 만듭니다. 불은 차가운 흙을 따뜻하게 데워 씨앗을 심고 나무가 자랄 수 있게 합니다. 흙은 뭉쳐져 시간이 지나면 바위가 됩니다. 바위는 광물이니 금속, 쇠라고 할 수 있습니다. 산 정상의 바위는 한 방울, 한 방울 물을 만들어 폭포와 시내를 이루고 이것이 강과 바다가 됩니다.

이 과정을 순서대로 정리해보면 수水는 목木을, 목木은 화火를, 화火는 토土를, 토土는 금金을, 금金은 다시 수水를 만드는 순환 구조로 세상이 돌아간다고 사주명리는 이해합니다(그림 2). 이제 여러분은 오행의 상생相生 구조를 다 배웠습니다.

상생이 있으면 상극相剋도 있습니다. 음양 이론에서도 나와 반대에 있는 존재가 나의 다른 이름이듯, 상생도 자신만의 짝이 있는데 이것이 상극입니다. 물은 불을 끕니다. 불은 쇠를 녹입니다. 쇠는 칼이나 도끼가 되어 나무를 벱니다. 나무는 뿌리를 내리면서 흙을 제압합니다. 말뚝이 박힌 흙을 생각해도 좋습니다. 흙은 제방과 둑이 되어 물줄기를 막습니다.

그림 3. 상생상극도

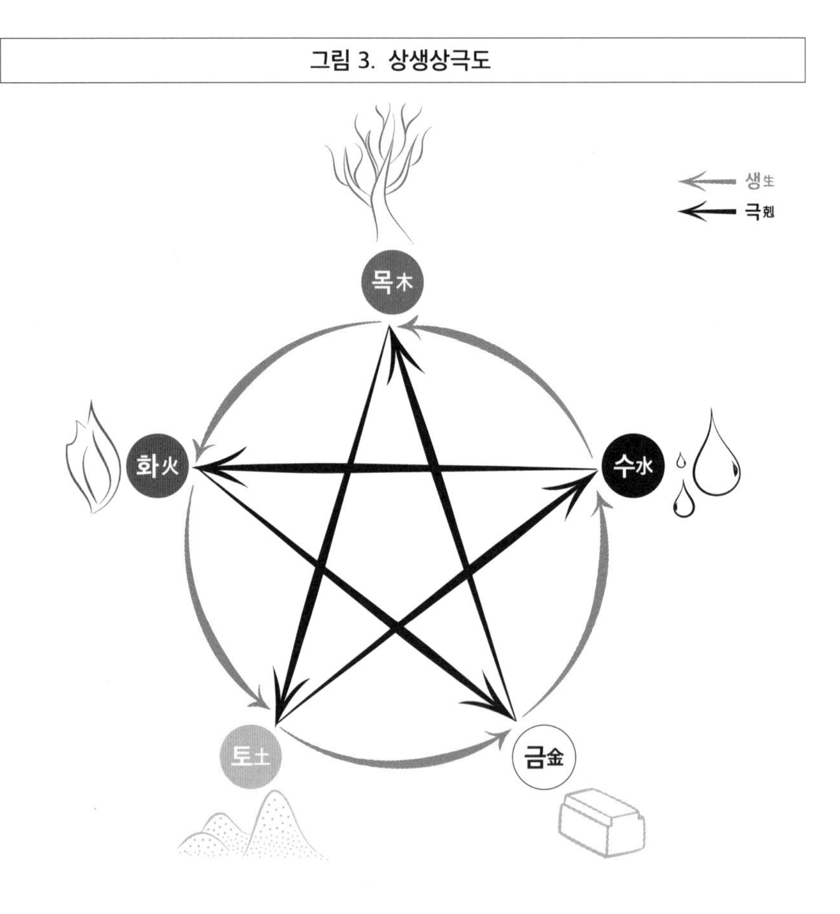

다시 돌아가 물은 불을 끕니다. 이 과정을 순서대로 정리하면 수水는 화火를, 화火는 금金을, 금金은 목木을, 목木은 토土를, 토土는 수水를 극하는 구조입니다. 이것이 오행의 상극입니다. 상생상극을 표로 그리면 그림 3과 같습니다. 그림에서 볼 수 있듯이 목은 녹색, 화는 적색, 토는 황토색, 금은 흰색, 수는 흑색이라고 봅니다.

[오행의 특징]

오행 간의 관계를 먼저 공부했는데, 각 오행의 특징에 대해서도 한 단계 더 깊이 이해해봅시다.

물水은 유연함의 상징입니다. 흐르는 물은 칼로도 벨 수 없습니다. 맑은 물은 지혜의 상징이며 흐르는 물은 유통의 상징입니다. 따라서 물의 기운이 올바르게 존재하는 사주는 총명하고 유연합니다. 물의 기운을 잘 사용하는 사주는 지식산업, 유통업 등에서 성공합니다.

'올바르게 존재한다'라는 것은 전체 사주팔자 여덟 글자의 구성을 보고 판단하며 뒤에서 다룰 예정입니다. 사주에 물의 양이 적거나 적당하면 조심성이 있지만 물이 많으면 과감해집니다. 이슬비, 샘물, 강, 바다를 각각 떠올리면 이해하기 쉽습니다. 건강 차원에서 물은 비뇨기계, 생식기 등을 뜻합니다. 수분이 몸 안을 돌아다니거나 체외로 배출되는 것은 물이 하는 일이니까요. 때로는 물혹이나 암도 의미합니다. 물이 뭉쳐서 종양이 된다고 봅니다.

나무木는 오행 중에서 유일한 생명입니다. 그래서 '목'은 생명을 뜻합니다. 나무의 기운이 적당하면 생명의 마음, 즉 인자한 마음이 들지만 과다하면 경직된 성격이 됩니다. 큰 나무의 모습을 한 사주의 주인공은 리더십도 있습니다.

직업적으로는 교육, 의료업을 의미합니다. 나무를 기르고 지키는 행위를 생명을 가르치고 치료하는 것으로 보기 때문입니다. 한편 나무의 높은 부분은 사람의 몸에서 뇌를 뜻하고 뿌리 부분은 신경계를 연상시키니 뇌졸중과 중풍은 나무의 병입니다. 나무가 꺾이면 뇌와 말단을 연결하는 흐름이 끊기니 간이 상한다고도 보고, 외상으로 치면 허리가 다친다고도 봅니다.

사주명리는 이처럼 자연을 관찰해 가정한 논리가 많은 사례를 통해 증명되면 이론이 됩니다. 무조건 '목은 간질환, 신경계 질병, 교육, 의료업'으로 외우기보다 처음 이론을 만든 사람의 시선에서 곰곰이 생각하면 좀 더 쉽게 이해할 수 있습니다.

불火은 만물을 밝게 비추고 나쁜 것을 태우며 어둠을 밝힙니다. 예의 바르고 불의를 싫어합니다. 불과 같은 강렬한 성격은 있지만 대체로 뒤끝은 없습니다. 그러나 이것도 불 나름입니다. 몇 달째 지속되는 산불도 있으니 사주 전체의 구조를 보고 판단해야 합니다.

불은 에너지를 발산하는데 이것은 기운이 방출되는 것이니 말하는 직업을 의미합니다. 강사, 언론인, 협상과 설득을 중시하는 직업 등이 해당됩니다. 또한 화려한 불의 속성은 미용, 화장품, 방송·연예계 직업과 어울립니다. 기술적으로는 화공, 제약, 오일, 가스 등 화학적인 처리가 중요한 분야도 불의 직업입니다.

건강상으로는 정신적으로 열이 올라 화병, 신경질, 우울증, 공황장애 등의 정신질환에 걸릴 수 있습니다. 신체 부위로는 심장, 소장과 관련 있습니다. 심장은 혈액순환을 통해 살아갈 힘을 공급하고, 소장은 음식물을 분해해 영양분을 흡수하는 화학적 과정을 거친다는 점에서 불의 장기臟器로 이해합니다.

흙土은 생명이 살아가는 토대입니다. 흙 위에서 나무도 자라고 논과 밭도 만들어집니다. 넓은 초원은 상인들의 교역로가 됩니다. 따라서 흙은 생산지이자 상거래의 장을 뜻합니다. 또한 움직이지 않는 삶의 토대이니 믿음, 신중, 포용력을 뜻하지만 흙도 상황에 따라 지진 등이 날 수 있습니다. 점잖은 사람이 화내면 더 무서운 법이죠. 너무 춥거나 더운 계절의 흙은 농사를 짓거나 교역하기 어렵습니다. 이 부분은 실제 해석에서 많이 활용되니 뒤에서 중요하게 다룰 것입니다(예를 들면 한겨울의 흙으로 태어나 사주에 불이 필요한 경우가 있습니다).

직업적으로는 부동산 등 땅과 관련된 직업과 땅에서 작물을 기르는 농업과 관련이 있습니다. 먹고사는 공간이므로 요식업, 숙박업, 중개업, 임대업도 포함됩니다. 인터넷 쇼핑몰도 상거래 플랫폼이니 흙의 분야입니다. 흙의 포용력을 고려해서 종교인도 직업에 포함시키기도 합니다. 건강상으로는 먹고산다는 개념을 음식 섭취에 적용하면 위와 비장, 췌장 관련 질병이 있습니다.

쇠金는 단단함의 상징이니 의리와 신뢰를 뜻합니다. 그런데 너무 강한 쇠의 기운은 굴하지 않는 특징 때문에 배신을 뜻하기도 합니다. 이 부분이 처음에는 저도 이해가 되지 않았습니다. 그런데 쇠의 배신은 여기저기 붙었다 떨어졌다 하는 배신이 아닙니다. 너무 강해 고지식하면 남들이 변할 때 혼자만 변하지 않습니다. 그래서 이미 변한 남들에게 자신은 다른 편으로 보이는 겁니다. 이제 너무 강한 기운이 배신으로 보이는 원리가 이해되시나요? 변하지 않아서 배신자가 된다는 아이러니는 역사적으로도, 오늘날에도 인간관계의 많은 것을 설명합니다.

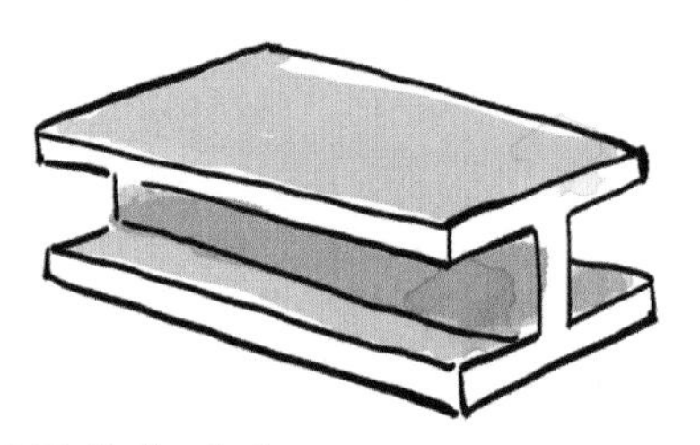

쇠는 왕을 모시는 장군의 칼 기운으로도 봅니다. 강한 힘으로 아주 중요한 것을 지킨다는 비유인데요. 그래서 인체의 장기에서는 가장 중요한 심장을 쉬지 않는 호흡으로 돕는 '폐'를 쇠의 기운으로 봅니다. 소화에서도 위, 간, 담, 췌장, 소장 등의 핵심적인 기운을 마지막 단계에서 돕는 대장과 항문도 쇠의 기운으로 봅니다.

직업적으로는 금속을 사용하는 직업인 귀금속 세공부터 철강, 기계까지 아우릅니다. 그러나 사주에 쇠가 많다고 해서 무조건 쇠와 관련된

오행별 특징

오행	성격	직업	건강
수水	유연함, 총명	지식업, 유통업	비뇨기, 생식기계
목木	인자함, 리더십	교육, 의료	간, 신경계
화火	열정, 예의	언론, 강의, 방송, 미용	심장, 소장, 정신질환
토土	신용, 포용력	부동산중개업, 요식·숙박업	위, 비장, 췌장
금金	의리, 고지식	귀금속, 철강, 기계	폐, 대장, 항문

직업을 하는 것은 아닙니다. 쇠의 기운이 너무 많아서 더 들어올 필요가 없을 때는 쇠와 관련된 직업은 피하고 사주에 필요한 다른 기운의 직업을 택해야 합니다. 여기서는 각 오행의 기본 성향, 건강 및 직업적 특성을 이해하고, 관련된 내용을 받아들여 적용할지 피해야 할지는 전체 사주를 보고 고려한다고 생각하면 됩니다.

그런데 좀 이상하지 않으십니까? 음양오행이라고 했는데 오행만 설명하고 음양에 대해서는 구체적인 이야기를 하지 않았으니 말입니다. 모든 것이 음양의 두 가지로 나뉜다면 오행도 당연히 그래야 합니다. 이것이 바로 이어서 배울 십간십이지十干十二支입니다. 각 오행은 음과 양 두 가지로 나뉘어 십간十干을 이룹니다. 가령 목木은 갑甲과 을乙로 나뉘는데 갑이 양陽의 목이고 을이 음陰의 목입니다. 그러면 이제 오행에 음양을 더한, 진정한 음양오행을 알아볼까요.

◦02◦ 십간

연월일시를 바꾼 여덟 글자는 목, 화, 토, 금, 수의 오행으로 표현하지 않고 '갑, 을, 병, 정…', '자, 축, 인, 묘…'의 십간십이지로 표현합니다. 모두 22개의 글자입니다. 추상적 개념으로서의 오행을 세분해 구체화한 것이 십간십이지이고, 여기에 희로애락을 만드는 사회적 관계를 부여한 것이 십신 이론입니다. 십간을 대략적으로 표현하면 다음과 같습니다.

> 갑甲은 우람하고 높이 솟은 큰 소나무를 의미합니다.
> 을乙은 풀과 작은 나무, 연꽃 등 부드러운 식물을 나타냅니다.
> 병丙은 만물에 에너지와 온기를 제공하는 태양입니다.
> 정丁은 불씨, 촛불, 횃불 등의 작은 불이지만 때로는 용광로도 되니 지상의 모든 불입니다.

무戊는 벌판, 광야, 초원, 사막과 같이 관리되지 않은 자연 상태의 큰 흙입니다.

기己는 정원, 텃밭 등 인간이 관리할 수 있는 규모의 흙입니다.

경庚은 산의 바위처럼 원석도 되고 폭포가 시작되는 수원지도 되는 원형의 금속입니다.

신辛은 보석이나 날카로운 쇠 등 가공·제련된 금속을 나타냅니다.

임壬은 바다, 강과 같은 큰 물을 의미합니다.

계癸는 계곡이나 샘물, 이슬비 같은 맑고 작은 물을 의미합니다.

여기서는 단순히 갑甲의 특징이 어떻다는 식으로 설명하지 않고 실제 사주팔자 여덟 글자에 적용되는 의미를 각 이론 편에서 최대한 다루면서 설명하려고 합니다. 기초 설명을 할 때부터 이론이 실전에 어떻게 쓰이는지를 배워야 실제 사주를 해석할 때 적용할 수 있기 때문입니다. 그것이 다소 느리더라도 결국 빠르게 가는 길입니다. 그러면 십간의 첫 번째 글자인 '갑甲'부터 시작해봅시다.

[대들보와 같은 나무, 갑]

'갑甲'이라는 글자는 십간십이지의 맨 처음에 나오는 글자입니다. 한자를 보면 나무가 싹을 틔워 세상에 나오는 형상 또는 나무가 곧게 뻗어 울창하게 자란 모습으로도 이해할 수 있습니다. 여러 사주명리 이론서에

서 갑을 소나무에 비유합니다. 모든 것의 시작이고 곧게 자라 왕성한 생기를 보이므로 왕, 대장, 리더라고 보면 됩니다. 앞서 나가는 것, 주도하는 것을 좋아합니다. 그래서 갑으로 태어난 사람은 리더십의 자질이 있다고 봅니다. 당연히 강하기도 합니다. 그러나 강한 소나무는 도끼에 잘려나가거나 벼락을 맞고 부러질 수도 있습니다.

갑으로 태어났다는 것은 생년월일시를 사주팔자 여덟 글자로 바꿨을 때 일간日干, 즉 태어난 날의 천간天干에 해당하는 글자가 갑甲인 경우를 말합니다. 앞서 태어난 날의 천간인 일간이 '나'를 나타낸다고 했습니다. 갑은 원국 관점에서 이렇게 설명할 수 있습니다.

시	일	월	연
	甲		

일간에 해당하는 글자가 '갑'이니 이 사주의 주인공은 갑, 즉 소나무와 같이 큰 나무로 태어난 사람입니다. 사주에 다른 나무의 기운이 없다면 혼자서 리더십을 발휘하고 세상을 헤쳐나가니 외로운 마음도 조금 생기지만 티를 낼 수는 없습니다. 대장, 리더를 뜻하는 글자인 갑이 나를 대표하는 글자인 일간이라 나의 마음도 리더다운 행동을 지향하기 때문입니다.

보통 갑으로 태어난 소나무는 두 가지 삶의 방식을 취합니다. 봄이나 여름에 태어났으면 꽃을 피웁니다. 꽃은 오행에서 화火이므로 사주에 불이 있는지 봐야 합니다. 가을이나 겨울은 씨 뿌리고 꽃 피우는 계절이 아닙니다. 도끼로 잘라서 궁전의 대들보로 써야 합니다. 사주에 도끼에 해당하는 금金 기운이 있는지 봐야 합니다.

시	일	월	연
	甲	甲	

위의 원국을 볼까요? 내 옆에 갑이 하나 더 있으니 고집이 셉니다. 같은 글자가 옆에 있기 때문에 형제가 있을 수 있습니다. 그리고 혼자 일하기보다 직장에서 동료와의 협업으로 성과를 내거나, 사업을 한다면 동업의 기회가 있습니다. 여기서는 혼자 일하는 것이 나쁘다거나 동업이 좋다거나 하는 가치판단은 배제합니다. 다만 그런 환경에 처할 요인이 원국에 이미 존재한다는 것입니다. 물론 혼자 일하느니만 못한 협업과 동업도 있

습니다. 좋고 나쁨은 한두 글자가 아니라 사주 원국에 있는 여덟 글자 모두와 10년 단위의 대운, 1년 단위의 세운 등을 종합적으로 판단해 결정해야 합니다.

시	일	월	연
甲	甲		

위의 원국을 보면 같은 글자가 있는데 위치가 다릅니다. 사주명리에서는 연월일시 순으로 외부의 기운이 들어온다고 봅니다. 월의 천간에 갑이 있는 경우는 외부의 기운이 좋건 나쁘건 내 옆의 글자가 먼저 맞이합니다. 위처럼 시의 천간에 갑이 있으면 외부의 기운을 내가 먼저 맞이합니다.

좋을 때는 먼저 맞이하는 것이 좋고, 나쁠 때는 나중에 맞이하는 것이 좋습니다. 위 원국처럼 되면 어느 경우건 내가 다른 갑을 끌고 갑니다. 물론 도움도 받겠지만 내가 다른 갑을 먹여 살린다는 의식이 강합니다. 좋게 말하면 책임감이고, 다르게 보면 자만심이나 피해의식이 될 수도 있습니다.

시	일	월	연
甲	甲	甲	

위 원국은 갑이 세 개니 숲을 이룰 정도입니다. 나를 뜻하는 갑이 가운데에 있기 때문에 동료나 동업자들을 중심에서 통제·관리할 수 있음을 뜻합니다. 내가 숲의 중심에 있는 모습이니 때로는 권위적인 성향도 나올 수 있습니다.

시	일	월	연
	甲	甲	甲

위의 원국에서도 갑이 세 개지만 오른쪽부터 헤아린다면 내가 순서상 맨 뒤입니다. 나쁜 운이 올 때는 앞의 갑들이 막아주어 내 피해는 적지만, 재물과 같이 필요한 운이 온다면 남이 다 갖고 남은 것만 내게 오는 형상입니다. 당연히 이런 사주의 주인공은 소나무인 갑으로 태어난 것치고는 진취성이 덜하고 답답한 마음도 생깁니다. 숲의 맨 끝에 있으니 바깥세상이 어떻게 돌아가는지 잘 모를 수 있고, 잘 모르면서 세상을 억측할 수도 있습니다. 다른 사람이 나 대신 피해를 입는다는 건 모르고 남이 좋은 걸 먼저 가져간다고 섭섭해하는 마음도 생길 수 있습니다.

이렇게 갑이라는 글자가 어디에, 몇 개가 위치하는지에 따라 의미가 달라집니다. 특히 사주 주인공(일간)의 마음을 잘 들여다봐야 합니다. 주인공의 성격 파악은 당연히 중요한데, 그보다 더 중요한 게 있습니다. 원국의 성격을 이해한 후 특정 시기의 운에서 주인공의 생각과 행동이 어떤 방향으로 나아갈지도 분석해야 한다는 것입니다. 그래야 필요할 때 자신과 남을 돌아볼 수 있는 능력을 갖추게 됩니다. 마지막 예시처럼 연월일이 모두 갑인 사람이 어느 해에 또 갑의 운을 만났을 때는 어떻게 될지도 해석할 수 있어야 한다는 말입니다.

[현실성 강한 작은 나무, 을]

'을乙'은 굽은 나무나 풀을 형상화한 것입니다. 갑이 양陽의 나무라면 을은 음陰의 나무입니다. 계약서에서 '갑을 관계'를 이야기할 때는 갑을병정의 순서대로 말한 것뿐이지만 구매자가 갑이고 공급자가 을인 경우 묘하게 한자의 의미가 맞아떨어집니다. 소나무같이 꼿꼿한 고객 앞에 고개를 숙이는 모습이 을의 나무 같기 때문입니다.

그런데 정말 갑은 늘 좋고 을은 늘 나쁠까요? 오히려 벼락과 비바람이 쳐도 꺾이지 않는 존재는 을이 아닐까요? 고객에게 서비스를 제공하는 전문직 종사자들도 계약서상에는 을입니다. 이들은 고소득 직종이 아

닌가요? 구매자 회사가 갑이라고 해도 회사 안에서는 또 다른 갑을 관계가 구성되지 않나요? 갑은 마냥 좋고 을은 마냥 나쁜 것이 아닙니다. 누군가가 언제나 을이라는 법도 없습니다.

지금까지 을에 대한 중요한 설명을 다 했습니다. 을인 사람은 부드럽지만 생명력이 강한 성격을 지녔습니다. 그리고 을도 경우에 따라 큰 성공이 가능합니다. 굽은 등나무 한 그루나 풀 한 포기는 자르기 쉽지만 다발을 이루면 쉽게 꺾이지 않습니다. 등나무나 풀이 다 자란 소나무를 타고 올라가면 더 쉽게, 더 높이 올라가기도 합니다.

모든 것은 상대적이라는 것이 음양오행의 진리입니다. 앞서 갑은 봄과 여름에 태어나면 꽃을 피우고, 가을과 겨울에 태어나면 잘라서 기둥으로 쓴다고 했습니다. 을의 경우 봄과 여름에 태어나면 꽃을 피우는 것은 같지만 가을과 겨울에 태어나면 대들보 후보로는 다소 아쉽습니다. 등나무나 풀을 잘라서 궁전의 지주목으로 쓰기는 어렵기 때문이죠.

시	일	월	연
	乙		

이 원국의 주인공은 일간이 을인 사람이니 굽은 등나무나 부드러운 풀로 태어났습니다. 주변에 물이 있다면 연꽃에 비유하기도 합니다. 핵심은 외유내강의 성격이며 생존력이 갑보다 강하다는 것입니다. 혼자 있을 때 두드러지지 않을 뿐입니다.

시	일	월	연
	乙	乙	

시	일	월	연
乙	乙		

만일 원국이 위 원국과 같다면 넝쿨을 이뤄 결코 약하지 않습니다. 남들 앞에 자신을 내세울 수도 있습니다. 을이 월月에 있는 경우는 다른 사람을, 시時에 있는 경우는 자신을 좀 더 내세운다는 정도만 다릅니다.

시	일	월	연
乙	乙	乙	

시	일	월	연
	乙	乙	乙

이 정도면 갑만 세 개로 구성된 숲보다 생명력이 더 강합니다. 갑은 더 강한 세력이 등장하면 결국은 부러지기 때문입니다.

시	일	월	연
	乙	甲	

시	일	월	연
甲	乙		

이 원국에서 을은 갑이라는 소나무를 타고 올라가 오히려 수월하게 원하는 바를 이룰 수 있습니다. 갑이 월에 있는 경우는 갑을 앞에 내세우므로 보호까지 받으며 올라갑니다. 갑이 시에 있는 경우는 자신이 소나무를 감고 올라가는 모습이 노출되어 때로는 공격을 받을 수도 있지만 그래도 갑을 이용해 빨리 나무의 정상으로 올라갑니다. 전문용어로는 '등라계갑藤蘿繫甲'이라고 합니다. 을인 등나무가 넝쿨을 만들어 갑인 소나무에 얽혀 산다는 뜻입니다.

물론 위에서 사례로 든 사주 원국 구성들은 나머지 빈칸의 글자들이 무엇인가에 따라 잠재된 가능성에 그치기도 하고 실제로 발현되기도 합니다. 그러나 글자 일부만 가지고도 나타날 수 있는 모든 가능성을 고려해야 나머지 글자들까지 종합해서 분석했을 때 실제 상황에 대해 정확히 설명할 수 있습니다.

[태양 같은 불, 병]

이번에는 오행 중에서 화火를 나타내는 십간에 대해 알아보도록 하겠습니다. 하늘에 있는 태양을 양陽의 화라고 하고, 십간에서는 '병丙'이라고 합니다.

태양은 외부의 에너지 공급이 없어도 계속 빛을 발하는 존재이므로 병을 일간으로 가진 사람은 정열적이지만 관심이 빨리 식는 성향이 있습니다. 에너지가 강하므로 집에만 있으면 답답하기에 어떻게든 사회생활을 해야 합니다. 그리고 하늘에 떠 있는 존재이므로 뭔가를 감추기 어렵습니다. 솔직하다는 이야기죠. 이러한 성격은 장점이지만 자신의 속마음이 쉽게 드러나는 면도 있습니다. 또한 하늘에 존재하기 때문에 이상주의자이기도 합니다.

시	일	월	연
	丙		

일간이 병인 사람을 보면 '하늘 위에 존재하며 만물에 에너지를 주니 주변에 꼭 필요한 사람이지만 본인이 땅에 내려올 수는 없겠군'이라는 생각이 듭니다. 이처럼 속성과 위치를 떠올리며 상상해보면 사주 해석에 빨리 익숙해질 수 있습니다.

시	일	월	연
	丙	丙	

시	일	월	연
丙	丙		

원국에 병이 두 개씩 있습니다. 이렇게 되면 하늘에 태양이 두 개일 수는 없으니 에너지가 더 강하다거나 또는 이상주의적 성향이 더 강하다고 해석합니다.

그러나 병이 두 개 이상 있다는 점이 가져오는 특징도 있습니다. 월에 태양이 하나 더 있으면 주인공인 일간 앞에 병이 하나 더 있는 것이죠. 불의 힘이 강해진 것은 사실이나 다른 태양이 먼저 세상에 드러나니 본인 대신 남이 칭찬받는 상황으로 해석할 수 있습니다. 시에 병이 하나 더 있으면 강해진 불의 힘을 사용하고 자신이 대표로 칭찬받습니다. 그러나 좋을 때도 대표로, 나쁠 때도 대표로 여겨집니다.

시	일	월	연
	丙	丙	丙

하늘에 태양이 세 개나 있습니다. 이상주의적 성향이 더욱 강합니다. 병이 세 개인 분을 상담한 적이 있었는데 하늘 위의 강렬한 태양답게 인물이 출중하고 말도 잘했습니다. 대기업의 핵심 임원으로 오너를 보좌하는 위치였고 이상주의적 성향으로 소신 발언을 자주 했습니다. 그런 솔직한 의견 표명에 공감한 오너의 신임을 받아 출세했지만 나중에는 그의 바른말이 오너의 심기를 거스르게 되어 물러났습니다.

태양이 세 개면 멋진 사람이라 쓰임을 받기도 하지만 자신을 굽히지 않고 현실 속에서 이상을 추구하는 특징도 보입니다. 사주명리에서는 장점과 단점이 별개가 아닙니다. 한 가지 특징이 상황에 따라 장점도 되고 단점도 됩니다.

생활에 필요한 불, 정

하늘에 태양이라는 불이 있다면 땅에는 어떤 불이 있을까요? 바로 '정丁'이 있습니다. 병이 양陽의 불이라면 정은 음陰의 불입니다. 작게는 불씨, 촛불부터 크게는 횃불과 용광로까지 우리가 실생활에서 접하고 활용하는 모든 불이 정입니다. 병, 즉 태양이 만물에 에너지를 준다면 어둠을 밝히고 광물을 녹여 쓸모 있는 금속으로 만드는 변화와 혁신은 정이 책임집니다.

시	일	월	연
	丁		

정이 일간에 있다면 화려한 불은 아니지만 쓸모있는 변화와 혁신의 에너지를 가진 사람이라고 생각해야 합니다.

시	일	월	연
	丁	丁	

시	일	월	연
丁	丁	丁	

작은 불이라도 두 개 있으면 횃불, 세 개 있으면 용광로의 열기가 있다고 봅니다.

시	일	월	연
	丁	丙	

촛불인 정 옆에 태양인 병이 있으면 누구의 빛이 더 강할까요? 당연히 병입니다. 따라서 촛불의 빛이 드러나지 않아 존재감이 약해집니다. 전문용어로 '병탈정광丙奪丁光'이라 하고 병이 정의 빛을 빼앗는다고 이해합니다. 그러나 추운 겨울에 태어난 정이라면 어떨까요? 만약 원국에 불에 해당하는 글자나 땔감이 되는 나무에 해당하는 글자가 없다면 태양이라도 의지해야 합니다. 생존이 우선이기에 태양을 추종하지만 불만이 클 겁니다. 이런 식으로 주인공의 기본 성향을 알아낼 수 있습니다.

시	일	월	연
甲	丁		

시	일	월	연
甲	丁	甲	

위 원국처럼 정 옆에 나무의 기운이 있으면 땔감이 됩니다. 갑이 을보다 더 좋은 땔감입니다. 그러나 갑이 없으면 을이라도 땔감으로 씁니다. 후자일 경우 자신을 돕는 대상에 대한 고마움이 적을 것이고 그러니 언제라도 다른 대상에게 도움을 요청합니다. 만약 정의 양옆에 땔감인 갑이 있다면 화력이 너무 강해서 문제는 없는지 고려해야 합니다. 그리고 나머지 빈칸 다섯 개 글자의 조합을 통해 유불리를 해석합니다.

[벌판 같은 큰 땅, 무]

무戊는 양의 흙으로 초원이나 벌판, 사막과 같은 큰 땅입니다. 유목민이나 상인이 지나다닐 수는 있지만 경작지는 아닙니다. 사람이 관리할 수 있는 땅이 아니고 자연의 모습에 따라 사람이 활용하기도 하고 피해 가기도 합니다.

원국의 일간이 무일 때 누가 초원이고 누가 사막일까요? 뜨거운 여름의 정오에 태어난 사람의 일간이 무라면 사막입니다. 서늘한 봄이나 가을에 태어났다면 초원이고, 추운 겨울의 한밤중에 태어났다면 혹한의 시베리아 벌판입니다.

기본적으로 넓은 땅을 뜻하니 무가 일간인 사람은 신중함과 신뢰의 아이콘입니다. 그러나 땅은 지진만 아니면 평소에 움직이지 않기에 고집도 셉니다. 주관과 개성이 강하다고도 볼 수 있습니다. 만일 큰 땅에 해당하는 사람이 욕심을 가지면 그 크기는 매우 큽니다. 큰 땅속에는 숨겨놓을 공간이 많기 때문입니다.

시	일	월	연
	戊		

일간이 무인 사람을 봤을 때 신중하고 믿을 만하겠지만 고집이 보통이 아니겠다고 생각한다면 모범적인 해석의 시작입니다.

시	일	월	연
	戊	戊	

시	일	월	연
	戊	戊	戊

위 원국들처럼 무가 여러 개이면 땅의 크기가 큰 만큼 포용력도 크지만 생각이 많고 속을 알 수 없는 경우도 있으니 다른 글자들까지 잘 살펴봐야 합니다.

시	일	월	연
	戊	戊	甲

무가 두 개 있으니 큰 땅인데, 연年의 천간에 소나무인 갑이 있습니다. 두 개의 땅 전체를 나라는 땅이 커진 것으로 보면 내 땅의 외곽에 나무가 있는 모습입니다. 만일 두 개의 땅을 각각의 인격체로 보면 소나무는 일

간인 나보다 월의 천간인 내 옆의 무라는 글자에 뿌리를 두고 있는 것입니다.

마지막 이론 편인 십신론十神論에서 배우겠지만 흙이 나 자신이라면 나무는 '관운官運'이 됩니다. 명예운·직장운을 뜻하는 것이죠. 그런데 위의 원국을 보면 내 명예인 갑을 내가 아닌 다른 무에게 뺏기는 구조입니다. 성실히 일했는데 남이 내 공을 가져가지는 않는지 지켜봐야 합니다.

한편 여성에게 관운은 남자운도 됩니다. 위 원국의 주인공이 여성이라면 내 남자에 해당하는 갑이 다른 여자와 먼저 만나는 형국입니다. 그러면 나는 내 남자에게 두 번째 여자가 되는 것이죠. 현대와 같은 자유연애 시대에서는 크게 중요한 이론은 아닙니다만 이론적 이해를 심화하기에 좋은 예시라 소개합니다.

[경작을 위한 땅, 기]

두 번째 타입의 흙은 논과 밭인 '기己'입니다. 사람이 경작해서 산출물을 생산하는 땅으로, 기는 음陰의 흙입니다. 만물을 먹여 살리는 어머니와 같은 흙이니 이해심이 깊고 인자함이 본질입니다. 물론 사주에 적당한 온기와 습기가 있을 때 그렇습니다. 한여름 대낮에 태어난 기는 사주에 수분이 없으면 여유가 없고 욕심도 많은 성향을 보입니다. 그리고 무는 글자 하나만으로도 큰 땅을 뜻하지만, 기는 여러 글자가 모여야 큰 땅이 됩니다.

시	일	월	연
	己		

사주의 일간이 기라면 '이해심이 크고 인자한 사람이지만 사주의 온도와 습도에 따라 그 정도는 다를 수 있겠구나'라고 생각하며 해석을 시작합니다.

시	일	월	연
己	己	己	

위 원국처럼 기가 세 개 있다면 대지주의 논과 밭이라고 봐도 됩니다.

좋은 계절과 농부를 만나면 큰 수확을 기대할 수 있습니다. 하지만 한여름 대낮에 태어나 사주에 물 한 방울도 없다면 오히려 작은 사막이 될 수도 있다는 것을 떠올려야 합니다.

시	일	월	연
	己	己	甲

시	일	월	연
	戊	戊	甲

두 번째 예시는 앞서 무를 공부할 때 나온 사례이며 무의 자리에 기를 대신 넣어본 것이 첫 번째 예시입니다. 사주 주인공의 일간이 기인데 월의 천간인 월간月干에 다른 기가 있습니다. 나무는 명예운, 직장운을 뜻하는 관운이며 기 역시 관운 면에서 다른 이에게 기회를 빼앗기게 됩니다. 그러면 같은 구조라도 주인공이 기와 무 어느 글자일 경우에 더 손해나 상심이 클까요? 정답은 기일 때입니다.

원래 무라는 흙은 사람이 관리하는 경작지가 아닙니다. 따라서 무라는 흙 위의 나무는 자생적인 식물입니다. 그러나 기는 경작지입니다. 논과 밭, 과수원이죠. 공들여 경작한 땅의 나무인데 남에게 빼앗기면 그 여파는 더 큽니다.

시	일	월	연
	己	戊	甲

이런 경우는 어떨까요? 소나무인 갑도 내가 만나는 한 명의 사람이라고 가정해봅시다. 갑은 경작지인 기에서 살고 싶을까요, 아무도 관리하지 않는 넓은 땅인 무에서 살고 싶을까요? 당연히 기에서 살고 싶을 것입니다. 그러나 가까운 땅은 무입니다.

기를 여자로, 무를 다른 여자로, 갑을 남자라고 보면 나의 남자인 갑은 나를 사랑하지만 어떤 사정 때문에 다른 여자인 무와 살고 있는 형상입니다. 조직운으로 보면 사장님이 나를 마음에 두고 있지만 어떤 상황 때문에 나를 돕지 못하는 구조로도 이해할 수 있습니다. 흙이 나라면 나에게 뿌리를 내리는 나무가 관운이 되고, 관운은 조직운인데 여성에게는 남자운도 된다고 했습니다. 남녀 관계에 대해서는 십신 편에서 더 자세히 설명하겠습니다.

물론 이런 해석은 잠재적 구조가 그렇다는 것이고, 나머지 원국의 글자와 10년 단위로 변하는 대운大運 그리고 매년의 운인 세운歲運까지 종합적으로 분석해야만 실제 삶에서 발현되는 정도를 가늠할 수 있습니다. 지금은 사주 원국의 글자 두세 개를 가지고 다양한 경우를 상상하는 연습을 하는 것입니다. 이렇게 연습하다 보면 이론 공부를 어느 정도 마쳤을 때 폭넓게 사주를 보는 눈이 생깁니다.

[원석이자 광물, 경]

이제 '금金'에 대해 알아보겠습니다. 토土가 뭉쳐져 시간이 지나면 바위가 됩니다. 바위는 광물이자 원석입니다. 바위에서 금속을 채굴하는 원리를 생각하면 이해하기 쉽습니다. 경庚은 광물 상태의 원석으로 양陽의 금입니다.

경은 바위와 같은 단단함으로 의리, 결단력, 소신을 뜻합니다. 그런데 이런 성격은 유연성이 부족합니다. 너무 소신이 강하다 보니 시비를 가리다가 불필요한 구설에도 휘말립니다. 그러나 사주의 나머지 글자들이 적절히 잘 구성된 경 일간의 주인공은 근면하고 성실해서 세상에 도움이 됩니다.

경으로 태어난 사람은 보통 두 가지 삶의 방식을 가집니다. 첫째는 원석으로서 가공·제련되어 쓸모 있는 보석이나 도구로 변하는 삶입니다. 물과 불에 깎이거나 녹여지는 아픔이 있지만 세상에 필요한 사람이 되는

것입니다. 두 번째 삶의 방식은 수원지水源地로서의 삶입니다. 산 정상의 바위에서 한 방울, 두 방울 만들어진 물이 폭포와 냇가를 이루어 강과 바다가 됩니다.

두 가지 삶의 방식 중 어떤 것을 택해 살아갈지는 원국의 나머지 일곱 글자 속에 불과 물이 어떤 조합으로 구성되는지, 다른 글자들이 기대하는 주인공의 삶이 무엇인지에 따라 달라집니다.

시	일	월	연
	庚		

원국의 일간이 경인 사람을 보면 '의리가 있고 결단력이 있지만 유연성은 부족하겠구나'라고 생각하며 해석을 시작합니다.

시	일	월	연
庚	庚	庚	

위 원국에는 경이 세 개나 있습니다. 이 경우 유연성이 부족하고 조직생활에 순응하기 어렵다고 봅니다. 물론 존경할 만한 상사를 만나면 괜찮습니다만 쉬운 일은 아닙니다.

시	일	월	연
	庚	甲	丁

시	일	월	연
	丁	甲	庚

일간이 경이면 사주의 주인공은 양陽의 금金이라고 했습니다. 조금 상상력을 동원해서 경을 도끼라고 생각해봅시다. 물론 도끼는 제련된 쇠이므로 바위나 원석인 경은 아니라고 생각할 수 있습니다. 그러나 칼날이 무딘 도끼는 날카롭게 가공되지 않았으므로 원석인 경이라는 금속에 가깝다고 봅니다.

경庚이 도끼가 되어 월간의 갑甲이라는 소나무를 베면 땔감이 만들어집니다. 이렇게 되면 연도의 일간인 연간의 정이라는 불이 더 커집니다. 불은 금속을 녹일 수 있으니 불이 커진다는 건 금속에 대한 제어·통제가 강해지는 것입니다. 즉 이 사주의 주인공인 경은 자기 절제와 관리가 잘되는 사람이 된다는 것을 의미합니다.

시선을 바꿔 일간이 정이라고 합시다. 도끼가 나무를 베어 주인공인 불을 크게 합니다. 이것을 전문용어로 '벽갑인정劈甲引丁'이라고 합니다. 갑이라는 나무를 쪼개어 정이라는 불을 끌어낸다는 뜻입니다. 벽갑인정을 이루는 정은 화력이 좋습니다.

[날카로운 보석, 신]

'신辛'은 원석을 가공해 만든 보석이나 금속을 제련해 만든 칼과 도구로 음陰의 금입니다. 날카롭고 정확한 성격의 소유자로 예민하기도 합니다. 감수성이 예민한 것 같으면서도 똑똑한 사람입니다. 또한 사람들 앞에 나서는 것을 좋아하는 것 같은데, 실은 리더십 때문이 아니라 본인이 보석으로서 빛나고 싶어 하기 때문입니다. 다른 사람에게 맞춰가면서까지 조직을 이끌지는 않습니다.

시	일	월	연
	辛		

신 일간인 주인공을 보면 '총명하고 깔끔하지만 다소 까다로운 면은 있겠구나'라고 생각하면서 해석을 시작하면 됩니다.

시	일	월	연
	辛	辛	

시	일	월	연
	辛	辛	丙

위 원국들의 신 일간은 자신의 옆에 다른 보석이 있으니 경계심이 강해집니다. 두 번째 사주 원국처럼 태양을 뜻하는 병丙이 있으면 보석인 신을 비추는 것이니 좋습니다. 그런데 월간月干에 있는 다른 보석인 신이 먼저 태양 빛을 받는 모습이 되면 마음이 불편합니다. 조직운으로 보면 열심히 해서 성과를 냈지만 남이 내 공을 가로채는 모습입니다. 신은 태양이 나를 직접 비출 때 가장 좋다고 생각하면 됩니다.

시	일	월	연
丁	辛	丁	

불이 아무리 반갑다고 해도 위 원국처럼 정이 양옆에 두 개나 있으면 이미 가공되고 제련된 금속인 신을 다시 녹이려 하는 것이니 반발심이 생깁니다. 병丙은 태양이고 정丁은 촛불, 횃불, 용광로인데 신이 반기는 것은 병이지, 정이 아닙니다. '나는 이미 용광로를 지나왔는데 왜 다시 불구덩이에 들어가야 하나'라는 생각까지 듭니다. 조직 생활을 한다면 상사나 동료와의 갈등을 의미합니다. 구설수나 송사도 조심해야 합니다.

시	일	월	연
己	辛	戊	

양옆에 기와 무라는 토土가 있으니 보석이 흙에 묻혀 빛을 잃거나 유용한 도구가 땅에 묻혀 주인을 찾지 못하는 모습입니다. 원국의 다른 글자에 물이 없다면 대운이나 세운에서 물의 기운이 와서 흙먼지를 닦아야 보석의 빛이 살아나게 됩니다.

[유유히 흐르는 강과 바다, 임]

오행의 마지막인 수水에 대해 알아보겠습니다. '임壬'은 양陽의 물로 강과 바다를 뜻합니다. 금金이라는 수원지에서 만들어진 물이 강과 바다를 이루고, 강과 바다는 온 세상을 흐르며 여행을 합니다.

임으로 태어난 사람은 계속 흘러가야 하는 강과 바다의 속성을 지녔기에 한곳에 있으면 답답함을 느끼고 새로움을 찾습니다. 그런데 강과 바다 자체는 맑고 깨끗한 물이 아닙니다. 강이 맑아 보여도 대개 불순물이 섞여 있습니다. 여러 생명체가 사는 곳이 순수하지만은 않기 때문입니다. 강과 바다의 한가운데는 깊이를 알 수 없기도 합니다. 따라서 임으로 태어난 사람은 새로움을 추구하는 신선함도 있지만 때로는 속마음을 알 수 없기도 합니다.

그런데 강과 바다가 없으면 세상이 순환되지 않습니다. 강과 바다는 세상을 돌리는 생명의 물입니다. 없어서는 안 될, 매우 중요한 역할을 하고 있는 것이죠. 도움이 되는 뭔가가 마음까지 도덕군자처럼 맑고 깨끗하며 솔직하기를 바라는 것은 단지 바람일 뿐, 대자연의 이치와는 거리가 멉니다. 자연에는 선과 악이 없습니다. 상황에 따른 유불리만 있으며 이 또한 상황에 따라 변합니다.

시	일	월	연
	壬		

일간이 임인 사람을 보면 '강과 바다처럼 자유롭게 세상을 돌아다녀야 하니 직장에서는 가끔 부서를 옮겨주거나 아예 이직해도 좋겠구나'라고 생각하며 해석을 시작합니다.

시	일	월	연
壬	壬	壬	

임이 세 개나 있습니다. 큰 강과 바다이니 그 기세를 막을 수 없습니다. 무戊라는 흙을 여럿 동원해 제방을 만들어도 원국의 주인공은 답답하기만 합니다. 오히려 편하게 흘러가는 것이 낫습니다. 큰 물이니 그 깊이도 알 수 없습니다. 이런 사람이 동업자라면 속마음을 알기 어려운 파트너라고 볼 수 있습니다.

시	일	월	연
	壬	辛	戊

시	일	월	연
壬	辛	戊	

첫 번째 원국(81쪽 하단)을 보면 임壬이라는 강물이 신辛이라는 보석에 묻은 무戊라는 흙을 씻어줍니다. 아무리 태양이 떠도 흙먼지에 가려진 보석은 빛을 내지 못합니다. 두 번째 원국(82쪽 상단)은 주인공(일간)을 신으로 바꾼 것입니다. 이렇듯 어떤 사주 원국이 있을 때 주인공을 다양하게 바꿔가며 보면 여러 가지 해석이 가능합니다.

주인공인 보석에게는 먼지를 닦아주는 임이라는 물이 얼마나 고마운 존재일까요? 일간이 신이고 원국에 토土가 많다면 임에 해당하는 이성을 만날 때 쉽게 연애를 시작합니다. 사장의 사주가 신이고 원국에 토가 많다면 임의 기운을 가진 직원을 뽑아야 좋습니다.

[작고 맑은 샘물, 계]

마지막 십간인 '계癸'를 소개합니다. 계는 맑은 이슬, 시냇물, 구름 등에 비유되며 음陰의 물입니다. 산속에 있는 사람, 손이 타지 않은 작고 맑은 샘물을 떠올리면 됩니다. 맑음은 총명함을 뜻하니 일간이 계라면 다른 십간으로 태어난 일간보다 머리가 좋다고 봅니다. 그러나 너무 맑은 것은

적당히 탁한 것도 용납하지 못하는 마음을 뜻합니다. 그 때문에 흉한 일도 피해 가는 장점이 있지만 종종 더 큰 기회를 놓치기도 합니다.

물론 사회 구성원으로서 법과 질서, 도덕을 지키는 일은 중요합니다. 여기서 이야기하는 건 선악 개념을 배제한 자연현상으로서의 인간사에 국한합니다. 쉽게 말해 조금 더 욕심내면 더 잘나갈 수 있는데 계로 태어난 사람들은 적당히 멈추는 법을 압니다. 흙탕물에 섞이기 싫기 때문입니다.

시	일	월	연
	癸		

일간이 계인 사람을 보면 '총명한 사람인데 속세에 물드는 것은 싫어하니 부담 주지 않도록 대화나 관계의 선을 지켜야겠구나'라고 생각하면서 해석을 시작합니다.

시	일	월	연
癸	癸	癸	

위 원국은 계가 세 개로, 맑은 샘물이 아주 커졌습니다. 지혜의 샘이 엄청나게 크니 머리가 상당히 좋지만 이쯤 되면 큰 호수라 환경에 따라 탁해질 수도 있습니다.

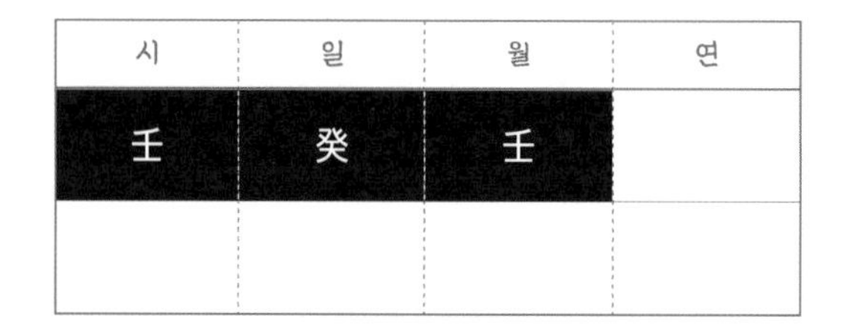

시	일	월	연
壬	癸	壬	

위 원국의 계는 맑은 샘물이지만 양옆의 강물과 섞여서 탁해졌습니다. 즉 타고난 마음은 소심하고 조심스럽지만 사회생활에서 보이는 행동은 강과 바다와 같이 과감합니다. 그러나 행동 따로, 마음 따로라고 적극적인 행동 속에 늘 고민과 조바심이 함께합니다. 세 글자 모두 임壬으로만 구성된 원국과 비교하면 행동은 비슷하게 과감한데 마음은 더 불편한 모습입니다.

시	일	월	연
	癸	丙	

시	일	월	연
癸	丙		

계는 맑고 작은 물이다 보니 구름에도 비유됩니다. 구름은 공기 중의 수분 결정이기 때문이죠. 구름이 태양을 가리는 것은 자연현상입니다. 위 사주 원국들처럼 계癸가 있고 바로 옆에 병丙이 있다면 구름이 태양을 가리는 모습입니다.

두 번째 원국과 같이 일간이 병이고 시간이 계라면 구름이 태양인 나를 가리는 모습입니다. 대개 태양에게 반가운 경우는 아니지만 상황에 따라 숨어가는 것이 나을 때도 있습니다. '절대 유리'하거나 '절대 불리'하다는 것은 자연에 존재하지 않기 때문입니다.

지금까지 십간에 대해 알아봤는데요. 십간에서 우리는 무엇을 중요하게 생각해야 할까요?

첫째, 각 십간의 '마음'을 읽을 줄 알아야 합니다. 글자 하나하나를 사람이라고 생각하고 어떤 마음일지 상상해보는 것입니다. 둘째, 일간이 나 자신을 의미하기는 하지만 다른 글자들을 주인공으로 생각해보는 연습도 꾸준히 해야 합니다. 월간이나 시간의 글자를 일간이라고 생각해보며 원국의 중심에 놓고 해석하는 것입니다. 월간이나 시간이 보는 나의 모습도 상상해볼 수 있습니다.

나와 주변을 이해하기 위해 사주명리를 공부하고 있는 것이므로 원국의 구성 요소들이 갖는 마음들을 이해해야 합니다. 이렇게 되면 주요 이론을 모두 배운 후 종합적인 해석을 할 때도 사례를 보는 시야가 넓어집니다. 이제 십간 공부를 마치고 십이지로 넘어가겠습니다.

◦03◦

십이지

지금까지 십간을 배웠는데 왜 또 십이지를 알아야 할까요? 10개보다 12개를 더한 22개가 더 상세한 분석을 할 수 있게 해주기 때문이라고 답하면 일단 맞기는 합니다. 그런데 단지 그 이유 때문일까요?

음양오행론을 처음 배울 때 세상 모든 것은 음과 양으로 구분된다고 했습니다. 그런데 음과 양이라는 건 꼭 양극과 음극, 남자와 여자만을 뜻하는 게 아닙니다. 서로 대척점에 있는 두 가지가 함께 있을 때 조화롭다면 모두 음양 이론으로 해석합니다. 어떤 대상의 궁극적인 근거를 연구하는 형이상학과 물질적인 측면을 연구하는 형이하학도 음양론적 분류에 해당합니다.

사람도 정신적 세계와 현실적 세계로 나눌 수 있습니다. 여기서 현실적 세계는 물질적, 육체적인 분야입니다. 십천간과 십이지지로 오행을 나눠 접근하면 인간의 정신세계와 현실세계를 구체적으로 묘사할 수 있습니다. 그러면 이제 인간의 현실 세계를 십이지를 통해 이해하는 방법을 배워볼 텐데요, 요약하면 다음과 같습니다.

자子는 맑고 순수한 물이자 생명의 시작점입니다.

축丑은 차가운 흙으로 봄이 오기 직전 씨앗을 품고 있는 상태입니다.

인寅은 초봄에 굳었던 땅을 뚫고 굳세게 올라오는 나무를 뜻하니 그 힘이 강합니다.

묘卯는 따뜻한 봄날에 여유롭고 싱그럽게 자라나는 식물이니 부드러움이 특징입니다.

진辰은 식물이 자라기 좋은 봄날에 습기를 머금은 토양입니다.

사巳는 주변의 생명들에게 에너지를 공급하는 불의 기운입니다.

오午는 원석을 녹이거나 주변을 태우는 열정적인 불이자 나무가 피우는 화려한 꽃입니다.

미未는 한여름의 뜨거운 토양입니다.

신申은 원석이자 수원지가 되는 산속의 바위입니다.

유酉는 날카로운 칼이자 보석입니다.

술戌은 가을의 흙으로 겉은 차갑지만 아직 땅속에는 불씨를 머금고 있습니다.

해亥는 강과 바다와 같이 큰 물입니다.

[자: 양력 12월 초~1월 초, 밤 11:30~1:30]

'자子'는 음陰의 물로 생명이 시작되는 근원입니다. 자는 응축된 순수한 물로 새로 태어날 생명을 갓 잉태한 존재로도 봅니다. 예를 들면 임신이 되는 수정의 순간과 같은 것입니다. 생명이 태어나려면 봄이 와야 하니 계절적으로는 한겨울입니다.

실제 자에 해당하는 월月은 양력 12월 초에서 1월 초 사이입니다. 동지冬至도 이 기간에 포함되니 한겨울입니다. 한겨울의 물은 불을 끄는 능력은 있지만 나무에 물을 줄 때는 주변 온도가 따뜻하지 않으면 나무가 얼 수도 있습니다.

시간으로는 전날 밤 11시 30분에서 당일 1시 30분 사이입니다.* 여기까지가 자연에서 관찰한 자의 의미입니다. 이를 사주 해석에 필요한 이론으로 확장해봅시다.

일단 음의 물이니 십간의 계癸와 일맥상통합니다. 순수한 겨울의 물이니 총명함도 계와 같습니다. 다만 나무에 물을 주기에는 온도가 차갑고, 응축되어 있어 물의 크기가 작다는 제약도 있습니다. 원국의 다른 글자에 온기가 있고 수원지나 다른 물이 있으면 자라는 글자도 나무를 키울

---

* 이론적으로 '자시'는 전날 밤 11시에서 당일 1시 사이입니다. 그런데 우리나라는 표준시의 기준을 일본과 같은 동경 135도를 기준으로 하며, 이에 따른 실제 지리적 차이를 보정하기 위해 30분을 더한 것입니다. 동경 135도를 처음 사용한 것은 1912년 1월 1일로 알려져 있습니다. 1954년 3월 21일부터 1961년 8월 9일까지는 동경 127.5도를 잠시 사용했으나 1961년 8월 10일부터 지금까지는 다시 동경 135도를 기준으로 하고 있습니다. 따라서 동경 127.5도를 사용하던 기간에 태어났다면 전날 밤 11시에서 당일 1시까지가, 동경 135도를 사용하던 기간에 태어났다면 전날 밤 11시 30분에서 당일 1시 30분까지가 자시가 됩니다.

수 있습니다. 한 글자의 의미를 깊이 이해한 다음, 그 의미가 주변 환경에 따라 어떻게 변할지까지 이해해야 합니다.

자는 차가운 겨울 물로 크기가 작으니 무조건 나무에 물 주는 용도로는 못 쓴다고 하는 건 단편적인 이해입니다. 그러면 제대로 된 사주 해석을 할 수 없습니다. 기본적으로는 그런 인자를 가지고 태어났으나 다른 글자들로 인해 잠재적 인자가 얼마나 발현되는지 그 정도를 가늠해봐야 합니다.

시	일	월	연
	甲		
	子		

시	일	월	연
	甲		
		子	

첫 번째 예시를 보면 일간인 갑甲이라는 소나무가 태어난 날의 지지인 일지日支에 자子라는 물을 깔고 있습니다. 월과 시 정보가 없으니 사주의 주인공이 어느 계절, 몇 시에 태어났는지 알 수 없습니다. 즉 사주 원국이 처한 자연환경이 추운지 더운지 알 수 없습니다. 다만 소나무가 물을 머금고 있다는 정도만 알 수 있을 뿐이죠.

반면 두 번째 예에서는 월月이 자월子月로 한겨울임을 알 수 있습니다.

다른 글자를 모른다는 가정 아래 분석하면, 한겨울에 나무에 물을 주니 자칫 얼어버릴 수 있습니다. 그러면 주인공의 마음은 어떨까요? 도움이 될 줄 알았는데 물이 얼어버리니 도움을 받지 못한 것입니다. 기대했다가 실망하는 마음이 들겠죠.

시	일	월	연
	甲		
子		子	

시	일	월	연
	甲		
子	子	子	

월과 시가 모두 자子라면 한겨울 밤에 태어난 소나무가 됩니다. 자시는 우리나라에서는 전날 밤 11시 30분부터 다음 날 1시 30분까지이니, 한겨울 자정이면 이미 물이 얼어버려 나무에 물 주기 어려운 수준입니다. 물이 있어도 도움이 안 되는 것을 알 수 있습니다. 원국의 나머지 글자나 특정 시기의 운에서 불의 기운을 찾아야 합니다.

만일 두 번째 예시처럼 월, 일, 시의 지지地支 세 개가 물이라면 어떻게 될까요? 겨울 얼음판 위의 소나무라서 뿌리가 얼었거나, 계절 요인을 생각하지 않는다고 해도 물속에 뿌리가 잠긴 소나무로 해석할 수 있습니다. 역시 따뜻함을 주는 불의 기운을 찾게 되겠죠.

다른 십간들도 원국의 주인공인 일간日干 자리에 넣어보면서 이와 같은 해석 방식을 연습해봅시다. 위 경우라면 자子라는 글자가 어디에 몇 개 오느냐에 따라 주인공의 정신세계와 현실세계에서 어떤 일이 일어날 수 있는지 생각해보는 것입니다. 틀려도 좋으니 가능한 한 많은 상상을 해보는 것이 중요합니다.

[축: 양력 1월 초~2월 초, 밤 1:30~3:30]

'축丑'은 음陰의 토土입니다. 십간의 기己와 유사한 의미로 보면 됩니다. 월 단위로는 양력 1월 초에서 2월 초 사이입니다. 겨울의 차가운 흙이죠. 따라서 나무가 살기에 좋은 흙은 아닙니다. 비닐하우스 안의 흙처럼 인공적으로 온기를 불어넣어야만 생명이 자랄 수 있습니다.

축에 해당하는 시간은 한국의 경우 밤 1시 30분부터 3시 30분 사이입니다. 한밤중이라 아침이 오려면 기다림이 필요합니다. 조만간 태어날 생명의 씨앗을 품고 태내에서 자라게 하는 기간으로도 비유하며, 봄을 기다리는 인내심을 의미하기도 합니다. 축은 소띠를 뜻하는데 묵묵히 자기 할 일을 하는 소의 모습과 기다리는 축의 마음은 일맥상통합니다.

시	일	월	연
丙	甲		
子		丑	

축월丑月의 자시子時에 태어난 소나무가 주인공인 사주 원국입니다. 한겨울 한밤중에 태어난 소나무입니다. 자子가 물이라고 해도 나무에 물을 주는 순간 너무 차가워서 얼어버릴 것입니다. 그러나 이 사주에도 살 길이 있습니다.

태어난 시가 마침 병자丙子시인데 병은 태양입니다. 태양이 차가운 땅과 얼음을 녹이니 일간인 갑甲이라는 소나무의 구세주가 됩니다. 물론 위 원국에 표시되지 않은 다른 네 개의 글자까지 확인하고 분석해야 정확히 해석하겠지만, 사주 분석의 여러 이론 중에서도 '온도'를 맞추는 것이 가장 중요합니다.

이 사주의 주인공은 10년 단위, 1년 단위의 운運에서 화火의 땔감이 되는 목木이나 같은 기운이 되는 다른 화火가 오면 그 시기는 괜찮습니다. 하지만 운에서 물이 너무 많이 들어오거나 하면 불이 꺼지니 곤란한 시기가 됩니다. 위의 사례라면 건강이나 생업에 큰 타격을 줄 정도로 심각하다고 생각됩니다.

위와 같은 원국을 가졌다면 비즈니스를 할 때는 목木이나 화火의 기운이 있는 사람을 가까이하고, 물을 키우는 금金이나 수水의 기운이 강한 사람은 멀리해야 합니다. 사무실이나 집에 식물을 가져다 놓거나 밝은 계열의 인테리어도 권합니다.

시	일	월	연
乙	丁	乙	丙
	丑		

축은 차가운 음陰의 토土라서 화기火氣를 잘 수용할 뿐 아니라 반가워하기까지 합니다. 그러나 모든 것은 적당해야 합니다. 위의 사주는 정丁이라는 불에 양옆의 을乙 두 개가 땔감이 되어 작은 촛불이 아닌 큰불이 되었습니다. 강한 불을 일지日支(태어난 날의 지지)인 축이 차가운 흙으로서 열기를 받아내고 있습니다.

그런데 특정 연도에 갑甲, 을乙이 연이어 들어오면 불의 크기가 더 커져 축이 더 이상 열기를 받아내지 못하게 됩니다. 천간을 정신세계, 지지를 현실세계로 보는데 현실세계의 한 요소가 바로 육체적 건강입니다. 특히 나를 뜻하는 일간(태어난 날의 천간) 바로 아래의 일지는 더더욱 나의 육체를 뜻합니다. 다른 천간이나 지지도 그렇지만 특히 일간을 정신세계, 일지를 육체적 건강으로 봅니다. 일지의 차가운 흙이 더 강해진 불을 받아내지 못하면 건강에 심각한 문제가 생깁니다.

실제 이 원국의 주인공은 갑, 을의 운이 연이어 들어오던 시기에 불치병이 발병했고 병丙 운에 세상을 떠났습니다. 물론 멀리 있는 연간年干의 병丙도 불이라서 안 좋은 운에 한몫했습니다.

[인: 양력 2월 초~3월 초, 새벽 3 : 30~5 : 30]

'인寅'은 양陽의 목木으로 갑甲과 유사한 의미의 지지地支입니다. 강한 나무의 기운이라고 보면 됩니다. 주변에 불이 있다면 좋은 땔감 후보도 됩니다. 시기로는 양력 2월 초에서 3월 초 사이입니다. 아직 늦겨울이지만 양력 2월 초에 입춘立春이 있습니다. 그래서 인월寅月은 봄의 시작입니다. 그러나 춘래불사춘春來不似春(봄은 왔지만 봄이 아니다)의 시기이기도 합니다. 이 시기에 태어난 사람들은 사주 원국의 구성에 따라 따뜻한 불의 기운을 찾는 경우가 많습니다. 시간으로는 새벽 3시 30분에서 5시 30분 사이로 이른 시간입니다.

시	일	월	연
	甲	甲	
	寅	寅	

시	일	월	연
	甲		甲
	寅		寅

첫 번째 사례는 월과 일의 천간과 지지가 모두 갑과 인입니다. 아주 강력한 나무의 기운을 가진 사람입니다. 해석할 때 일간은 나 자신을 뜻하니 일간의 갑은 나 자신이고, 나머지 갑과 인 두 글자를 나무의 기운을 가진 다른 사람으로 해석한다면 지금까지 잘 따라온 것입니다.

그런데 실제 사례 분석을 해보면 일간 갑과 일지 인을 한 기둥으로, 즉 목의 기운이 강한 나 자신으로 보는 것이 적절합니다. 일간은 나의 정신세계, 일지는 나의 현실세계이므로 '갑인甲寅'이라는 두 글자를 나 자신으로 보는 것입니다.

협의의 개념으로서의 '나'는 일간, 광의의 개념으로서의 '나'는 일간과 일지를 합한 일주日柱(일간과 일지를 합쳐서 일주라 함)로 이해하시면 됩니다. 그러면 월月에 있는 다른 갑인은 어떻게 해석할까요? 두 가지 경우로 해석할 수 있습니다. 첫째, 나 못지않게 강력한 기운을 가진 동료나 경쟁자, 형제입니다. 둘째, 네 글자 전체가 매우 강력한 목木의 기운을 가진 나 자신입니다. 사주명리는 여덟 글자라는 제한된 수의 한자를 다양하게 조합하고, 같은 글자가 함의하는 다른 의미를 최대한 뽑아내며 해석의 깊이와 넓이를 확보합니다. 따라서 여러 해석이 다 가능하다는 생각으로 해당 원국을 지닌 사람의 상황을 관찰하는 것이 중요합니다.

두 번째 원국을 보면 갑인이 일日과 연年으로 떨어져 있습니다. 이 경우에는 연의 갑인도 나 자신으로 보는 게 아니라 나 못지않게 강력한 기운을 가진 동료나 경쟁자, 형제로만 해석합니다. 일주의 바로 옆에 붙은 것이 아니기 때문입니다.

시	일	월	연
己	甲	丙	
		寅	

위 원국을 보면 양력 2월 초~3월 초인 인월寅月에 태어났으니 봄이라고 하기에는 아직 춥습니다. 나무가 땅에 해당하는 기己에 뿌리를 내리려면 차가운 땅을 녹여줄 태양이 필요합니다. 마침 태양을 뜻하는 병丙이 월간月干에 있어 다행입니다.

물론 다른 빈칸의 글자들도 분석해야 하지만 병이라는 글자는 물의 기운이 세지는 대운, 세운이 들어왔을 때 약해지니, 이런 시기에는 사주 주인공이 고생할 확률이 높습니다. 예를 들면 임壬은 강과 바다라서 불을 끌 수 있고, 계癸는 이슬비 또는 샘물이지만 구름도 되기 때문에 태양을 가릴 수 있습니다. 그래서 임이나 계에 해당하는 시기에는 좀 힘이 들 수 있습니다.

지금 이 내용을 읽다가 혹시 '병丙은 태양이고 태양은 하늘에 있는데 어떻게 임이라는 강과 바다가 태양을 끌 수 있을까? 계는 구름이니 태양을 가린다는 것이 이해는 되지만'이라고 생각했나요? 만일 그랬다면 사주명리에 천재적인 재능이 있다고 자부해도 좋습니다. 배운 것을 다양한 관점에서 적용하고 의심하며 해석의 가능성을 상상하는 사람은 이론을 외우기만 하거나 사례의 패턴을 단순 적용하는 경우보다 몇 배 빠르게 성장할 수 있습니다.

질문에 답을 드리자면 '임과 계 모두 조심해야 한다'입니다. 임이 강물을 뜻한다는 것은 천간에 존재하는 양陽의 수水에 해당하는 기운을 해석하기 위한 비유입니다. 양의 수가 존재한다면 강이나 바다와 같은 특징을 가진다고 본 것입니다. 따라서 물리적으로 하늘에 존재할 수 없는 물이라기보다 강과 바다처럼 거침없이 흐르는 강한 물의 기운을 비유한다고 보면 됩니다. 물론 지면에 있는 물로는 하늘의 태양을 절대로 훼손할 수 없다고 해석하는 명리학자도 있을 것입니다. 이는 결국 많은 사례를 살펴보면서 어떤 견해가 맞는지 검증하는 것밖에는 방법이 없습니다.

[묘: 양력 3월 초~4월 초, 오전 5 : 30~7 : 30]

'묘卯'는 음陰의 목木으로 시기로는 양력 3월 초부터 4월 초 사이입니다. 봄비가 내리고 새싹이 움트는 진정한 봄이 시작됐습니다. 시간으로는 오전 5시 30분에서 7시 30분 사이입니다. 실제 아침이 시작되는 시간이기도 합니다.

십간으로 보면 을乙에 상응하는 십이지입니다. 아직 겨울의 추위가 남아 있는 인寅에 비하면 실제로 만물이 깨어 움직이는 생동감이 있습니다. 인과 묘는 모두 나무의 기운인데 목木은 금金에 제압을 당하는 관계입니다. 칼과 도끼는 나무를 자를 수 있기 때문입니다.

그런데 인은 소나무인 갑甲과 유사하므로 다소 버티다가 잘리거나 부러지는 느낌이라면, 묘는 좀 더 약한 초목草木이 일방적으로 잘리는 것입니다. 그러나 사주명리에 절대적인 것은 없습니다. 다음 예시된 원국이 그렇습니다.

시	일	월	연
乙	乙	乙	
卯	卯	卯	

이쯤 되면 칼이나 도끼로 벨 수 없습니다. 거의 대공사를 하듯 전체를 들어내야 합니다. 을과 묘가 갑과 인보다 약하다는 건 한 글자일 때를 뜻합니다. 몇 개가 있는지, 어떤 구성으로 있는지에 따라 달라집니다.

시	일	월	연
	甲		
	寅		

시	일	월	연
	乙		
	卯		

갑인甲寅일에 태어난 사람과 을묘乙卯일에 태어난 사람이 있습니다. 누가 더 강할까요? 단순히 단단한 정도라면 갑인이 강합니다. 누가 더 자르기 어려울까요? 을묘가 더 어렵습니다.

갑인이 반듯한 소나무라면 을묘는 얼키설키 자란 등나무 넝쿨입니다. 누가 더 외견상 리더다울까요? 당연히 소나무인 갑인입니다. 그러면 유연성과 끈기는 누가 나을까요? 등나무와 풀의 묶음인 을묘입니다. 굳이 경쟁 상대를 골라야 한다면 누구를 고를까요? 가치관의 차이는 있겠지만 저라면 을묘를 택하지는 않을 겁니다. 생각보다 싸움이 빨리 끝나지 않기 때문이죠. 끈기가 몹시 강합니다. 오히려 갑인은 큰 도끼로 찍으면 쉽게 꺾입니다.

[진: 양력 4월 초~5월 초, 오전 7 : 30~9 : 30]

'진辰'은 양陽의 토土로 무戊에 대응하는 지지地支입니다. 시기로는 양력 4월 초에서 5월 초 사이이며, 땅속에 적당한 수분이 있어 식물이 자라기 좋은 흙입니다. 시간으로는 오전 7시 30분에서 9시 30분 사이입니다.

이론적으로 흙은 물을 막는 둑이나 제방이 됩니다. 그러나 진은 촉촉한 흙이라 주변에 물이 많으면 진흙이 되거나 아예 물에 섞여버립니다. 앞서 배운 축丑은 어떨까요? 축은 한겨울의 흙이라 땅속에 차가운 물이나 얼음이 있다고 보시면 됩니다. 주변에 물이 많으면 물에 동화되는 성향까지 보입니다. 따라서 축 또한 제방으로 쓰기는 어렵습니다.

여기서 잠시 짚고 넘어갈 것이 있습니다. 앞서 '갑, 을, 병, 정…' 등의 십간十干을 설명할 때는 글자마다 사람의 성격적인 측면을 묘사했는데 십이지十二支에서는 자연적인 특성에 집중해 설명하고 있습니다. 왜 이런 걸까요? 만약 읽으면서 이런 질문이 자연스럽게 들었다면 사주명리에 타고난 재능이 있는 분입니다.

앞으로 '이러저러한 궁금증이 있다면 사주 공부에 재능이 있다'라는 말을 가끔 할 텐데요. 취미로 공부하다 본격적으로 뛰어들 생각을 하는 분들이 있기에 말씀드리는 것입니다. 자신의 사주팔자가 역술인이 될 수 있는지 묻기 전에 이 책을 읽으면서 어떤 질문이 떠오르는지 생각해보면 전문가의 그릇인지 아닌지 알 수 있습니다.

십이지가 사람의 성격보다 자연적 특성에 치중하는 이유는 사주명리의 일간日干 중심적인 해석 때문입니다. 사주명리에서는 원국의 일간을 주인공 글자라고 봅니다. 그리고 일간은 10개의 천간 중 하나입니다. 그래서 천간은 성격적 특성을 고려하고 공부합니다. 일간을 제외한 나머지 글자들은 직간접적으로 그 주인공의 삶을 해석하는 요소들입니다.

천간은 정신세계를 나타내므로 일간의 성격이나 마음에 더 직접적인 영향을 줍니다. 현실세계를 나타내는 지지는 주인공 일간의 행동 또는 일간의 마음을 움직이는 환경적 요인입니다. 따라서 자연적 특성을 중심으로 이해하면 일간을 중심으로 종합적인 해석을 할 때 지지의 자연적 특성들이 일간의 마음이나 행동을 이해하는 근거가 됩니다. 예를 들어보겠습니다.

시	일	월	연
	甲		
	辰		

시	일	월	연
	乙		
	丑		

첫 번째 사례는 갑甲이라는 소나무가 진辰이라는 촉촉한 흙에 뿌리를 내리고 있는 형상입니다. 갑은 하늘 높이 뻗어나가고픈 리더의 마음을 가집니다. 수분이 있는 흙 위에 뿌리를 두었으니 본연의 목표를 달성할 환경을 갖추고 있습니다. 당연히 마음에 여유도 생깁니다.

두 번째는 을乙이라는 등나무 또는 풀이 차가운 흙인 축丑 위에 살고 있습니다. 축은 그 속에 수분이 있지만 너무 차갑거나 얼음 수준입니다. 깊게 뿌리 내리지 못하니 마음에 여유가 없고 쉽게 조바심이 생깁니다. 원래 을로 태어난 사람은 갑보다 유연성이 뛰어날 확률이 높지만 깔고 있는 글자, 즉 나무가 뿌리 내린 흙의 성질에 따라 성격이 변할 수 있습니다.

그래서 갑진甲辰과 을축乙丑 중에 누가 여유로운 사람인가를 물으면 답은 갑진이 됩니다.

시	일	월	연
	甲		
子	辰	子	

시	일	월	연
丙	乙		
	丑		

위 원국은 앞서 갑진과 을축의 사례에 몇 글자를 추가한 것입니다. 이렇게 되면 이야기가 변합니다. 자월子月, 자시子時에 태어난 갑진甲辰이라는 소나무는 양력 12월 초에서 1월 초 사이, 밤 11시 30분부터 1시 30분 사이에 태어난 소나무입니다. 너무나도 추운 한밤중의 소나무인데 뿌리를 내리고 있는 진辰이라는 글자는 수분을 머금은 흙입니다. 진이라는 흙은 원래 적당한 수분을 가지고 있지만 주변에 물이 많으면 진흙이 되거나

물에 동화된다고 했습니다. 한겨울 밤이니 진이라는 흙 속의 수분은 얼어버릴 것입니다. 그러면 갑이라는 소나무는 진이라는 흙 위에 뿌리 내리기 어렵습니다. 만약 진이라는 흙이 다른 글자들의 영향으로 진흙이나 물바다가 된다고 해도 갑의 뿌리는 갈 곳을 잃습니다.

반면 두 번째 사례처럼 을축乙丑이 태양 병丙을 보면 차가운 흙이 다소 해동되니 뿌리를 내릴 확률이 높아집니다. 어떤 글자는 이렇다거나, 어떤 글자와의 조합은 저렇다는 식으로 외우면 안 됩니다. 경우의 수를 외우는 데는 한계가 있습니다. 다양한 조합의 의미를 실전에서 해석해내려면 각 글자의 의미와 글자 간의 관계를 깊이 깨달아야 합니다.

[사: 양력 5월 초~6월 초, 오전 9 : 30~11 : 30]

'사巳'는 시기로는 양력 5월 초에서 6월 초 사이입니다. 시간으로는 오전 9시 30분에서 11시 30분 사이입니다. 계절적으로는 봄의 끝자락이지만 사주명리에서는 여름의 첫 달로 봅니다. 여름이 시작되는 사의 강렬한 에너지는 양陽의 화火를 뜻하며 십간 중에서는 태양인 병丙과 같은 의미로 봅니다.

만일 센스가 있다면 이런 질문이 떠오를 수 있습니다. '십간이 있는 천간天干은 하늘을 뜻하니 태양인 병丙이 존재할 수 있다고 해도, 지지地支의 자리는 땅을 뜻하는데 어떻게 태양에 해당하는 사巳가 존재할 수 있을까?' 실제 상담에서 사는 '태양과 같은 강렬한 에너지를 가지고 열정적으로 뭔가를 추진하는 힘' 정도로 생각하면 됩니다. 꼭 태양이 땅에 있는지 아닌지를 고민할 필요는 없습니다.

시	일	월	연
	丁	戊	
巳	巳	子	巳

10년 이상 10억 원대의 연봉을 받아온 한 고위 임원의 원국입니다. 업무 추진력은 업계에서 알아줄 정도로 유명한 분입니다. 사巳가 세 개라서 정丁이라는 촛불의 힘이 매우 강해졌습니다. 강한 불은 물로 끄기 어렵습니다. 큰불이 났을 때 물로 끄려고 해도 잘 잡히지 않는 모습을 연상하면 됩니다.

그러면 어떻게 해야 할까요? 사주명리 이론에서는 큰불은 차가운 흙으로 열기를 빼내야 한다고 합니다. 이분의 사주에 큰 흙을 뜻하는 무戊가 있습니다. 기己였다면 큰불을 흡수하기에는 부족할 뻔했는데 다행히 초원, 광야 정도의 크기인 무가 있습니다. 게다가 무의 아래에는 자子가 있습니다. 무라는 흙이 수분을 머금고 있는 형국이죠.

시기적으로 자월子月 생이라 양력 12월 초에서 1월 초 사이에 태어났으므로 흙이 얼어버린 시베리아 벌판일지도 모르겠습니다. 그러나 촉촉한 큰 땅이건, 얼어버린 큰 땅이건 강력한 불의 화기火氣를 흡수할 수 있습니다. 크고 차가운 땅에 큰불이 열기를 방출하는 모습이니 사주의 클래스가 남다르다고 볼 수 있습니다. 작은 불이 작고 차가운 땅에 열기를 방출하면 적당히 먹고사는 모습이 됩니다. 중산층이라고 볼 수 있죠. 그런데 아주 큰불이 아주 큰 땅에 열기를 방출해 순환시키니 월급만으로 100억 원 이상을 벌게 됩니다.

그런데 여기서 한 가지 주의할 점이 있습니다. 불에 해당하는 글자가 모두 사巳이기에 이것이 가능하다는 것입니다. 다음에 배울 오午였다면 해석이 달라집니다. 십간십이지 간의 관계를 다룰 때 배우겠지만 자子라는 글자와 오午라는 글자는 서로 충돌하기 때문입니다.

이 사주의 재물복이 남다른 이유가 더 있는데 이는 지장간(지지 속에 숨어 있는 글자에 대한 이론)까지 배우고 다시 설명하겠습니다. 일단 여기서는 큰불이 차갑고 큰 땅으로 열기를 방출하는 구조가 아름답다는 정도만 이해하면 됩니다.

[오: 양력 6월 초~7월 초, 오전 11 : 30~오후 1 : 30]

'오午'라는 글자는 음陰의 화火입니다. 천간의 정丁에 해당하는 글자입니다. 그러나 태양에 해당하는 병丙이나 사巳가 에너지를 만물에 공급하고 빛을 비추는 것과 달리 횃불, 용광로에 해당하는 정과 오는 뭔가를 태우고 녹이는 불입니다.

특히 오는 그 에너지가 아주 강합니다. 계절적으로는 양력 6월 초부터 7월 초로 매우 더운 시기이고, 시간적으로도 정오正午를 포함하는 오전 11시 30분부터 오후 1시 30분까지입니다. 태양이 가장 높이 있을 때라 열기가 아주 강하죠. 십이지지十二地支 중에서도 역동적인 에너지, 변화의 의지가 가장 강한 글자라고 생각하면 됩니다.

시	일	월	연
	乙	戊	
寅		午	

원국 일간의 을은 등나무 또는 풀로 부드러운 목木이지만 태어난 시가 양陽의 목에 해당하는 인寅이라 나무의 기운이 강합니다. 지지에 자신을 돕는 글자가 있으면 전문용어로는 '일간이 뿌리를 갖추었다'라고 합니다. 이제 을은 마음껏 꽃을 피울 힘이 있습니다. 꽃은 붉은색을 연상시키기 때문에 불에 비유됩니다. 강렬한 불인 오午는 원국의 주인공이 만드는 화려한 꽃입니다. 자신이 뿌리 내릴 땅도 무戊라는 흙으로 옆에 있습니다.

이 사주 원국은 언론에 자주 언급되는 꽤 유명한 스타트업 창업자의 것입니다. 업계에 새로운 사업 방식을 도입했는데 변화와 혁신을 추구하는 오의 열정에 걸맞은 사주입니다.

[미: 양력 7월 초~8월 초, 오후 1:30~3:30]

'미未'는 음陰의 토土로 기己에 해당하는 지지地支입니다. 기간으로는 양력 7월 초부터 8월 초까지입니다. 1년 중에서 가장 더운 시기인데 사주명리에서는 여름의 마지막 달입니다. 시간으로는 오후 1시 30분부터 3시 30분까지입니다. 한여름에는 정오보다 오후 2~3시가 더 덥듯이 여름의 중간인 6월 초에서 7월 초까지인 오월午月보다는 미월未月이 더 덥습니다. 따라서 미월에 태어난 사람은 원국 전체가 너무 덥지 않은지를 판단하는 것이 중요합니다.

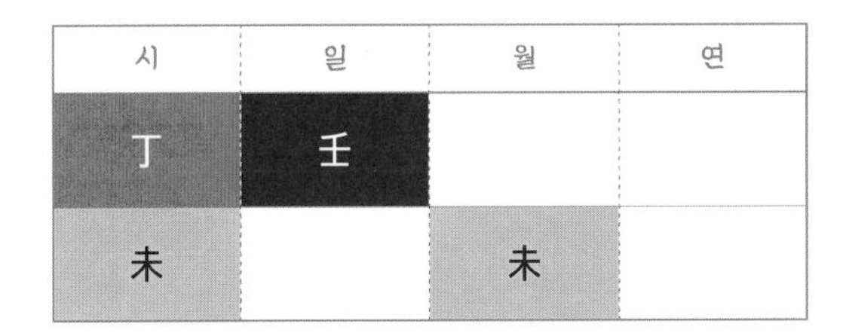

시	일	월	연
丁	壬		
未		未	

원국을 보면 한여름 가장 더운 시간에 태어났는데 정丁이라는 불까지 있습니다. 아무리 임壬이 강과 바다라고는 하지만 이렇게 되면 사막을 흐르는 한 줄기 강이 됩니다. 비어 있는 원국의 자리에 수水 또는 수원지가 되는 금金의 기운이 없으면 강이 말라 바닥을 보일 수도 있습니다.

시	일	월	연
	己	庚	
未	未	子	酉

기己라는 흙이 양력 12월 초부터 1월 초 사이의 추운 계절에 태어났습니다. 하지만 미未라는 열기가 있는 흙을 깔고 있어 추위로 인한 걱정이 적습니다. 게다가 낮인 미시未時에 태어나 겨울치고는 그나마 덜 추운

시간입니다. 사주명리에서는 너무 추우면 따뜻하게, 너무 더우면 서늘하게 해주는 보완이 무엇보다 중요합니다. 전문용어로 이를 조후론調候論이라고 하는데, 기후를 조절하는 것이 가장 중요하다는 이론입니다. 조후론 면에서 이 사주는 추운 겨울에 태어났지만 걱정을 덜 해도 됩니다.

흙이 뭉쳐져 시간이 지나면 광물 또는 바위가 되고 이것이 물을 만드는 수원지가 된다고 했습니다. 토土가 세 개이고 수원지인 경庚(양陽의 금)이 있습니다. 유酉도 금의 기운입니다. 수원지는 물인 자子를 만듭니다. 이런 구조는 토생금土生金, 금생수金生水의 흐름이 순탄합니다. 이처럼 오행의 상생 순서대로 글자들간의 기운이 이어지면 기운들이 연쇄적으로 누적되면서 그 효과도 커집니다.

물론 토와 금의 숫자 대비, 수는 자 한 개뿐이라 적다고 생각할 수 있습니다. 실제 이 사주의 주인공은 수의 운이 강하게 들어오는 해에 사업이 번창해 30대에 경제적 자유를 얻었습니다. 토, 금, 수의 균형이 맞은 것이죠. 그리고 성공한 시기에 태양에 해당하는 병丙의 운도 있었는데 조후론 면에서 추운 겨울에 태어난 이 사주를 도와준 면도 있습니다. 시기별 운은 대운과 세운을 보는 법을 소개한 이후에 자세히 설명하겠습니다. 일단은 원국 속에 나타난 십간십이지만 이해하고 지나가겠습니다.

[신: 양력 8월 초~9월 초, 오후 3 : 30~5 : 30]

'신申'은 양陽의 금金으로 십간의 경庚에 해당하는 기운입니다. 원석이나 수원지로서 '경'과 같이 역할한다고 보면 됩니다. 시기로는 양력 8월 초에서 9월 초 사이로 가을의 시작에 해당합니다, 시간으로는 오후 3시 30분에서 5시 30분 사이입니다.

양력 8월 초에 입추立秋가 있습니다. 실제로 입추가 지나면 동해의 수온이 떨어져 물에 들어가기가 부담스러워지죠. 24절기의 흐름은 실로 자연의 섭리가 얼마나 정확한지 알려줍니다. 그리고 사주 원국도 같은 틀 안에서 움직입니다.

시	일	월	연
甲	庚		
申	申		

위의 사주 원국을 보면 금金의 기운이 강하게 있습니다. 모양을 보면 시간에 있는 갑甲이라는 소나무가 바위 속에 고립된 형국이죠. 경庚이나 신申은 원석이라 제련되거나 가공되기 전의 금속이지만 날이 아주 날카롭지 않은 도끼까지도 포함됩니다. 이렇게 보면 도끼 속에 둘러싸인 소나무라 할 수 있습니다. 게다가 이 소나무는 다른 나무의 기운이 없어 도움을 받지 못하고, 물도 안 보이니 자라지도 못합니다. 더구나 뿌리를 내릴 흙도 없습니다.

실제로 경신庚申년에 금의 기운이 더욱 강해져 나무가 훼손되니, 이 사주의 주인공은 큰 자상刺傷을 당했습니다. 건강 면에서 목木은 간이나 신경계의 질병을 뜻합니다. 그런데 실제로 이 사주의 주인공과 상담해보면 마치 나무가 도끼에 베이는 형상과 흡사한 사고가 일어나는 경우도 자주 있었습니다.

위의 사주에는 나무의 뿌리가 없지만 그렇다고 해서 토土가 오면 위험합니다. 흙이 뭉쳐져 시간이 지나면 바위가 되고, 이는 금의 기운을 강하게 해서 목을 더 손상시키기 때문입니다. 이런 경우는 수水의 기운이 필요합니다. 금은 수원지로 수를 만들고, 수는 목에 물을 주니 금생수金生水, 수생목水生木의 순환 구조가 되어 금과 목이 직접 부딪치지 않고 돌아가기 때문입니다.

화火로써 금을 녹이는 것도 하나의 대안입니다. 그러나 강한 충돌에는 중간에 완충 기능을 하는 오행五行이 들어오는 것이 가장 부드럽습니다. 엄밀한 이론으로 설명하기는 어렵지만 금의 기운이 4~5개 이상이면 불로 녹이기 어렵고, 오히려 자극만 해 역효과가 우려되는 점도 기억해두면 좋습니다.

시	일	월	연
壬	庚	庚	
	申	申	

시	일	월	연
	庚	丁	
	申	丑	寅

경庚이건 신申이건 양陽의 금金으로 '가공·제련을 위한 원석'이 되든지, '물을 만드는 수원지'로 사용하든지 해야 합니다. 둘 중 어떤 것으로 결정해야 할까요? 특정한 이론을 외워서 정할 수는 없으며 원국의 구조를 보고 사례별로 판단해야 합니다.

첫 번째 예시를 보면 '금'이 네 개나 됩니다. 이 정도면 웬만한 불로 녹여서 다스리기는 어렵다고 봅니다. 게다가 신월申月에 태어났으니 자기 계절에 태어났습니다(112쪽 '음양오행과 계절' 참고). 그래서 금의 기운이 더 강해진 것이죠. 너무 커서 녹이기 어려우니 수원지로 사용해 물을 만들어야 하고, 마침 원국에 강과 바다를 뜻하는 임壬이 있어 딱 알맞게 사용할 수 있습니다.

그런데 두 번째 예시는 다릅니다. 경신庚申일에 태어났으니 금의 기운이 두 글자라 약한 금은 아닙니다. 그러나 금의 기운이 4~5개 이상은 아니고, 게다가 겨울에 태어나 너무 차갑습니다. 앞서 이야기한 온도를 중시하는 조후론으로 봐도 불이 필요하고, 금 두 개 정도는 불로 녹일 수도 있습니다. 따라서 정丁이라는 불을 사용하니 주인공 경庚은 원석으로서 불의 쓰임을 받게 됩니다.

다만 정이라는 불 주변에 땔감이 없고 물이 가득하다면 정 한 글자만으로는 경신이라는 금의 기운을 녹이기 어렵습니다. 사주 원국을 보면 다행히 인寅이라는 소나무가 있습니다. 이 나무가 땔감이 되어 정이라는 불을 크게 해줍니다. 그래서 원석을 제어하는 불이 존재하는 원국이 되며 정을 알맞게 씁니다.

음양오행과 계절

'자기 계절'이라는 개념은 목木, 화火, 금金, 수水가 각각 봄, 여름, 가을, 겨울을 상징한다는 이론에서 나온 것입니다. 오행 중에 유일한 생명인 나무는 봄에 처음 태어나고, 불은 여름의 강렬한 에너지를 상징하며, 단단한 금속은 가을에 열매와 곡식을 거두는 실리적인 것을 비유하고, 차가운 물은 추운 겨울로 보는 것입니다.

토土는 중용中庸을 뜻하니 각 계절에 골고루 속한다고 봅니다. 축丑은 겨울의 마지막, 진辰은 봄의 마지막, 미未는 여름의 마지막, 술戌은 가을의 마지막에 해당하는 달에 위치합니다.

십이지十二支를 계절에 배치하면 인묘진寅卯辰은 봄, 사오미巳午未는 여름, 신유술申酉戌은 가을, 해자축亥子丑은 겨울이 됩니다. 사계절을 생로병사生老病死와 유년, 청년, 장년, 말년에 비유하기도 합니다.

110쪽 표의 첫 번째 사례를 보면 경庚 일간이 신월申月에 태어났으니, 금金인 사람이 가을에 태어난 것입니다. 금은 계절적으로 가을을 상징하니 주인공 일간은 자기 계절에 태어난 것이죠. 앞으로 '일간이 자기 계절을 얻었다'라는 표현을 본다면 사주 주인공이 일간의 오행이 상징하는 계절에 태어난 것으로 이해하면 됩니다.

[유: 양력 9월 초~10월 초, 오후 5 : 30~7 : 30]

'유酉'는 음陰의 금金으로 십간의 신辛에 해당합니다. 아주 날카로운 칼이나 가위, 보석에 해당합니다. 시기로는 양력 9월 초에서 10월 초 사이로 가을의 중심이며, 시간으로는 오후 5시 30분에서 7시 30분 사이입니다. 원석인 경庚이나 신申보다는 약하지만 더 날카롭습니다. 우열 관계가 있다기보다 용도가 다르다고 봐야 합니다.

원래 대자연에는 옳고 그름이 없습니다. 좋고 나쁨도 없습니다. 다만 상황에 대한 해석을 인간사의 관점으로 보니 선악과 유불리의 개념이 생길 뿐입니다. 자연적 실체는 변한 것이 없지만 상황별로 그 개념과 가치 판단이 달라진다는 것을 깨달으면 사주명리를 해석하는 눈이 한 단계 올라갑니다.

신辛이나 유酉와 같은 가공·제련이 끝난 금속은 불을 싫어합니다. 이미 제철소의 용광로를 통과해 자신만의 쓸모가 정해졌는데 다시 용광로에 들어가면 기존의 용도가 바뀌거나 애매하게 그을음 같은 것이 생길 수도 있습니다.

보석의 개념으로 본다면 태양에 해당하는 병丙일 경우 반가워하기도 합니다. 사巳 또한 양陽의 화火라서 신이나 유와는 큰 갈등이 없습니다. 그러나 정丁이나 오午와 인접하면 신이나 유 입장에서 어떤 마음이 들지 생각해볼 필요가 있습니다.

이와 관련해 자주 나오는 질문이 하나 더 있습니다. 신辛이나 유酉는 경庚이나 신申처럼 수원지로 사용할 수 있느냐는 것입니다. 개념적으로는 가능하지만 그 효과는 약합니다. 이렇게 말하면 좀 애매하고 혼란스러운 대답일까요?

사주명리에서 오행이란 개념을 더 확장하기 위해 십간십이지가 등장했습니다. 십이지의 열두 지지도 개념을 더 잘 설명하기 위한 상세 개념입니다. 상세 개념을 만드는 과정에서 자연에 대한 관찰이 들어갔지만 기본적으로 금金은 수水를 돕는다는 것이 오행론입니다. 따라서 경庚이나 신申만큼은 아니지만 신辛이나 유酉도 수를 만든다고 볼 수 있습니다. 그런데 그 힘이 경이나 신만큼 크지 않으니 '만든다'보다 '돕는다'로 이해하면 좋습니다.

시	일	월	연
	辛	辛	
	酉	酉	

시	일	월	연
	庚	庚	
	申	申	

위의 원국은 둘 다 강한 금의 기운을 가지고 있습니다. 그런데 누가 더 날카로울까요? 이미 보석이자 칼인 신유辛酉 쪽이 더 날카롭습니다. 그럼 누가 더 단단할까요? 원석인 경신庚申 쪽이 더 단단합니다. 누가 더 불을 싫어할까요? 물론 경신 쪽도 금의 기운이 네 개나 있어 불의 녹임을 받

기에는 너무 크지만 정말 큰불이라면 녹여서 원석의 쓰임새를 찾을 수도 있습니다. 반면 신유 쪽은 이미 용광로를 지나온 터라 불에 대한 비호감이 경신보다 더 큽니다. 따라서 첫 번째 사례의 주인공이 불을 더 싫어한다고 볼 수 있습니다.

[술: 양력 10월 초~11월 초, 저녁 7 : 30~9 : 30]

'술戌'은 양陽의 토土로 십간의 무戊에 해당합니다. 시기로는 양력 10월 초에서 11월 초 사이이고, 시간으로는 저녁 7시 30분에서 9시 30분 사이입니다. 같은 양의 토인 진辰이 그 안에 촉촉한 수분을 머금고 있다면, 술은 그 안에 불씨를 가지고 있습니다. 건조한 가을 흙 속에 짚불이 숨겨져 있는 형세입니다. 독자적으로 불이 나진 않지만 주변에 불의 기운이 강해지면 불로 변할 수 있습니다.

시	일	월	연
	戊		
	戌		

시	일	월	연
	戊		
	辰		

무술戊戌이나 무진戊辰 모두 위아래가 양陽의 토土로 큰 흙이지만, 흙을 파보면 무술은 안에 불씨가 있고 무진은 안에 수분이 있다는 차이가 있습니다.

시	일	월	연
辛	戊		
戌	戌		

보석인 신辛이 흙 속에 묻혀 빛을 볼 수 없으니 임壬과 같은 큰 물로 흙을 씻어내야 합니다. 임이 없다면 계癸와 같은 샘물이라도 써서 씻어내야 하지만 당연히 효과는 적겠죠.

시	일	월	연
甲	戊		
午	戌	午	

술戌은 흙 안에 불씨가 있다고 했습니다. 그래서 주변에 불이 있다면 불씨가 발화하여 큰불로 번집니다. 위의 사례에서 술戌과 오午가 만나 일간 무戊의 지지地支는 불바다가 됩니다. 갑甲은 무戊라는 땅에 뿌리를 내리지 못하고 땔감으로 쓰이는 아픔을 겪습니다.

각 십간십이지의 사회적 의미를 뜻하는 십신十神 이론에서 다시 다루겠지만, 갑甲에 해당하는 사회적 의미가 이 사주에서는 약해집니다. 따라서 목木이 상징하는 질병도 조심해야 하고, 불도 큰불로 번지니 화火와 관련된 질병도 조심해야 합니다. 이처럼 불의 기운이 과도하게 넘치는 사주에 수水에 해당하는 글자가 있고 그 기운이 약하면 강한 화기火氣에 의해 물이 증발하고 맙니다. 그렇기 때문에 이 사주의 주인공은 수와 관련된 건강도 조심해야 합니다.

[해: 양력 11월 초~12월 초, 밤 9 : 30~11 : 30]

'해亥'는 양陽의 수水로 십간의 임壬에 해당합니다. 시기로는 양력 11월 초에서 12월 초 사이이고, 시간으로는 밤 9시 30분에서 11시 30분 사이입니다. 임도 해도 강과 바다이지만 역동성 면에서는 지지地支에 있는 해가 더 강합니다. 천간은 정신적인 세계를, 지지는 현실적인 세계를 반영하기에 실제로 체감하는 정도는 지지가 더 강하기 때문입니다.

시	일	월	연
辛	壬	戊	
亥	子	子	

시	일	월	연
甲	己	戊	
戌	亥	戌	

첫 번째 사례는 물이 너무 많아서 무戊라는 흙은 제방 역할을 못 하고 쓸려나갑니다. 보석에 해당하는 신辛도 바다에 빠지는 상황입니다. 두 번째 사례는 주변의 흙으로 인해 해亥라는 강물이 둑에 갇힌 모습입니다. 시의 천간인 시간時干에는 소나무인 갑甲이 있습니다. 나무에 물을 주기 위해 물을 가둔 형상이라 갑 입장에서는 나쁘지 않지만 해 입장에서는 답답합니다.

시	일	월	연
	癸		
	亥		

일간이 계癸면 원국의 주인공은 이슬, 샘물, 안개비, 구름 등 맑고 순수한 작은 물을 의미합니다. 그런데 일지에 해亥를 두면 속마음은 샘물이지만 보이는 행동은 강과 바다가 됩니다. 남들이 보기에는 대범한 임壬과 같은 행동을 하지만 속으로는 섬세한 계癸의 마음을 가지고 있는 것이죠. 이렇게 되면 겉과 속이 다른 것이니, 사람들이 쉽사리 주인공의 속을 알 수 없습니다.

속을 알 수 없다고 하면 나쁜 표현 같지만 본질적으로 속이 깊고 겉으로 일희일비하지 않는 것과 같습니다. 전자는 불신의 아이콘 같지만 후자는 성숙한 인격 같습니다. 선과 악, 유불리의 개념이 없는 자연에서는 나에게 피해를 주면 전자가 되고 도움을 주면 후자가 되는 것입니다. 사주명리에서는 인간의 삶도 이와 같다고 생각합니다. 선과 악, 유불리의 개

오행	목		토	화		토	금		토	수		토
음양	양	음	양	양	음	음	양	음	양	양	음	음
천간	갑甲	을乙	무戊	병丙	정丁	기己	경庚	신辛	무戊	임壬	계癸	기己
지지	인寅	묘卯	진辰	사巳	오午	미未	신申	유酉	술戌	해亥	자子	축丑

념이 없으며 사람과 상황에 따라 다르게 해석될 수 있다고 봅니다.

지금까지 알아본 십간과 십이지를 정리하면 위의 표와 같습니다. 무작정 암기하지 않도록 사주 원국의 형태로 예시를 들었고, 글자 간의 상호 관계에 대해서도 일부 살펴봤습니다.

지금까지 알아본 글자 간의 관계는 엄밀히 말해 어떤 글자가 옆에 있으면 어떤 영향을 주는지에 대한 것이었습니다. 가령 수원지에 해당하는 경庚이 옆에 있으면 임壬의 물줄기가 안정적으로 흐른다거나, 갑甲이라는 소나무가 옆에 있으면 정丁이라는 촛불은 땔감을 얻어 커진다든가 하는 식입니다. 옆에 있으니 영향을 받는 것이며 이런 해석 역시 물론 중요합니다.

하지만 이제부터 알아볼 관계는 옆에 있건 멀리 있건 글자와 글자 간에 태생적으로 존재하는 결합과 갈등에 대한 것입니다. 갑甲은 기己를 보면 합合하려 하고, 경庚을 보면 충돌하는 식으로 글자와 글자 간에는 고유의 관계가 있습니다. 이것이 사주 해석의 디테일을 좌우하는 합충合沖 이론입니다.

합충까지 알게 되면 자연적 존재로서의 십간십이지에 대한 이해가 끝납니다. 그런 다음에 십간십이지의 관계를 사회적 관점으로 해석하는 십신十神 이론까지 배우면 사주 분석을 할 준비가 끝납니다. 그런데 합충과 십신을 배우기 전에 알아야 할 것이 있습니다. 바로 지장간地藏干입니다. 여기까지 알아야 합충 이론에 대한 이해가 깊어집니다.

◦04◦

지장간

지장간地藏干은 땅속地(땅 지)에 감춰진藏(감출 장) 천간干(줄기 간)을 뜻합니다. 12개의 지지地支 안에 10개의 천간天干이 숨어 있다는 것입니다. 지장간은 지지가 천간의 다른 이름이라는 뜻도 있습니다. 현실세계에서의 구체성을 위해 십이지지로 표현했지만 천간과 맥을 같이하는 것이죠.

또 다른 의미는 지지가 땅에 있다는 점에 기인합니다. 땅을 파보면 무언가가 있기 마련입니다. 마찬가지로 지지라는 땅을 팠더니 그 안에 천간들이 들어 있다고 보는 것입니다. 결국 지지도 천간들의 조합입니다.

[지지에 숨어 있는 지장간]

지지	子	丑	寅	卯	辰	巳	午	未	申	酉	戌	亥
여기	壬	癸	戊	甲	乙	戊	丙	丁	戊	庚	辛	戊
중기		辛	丙		癸	庚	己	乙	壬		丁	甲
정기	癸	己	甲	乙	戊	丙	丁	己	庚	辛	戊	壬

12개의 지지는 각각 목, 화, 토, 금, 수의 오행 성질을 가집니다. 지지의 '지地'가 '땅 지'인 것에서 알 수 있듯이 땅에 존재하므로 각 글자 속에 묻힌 글자들이 있습니다. 자子라는 글자 속에는 임壬과 계癸라는 두 천간이, 축丑 속에는 계癸, 신辛, 기己라는 세 천간이 숨겨져 있습니다.

지장간의 세 글자를 각각 여기餘期(윗줄), 중기中期(중간줄), 정기正期(아랫줄)라고 합니다. 두 개만 있는 달은 여기와 정기만 있습니다. 여기는 '남을 여'라는 한자를 쓰는데 잘 보면 바로 앞 지지의 마지막 지장간에 해당하는 글자(또는 음양이 다른 동일 오행)가 다음 지지의 첫 지장간입니다.

子	丑	寅	卯
壬	癸	戊	甲
	辛	丙	
癸	己	甲	乙

각 지지를 월月이나 시時라고 생각해보겠습니다. 앞 달이나 앞의 시간이 특정 시점을 기준으로 갑자기 다른 지지로 확 바뀌는 것이 아닙니다. 앞의 기운이 서서히 사라지고 다음의 기운이 천천히 밀려옵니다. 여기가 앞 지지의 정기인 것이 이제 이해되시나요? 중기의 기운은 적거나 어떤 달은 없기도 합니다. 지지 중에서 자子, 묘卯, 유酉의 달이 그렇습니다.

정기는 실제 지지의 오행과 같습니다. 따라서 각 글자 간 비중은 일대일이 아니고 마지막 글자인 정기가 가장 큽니다. 앞서 지지의 음양이 같은 어떤 오행이 천간의 음양이 같은 오행과 완전히 같은 것은 아니라고 한 이유도 지장간 때문입니다. 예를 들어 인寅은 갑甲과 많은 성질을 공유하지만 갑은 목木일 뿐인 데 비해 인은 토土인 무戊와 화火인 병丙을 지장간으로 품고 있습니다.

그림 4. 양력 2022년 1월 1일 오전 8시 30분 출생자의 사주 원국

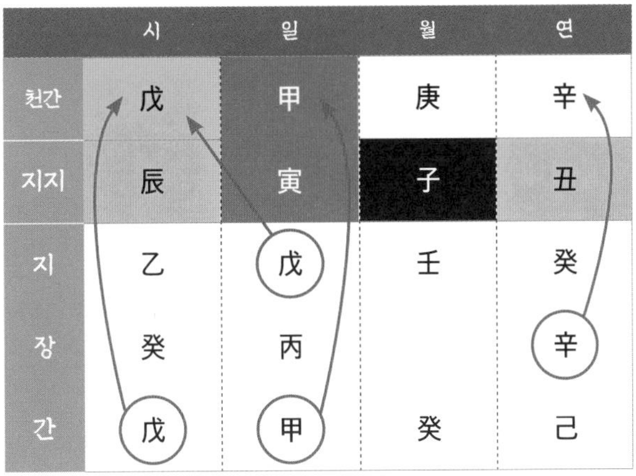

	시	일	월	연
천간	戊	甲	庚	辛
지지	辰	寅	子	丑
지장간	乙	戊	壬	癸
	癸	丙		辛
	戊	甲	癸	己

그림 4의 사주 원국에서 지지는 연, 월, 일, 시가 각각 축丑, 자子, 인寅, 진辰입니다. 지장간의 글자들 중 마침 천간에 같은 글자가 있으면 '투간透干'되었다고 합니다. 축丑의 지장간에 신辛이 있는데 연의 천간인 연간年干이 마침 신입니다. 그러면 축의 중기 지장간 신이 연간에 투간되었다고 합니다. 연간인 신 입장에서는 지장간 안에 뿌리가 있다고 말합니다. 투간은 같은 기둥에서 이뤄졌을 때 강합니다. 연도의 기둥인 연주年柱에서 연지年支 속의 지장간 신이 연간 신에 투간된 것이죠.

인寅 속의 지장간 갑甲도 같은 기둥 위에 투간되어 있습니다. 반면 인 속의 지장간 무戊는 시時의 천간인 시간時干에 투간되어 있습니다. 같은 기둥이 아니죠. 시지時支 진辰 속의 지장간 무는 같은 기둥에 투간되어 있고요. 일단 투간이라는 개념은 글자의 힘을 분석하는 데 중요하다는 점만 기억해두길 바랍니다. 나중에 사례 분석을 해보면 지장간과 투간의 중요성을 자연스럽게 이해할 수 있습니다.

앞에서 '지지가 천간의 다른 이름이고, 지지라는 땅을 파면 천간이 있다'고 했습니다. 보통 하늘이 먼저 있고 그 다음에 땅이 있다고 합니다. 그래서 하늘의 기운인 천간은 땅으로 내려오고, 지지라는 땅속에 묻혀서 땅의 성질을 만들어내는 것입니다. 땅이 먼저 있고 하늘이 있다는 말은 하지 않죠. 땅의 속성이 하늘을 구성하기보다는 하늘에서 내려온 물질들이 땅의 존재들을 만든다고 보면 자연스럽게 이해할 수 있습니다.

그런데 지장간 안의 글자들은 왜 하필 그 글자들인지 궁금할 수 있습니다. 인寅이라는 양의 목 기운은 왜 그 안에 무戊, 병丙, 갑甲을 가질까요? 그 이유는 계절에 있습니다. 사주명리에서는 양력 2월 초부터 봄이 온다고 봅니다. 따뜻한 기운을 가지고 나무가 땅에 뿌리를 내리려면 흙과 태양이 나무와 함께해야 합니다. 인이 양의 목이므로 양의 토, 양의 화, 양의 목을 가집니다. 바로 무, 병, 갑이 되는 것입니다.

그러면 음의 목인 묘卯는 왜 그 안에 갑甲과 을乙이라는 나무만 가질까요? 양력 2월 초부터 시작된 봄의 석 달 중 가운데가 3월 초부터 4월 초입니다. 봄의 오행은 목木, 즉 나무입니다. 봄의 중간이니 가장 나무의 기운이 강하기에 묘 속의 지장간은 모두 나무로만 구성됩니다. 지장간 속에 목인 갑과 을만 있는 이유죠. 다른 지장간들도 속한 지지에 상응하는 해당 월의 자연적 특징을 통해 유추하면 왜 이 글자가 해당 지지의 지장간인지 알 수 있습니다.

우선은 여기까지만 지장간을 다루겠습니다. 이제는 본격적으로 합충의 세계를 공부할 차례입니다.

사주와 주역은 어떻게 다른가

자주 받는 질문이 하나 있습니다. 사주가 주역周易과 같은 것이냐는 질문입니다. 답은 '다르다'입니다. 원래 주역은 점을 치기 위한 책이었습니다. 50개의 대나무 가지를 정해진 규칙에 따라 덜어내며 남겨지는 모습들을 보고 주역에 서술된 64개의 상황(64괘) 중에 자신이 어떤 처지인지를 견주어 답을 구하는 용도였습니다. 그러다 공자孔子의 등장으로 64괘의 내용이 평소에 익혀야 할 삶의 지혜이자 깊이 연구할 철학의 단계로 변천했다고 알려져 있습니다.

이에 반해 사주명리는 점을 치는 학문이 아닙니다. 대나무 가지를 뽑거나 동전을 던지는 주역 점과 같이 어느 시점에 뽑느냐에 따라 다른 답을 내지 않습니다. 생년월일은 정해져 있기 때문입니다. 그렇다고 철학도 아닙니다. 사주를 통해 자신과 남을 돌아보며 겸허한 마음을 가질 수는 있지만 주역처럼 사주명리 이론서 중에 철학서처럼 연구되는 책은 들은 적이 없습니다. 둘 사이의 공통점이라면 세상이 음陰과 양陽으로 이뤄졌다는 기본 전제를 공유한다는 점, 답답한 상황에 답을 제시하는 목적으로 사용된다는 정도입니다.

사주명리나 주역 외에도 중국에서 유래해 아시아 전역에 유행한 운명 이론들이 많은데, 이들은 사주명리와는 별도의 이론적 체계를 가집니다. 생년월일을 토대로 운명을 예측하는 분야를 명학命學이라고 부릅니다. 사주명리와 더불어 아홉 개 방위를 활용하는 기문둔갑奇門遁甲, 별자리 이론인 자미두수紫微斗數 등도 유명한 명학 분야입니다.

주역점을 치기 위해 대나무 가지를 뽑듯이 특정 시기의 징조를 통해 운명을 예측하는 분야는 점학占學이라고 합니다. 사건이 일어난 순간을 기준으로 하는 시간점時間占의 일종인 육임六壬이 대표적입니다. 이순신 장군도 왜군과 싸우기 전에 윷을 던지는 '윷점'을 활용했다는 이야기도 있습니다.

종종 점학은 신점神占과 비슷하지 않냐는 질문을 받기도 하는데, 같지 않습니다. 점학은 일반인도 특정 규칙을 배워 따라 하면 그 시기의 운을 읽을 수 있지만 신점은 무속신앙과 관련이 있으며 누구나 할 수 없습니다. 그 외에도 다양한 운명학 분야의 이론들이 있지만 저는 사주명리만 배웠습니다. 직장을 다니며 공부하다 보니 사주명리학 하나만 하기에도 시간이 부족했습니다. 그래도 과거와 현재에 대한 설명력, 미래에 대한 예측력, 논리적 이론 체계 등을 종합적으로 고려하면 사주명리를 공부하기 잘했다고 생각합니다.

제3강

기본이론 2

◦01◦

합충 이론의 개괄

사주명리를 공부하기 전에 저는 서로 합이 맞는 관계는 좋은 것으로, 서로 부딪히는 관계는 나쁜 것으로 생각했습니다. 그런데 공부를 계속하면서 이런 생각이 조금씩 바뀌었습니다. 대자연에는 선함과 악함, 유리함과 불리함이 없습니다. 상황에 따른 해석과 가치 부여만 있을 뿐입니다.

서로 합이 잘 맞으면 언제나 마음이 편할까요? 처음에는 그렇겠지만 사주에서의 합이란 단순히 마음이 잘 맞는 것 이상을 의미합니다. 그보다는 마음이 엮였다고 보는 것이 더 정확한 해석입니다. 강하게 엮인 관계라 어느 순간 상대가 싫어져도 헤어질 수 없고 상대가 질척댄다고 느낀다면 그게 행복할까요?

또, 부딪히는 관계는 과연 나쁘기만 할까요? 서로 좋은 게 좋다고 말하는 관계에서 과연 새로운 아이디어가 나올까요? 치열한 논리 싸움 끝에 더 나은 혁신적인 결과물이 나오는 연구개발 분야를 과연 사이가 좋기만 한 사람들에게 맡겨도 될까요? 물론 갈등이 너무 심해 말조차 섞기 싫을 정도라면 고민해야죠. 그러나 갈등 없이 안정적이기만 한 상황에서 새로움은 없습니다. 이에 대한 이해와 공감을 바탕으로 합충合沖 이론을 생각해봐야 합니다.

합충 이론에서 합과 충의 대상은 천간은 천간끼리, 지지는 지지끼리를 기본으로 합니다. 따라서 천간과 천간의 합과 충인 '천간합天干合', '천간충天干沖'을 먼저 배웁니다. 천간에 있는 두 글자 간의 합과 충에 관한 이론입니다.

그다음에 '지지합地支合'을 배웁니다. 지지합은 두 글자끼리도 합하지만 세 글자가 모여 이루는 합들이 있습니다. 두 글자만 합하는 지지합은 '육합六合'이라고 합니다. 그리고 세 글자끼리 합하는 지지합에는 '삼합三合', '방합方合' 등이 있습니다. '지지충地支沖'도 배우는데요. 이것은 두 글자끼리만 충하는 것입니다.

마지막으로 충과는 조금 다르지만 갈등 구조를 만드는 '형刑'이라는 것을 배우게 됩니다.

천간	천간합	천간충
지지	지지합(육합, 삼합, 방합)	지지충

∘02∘

천간합과 천간충

[천간합의 의미와 합화]

합과 충은 천간은 천간끼리, 지지는 지지끼리 합니다. 하늘에 있는 것과 땅에 있는 것이 부딪쳐 싸우지는 않겠죠. 천간합의 구조는 다음과 같습니다.

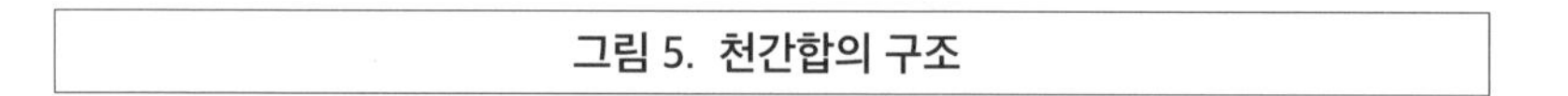

그림 5. 천간합의 구조

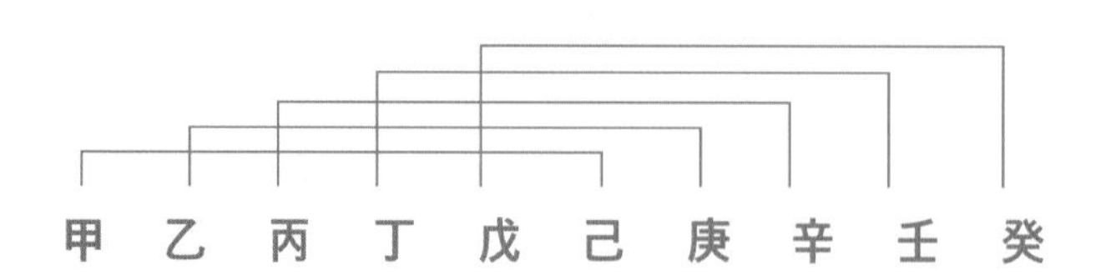

천간의 글자 간 다섯 번째(두 글자 포함 시 여섯 번째) 글자끼리 합하는 관계가 천간합天干合입니다. 보통 천간합을 공부할 때는 '갑기합甲己合', '을경합乙庚合' 등을 소개하며 갑甲이라는 소나무가 식물, 작물을 경작할 수 있는 기己라는 땅에 뿌리를 내리면 서로 합合이 되는 형상이라 갑기합이라고 배웁니다.

을경합은 부드러운 등나무, 풀이 강한 무쇠를 만나면 금金에 묻히게 된다고 설명합니다. 병신합은 병丙이라는 태양이 보석 신辛을 비춰 빛나게 하니 서로 합이 되고, 정임합은 정丁이라는 불이 임壬이라는 물을 만나면 가장 양기가 강한 불과 가장 음기가 강한 물이 만나 생명이 이루어지니 합이 된다고 합니다. 무계합은 무戊라는 흙이 수분을 흡수하려고 하니 맑은 물인 계癸와 합이 된다고 합니다.

이런 설명도 좋지만 결국 그림 5와 같이 다섯 칸 차이끼리 합이 된다는 것을 아는 게 중요합니다. 그래서 합에 대한 설명 전에 그림을 먼저 보여드리는 것입니다. 사주명리를 공부하면 할수록 음양오행의 자연적 의미는 인간이 만든 해석이고, 인간의 해석 이전에 존재하는 자연의 원리는 일정한 간격을 두고 합과 충이 반복되는 것이 아닐까 하는 생각을 합니다. 물론 전문가 사이에서도 견해 차이는 있겠지만요.

또 하나 알아야 할 것이 있습니다. 시중의 교재나 동영상 등을 보면 갑기합은 토土가 되고, 을경합은 금金이 되며, 병신합은 수水가 되고, 정임합은 목木이 되며, 무계합은 화火가 된다는 이론을 쉽게 접할 수 있는데요. 합해서 변한다는 '합화合化' 이론입니다. 합화 이론을 표로 정리하면 다음과 같습니다.

천간합	갑기甲己	을경乙庚	병신丙辛	정임丁壬	무계戊癸
합의 결과	토土	금金	수水	목木	화火

저는 개인적으로 천간의 합화는 제한적으로 사용하는데, 보편적 이론이니 알아두기는 해야 합니다.

갑기합이 토가 되는 것은 갑이라는 소나무가 기라는 흙에 뿌리를 내려 안정을 취하니 토의 대세를 따른다고 봅니다.

을경합이 금이 되는 것은 을이라는 부드러운 식물을 경이라는 강한 금의 기운으로 보호하여 씨앗을 만들고자 하는데, 씨앗은 겉이 딱딱하니 금이 된다고 봅니다.

병신합이 수가 되는 것은 신이라는 작은 쇠붙이가 큰 불을 만나면 녹아 물처럼 된다고 봅니다.

정임합이 목이 되는 것은 앞서 설명했듯 양기가 가장 강한 불의 하나인 정과 음기가 가장 강한 물의 하나인 임이 만나 새로운 생명인 나무를 만든다고 봅니다.

무계합은 사막과 같은 건조한 흙인 무에 작은 물인 계가 물이 들어가면 화학작용이 일어나

불꽃이 튀어 화가 된다고 봅니다.

그런데 실제 해석을 할 때는 변화하는 대상이 되는 오행의 기운이 강한 경우만 합화가 일어납니다. 합화가 안 되면 단지 합만 된 상태에 불과합니다. 남에게 주기는 아까우니 잡아만 두는 형상이라고나 할까요. 예를 들어 을경합은 금으로 합화를 한다고 했는데, 주변에 목의 기운이 강하면 금으로 변하지 않습니다.

[합화의 구체적인 예시]

시	일	월	연
		乙	庚
			申

시	일	월	연
		乙	庚
		卯	

첫 번째 예시의 경우는 을경합이 금으로 변할 수 있으나 두 번째 예시의 경우는 금으로 변하지 않습니다. 특히 천간이 자기와 오행이 같은 글자를 바로 아래의 지지에 두면 뿌리가 생기는 것이라 다른 기운으로 변하기를 거부합니다.

시	일	월	연
	甲	己	
		未	

시	일	월	연
己	甲	己	
		未	

보통 일간은 합은 하지만 합화하지는 않습니다. 나 자신이 다른 것으로 변하면 사주 주인공의 실체가 사라지기 때문입니다. 그러나 예외도 있습니다. 일간의 양옆에 있는 월간月干 또는 시간時干의 글자가 일간과 합이 되었는데, 합화했을 때 변화의 대상이 되는 오행이 월지月支에 있을 때는 일간도 변합니다. 이런 것을 합화격合化格이라고 합니다.

첫 번째 예시를 살펴보겠습니다. 일간만 아니라면 갑기합을 하니 주변에 토 기운이 충분하면 합화하여 토로 변합니다. 다만 일간이라 합화는 보통 하지 않습니다. 그런데 여기서는 월지가 토입니다. 이런 경우에 한해 합화해서 토로 변합니다.

합화가 된 사주이므로 일간이 갑甲인 소나무이지만 해석할 때 사주의 주인공을 기운이 왕성한 토인 것처럼 해석합니다. 강한 토의 기운에 나쁜 운이 오면 나쁘고, 좋은 운이 오면 좋은 식으로 말입니다. 사주의 대세가 토가 되었으니 기운이 왕성하다고 본 것입니다.

그런데 두 번째 사례는 일간 갑甲의 양옆에 기己가 있습니다. 이렇게 되면 어느 글자와 합해야 할지 모르기 때문에 합의 관계가 성립되지 않습니다. 따라서 합화도 없습니다.

참고로, 이론적으로는 합화한 후 변화하는 오행이 월지에 있을 때는 일간의 합도 합화가 되지만 실제 상담에서는 시지에 변화하는 오행이 있어도 합화가 되어 원국 주인공의 성질이 변하는 경우를 목격한 적이 있었습니다.

시	일	월	연
戊	癸		
午	卯		

무계합戊癸合이 시지에 오午라는 화가 있어 합화가 가능합니다. 심지어 옆의 묘卯라는 나무는 불을 크게 지펴줍니다. 대세가 화가 되니 실제 수의 기운이 왕성한 해에 이 사주의 주인공은 어려움을 겪었습니다.

충沖으로 넘어가기 전에 합충에 보편적으로 적용되는 원칙 한 가지를 말씀드리고자 합니다. 합과 충에서 나에게 유리한 글자를 내가 합하면 좋지만, 어떤 다른 글자가 나에게 좋은 글자를 먼저 합해 선점하면 별다른 일이 생기지 않거나 불리한 상황이 됩니다. 반대로 나에게 나쁜 글자가 나와 합이 되면 불리하지만, 어떤 다른 글자가 나에게 나쁜 글자를 합해서 가져가면 전화위복이 됩니다. 이것은 지지의 합과 충에도 같은 원리로 작용합니다.

[천간충의 의미]

천간의 충沖은 천간의 글자 간에 여섯 번째(두 글자 포함 시 일곱 번째) 글자끼리 충돌합니다. 양은 양끼리, 음은 음끼리 부딪힙니다. 음양이 같은 것끼리 충돌하면 자석에서 서로 같은 극을 밀어내는 것처럼 엮이지 않으려고 합니다.

금金의 기운인 경庚과 신辛은 각각 목木의 기운인 갑甲, 을乙과 충돌합니다. 수水의 기운인 임壬과 계癸는 각각 화火의 기운인 병丙, 정丁과 충돌합니다. 이렇게 해서 갑경충甲庚沖, 을신충乙辛沖, 병임충丙壬沖, 정계충丁癸沖이 천간충이 됩니다.

그림 6. 천간충의 구조

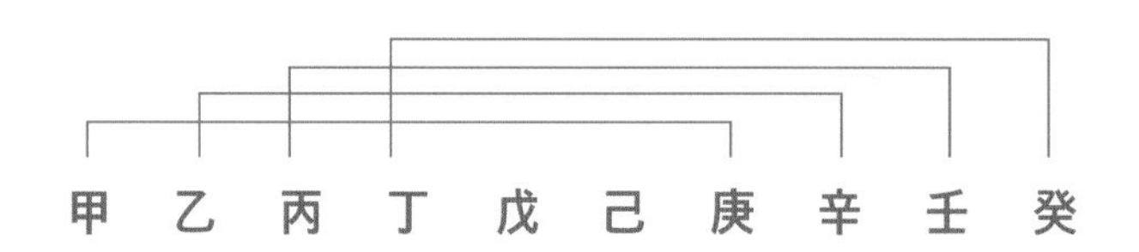

천간충	갑경甲庚	을신乙辛	병임丙壬	정계丁癸
충의 속성	도끼나 칼이 나무를 침		물이 불을 끔	

간략히 말하면 음양이 같은 글자들끼리, 특히 금과 목, 수와 화 간의 충돌입니다. 도끼나 칼이 나무를 벤다거나, 물이 불을 끄는 모양인 것이죠.

시	일	월	연
	甲	庚	
	寅		

갑인甲寅이라는 큰 소나무를 옆에 있는 경庚이라는 금속이 치는 구조입니다. '경'은 원석이지만 날이 무딘 도끼까지는 해당됩니다. 그러나 다른 글자들이 없다고 가정하면 강한 소나무를 베기에 도끼가 충분히 힘이 있어 보이지 않습니다. 나무와 금속이 2 대 1로 나무가 유리하기 때문입니다.

시	일	월	연
己	甲	庚	
	寅		

시	일	월	연
庚	甲	庚	
	寅		

첫 번째 사례를 보면 갑甲 일간의 왼쪽에 갑기합甲己合, 오른쪽에 갑경충甲庚沖이 존재합니다. 이럴 때는 어떻게 해석할까요? 일단 합合을 충沖보

다 우선으로 봅니다. 무슨 말이냐면 갑기합으로 일간 갑이 보호되어 갑경충은 잠재하되 아직 일어나지 않는다고 보는 것입니다. 그러나 살다가 만나는 운에서 강한 금金의 기운이 오면 갑경충의 세력이 강해져 갑기합을 풀어버리고 일간 갑은 경과 충돌합니다.

두 번째 사례는 갑甲 일간의 양쪽에 충沖이 있습니다. 이런 경우는 양쪽에서 충을 하니 그 힘이 크다고 봅니다. 일지가 인寅으로 큰 소나무인 갑인甲寅이라 이 정도로 꺾이지는 않겠지만 양옆에서 때려대니 영향이 없을 수는 없습니다.

그러면 이 경우는 나쁜 사주일까요? 그건 다른 문제입니다. 앞서도 말했지만 강한 나무는 도끼로 잘라 대들보로 쓰는 것이 좋습니다. 특히 가을이나 겨울에 태어났다면 더욱 그렇습니다. 봄, 여름에 태어난 나무는 꽃을 피우고 가을, 겨울에 태어난 나무는 잘라서 대들보로 쓰는 것이 적합하다고 보기 때문입니다.

도끼가 나무를 자르는 과정은 충돌이 필요하기 때문에 꼭 충돌이 나쁘다고만 볼 수는 없습니다. 사주의 주인공이 그 충돌을 견딜 힘이 있느냐가 중요한 것이죠. 위의 갑인 일주는 강한 소나무이기에 충격을 버틸 수 있습니다. 게다가 큰 소나무라서 가을이나 겨울에 태어난 경우 잘 잘라 쓰면 멋진 대들보가 됩니다. 다른 사람의 쓰임을 받는 사주이니 조직에서 출세할 요건을 갖추고 있습니다.

◦03◦

지지합과 지지충

[첫 번째 지지합, 육합]

지지는 12개인 데다 지장간까지 품고 있어 해석이 다양합니다. 따라서 합의 종류도 한 가지가 아닙니다. 먼저 두 글자 간의 합을 보겠습니다. 12개의 지지가 만나 일대일로 대응해 여섯 개의 합이 되니 육합이라고 합니다.

지지는 축丑부터 시작해서 양 끝의 글자끼리 합을 하고, 그다음은 좌우로 한 칸씩 좁히면서 마주 보는 양 끝의 글자끼리 합을 합니다. 앞서 천간합처럼 지지의 합도 합의 결과가 특정 오행으로 변하는 합화 이론이 있긴 합니다. 그러나 합화된 오행을 기계적으로 외우기보단 원국 전체의 구성에서 강화되는 오행의 기운이 무엇인지 이해하는 것이 중요합니다. 개인적으로는 합화된 오행을 언제나 해석에 대입하지는 않고 상황에 따라 판단합니다.

그림 7. 육합의 구조

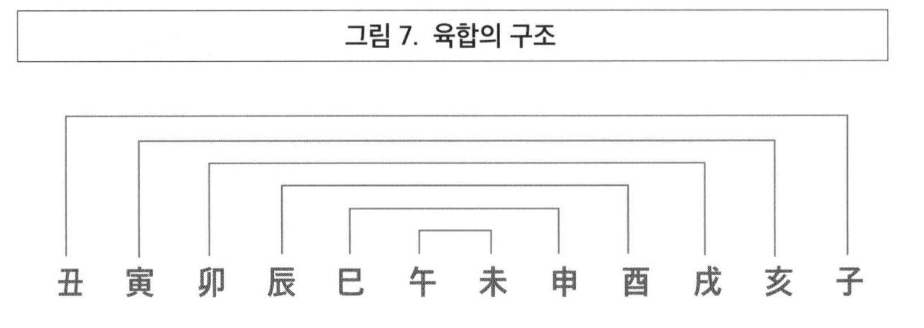

하나씩 살펴보면 자축합子丑合은 차가운 땅이 물을 만나니 주변에 물이 많으면 물이 되고, 흙이 많으면 흙이 된다고 봅니다. 인해합寅亥合은 해라는 수水가 인이라는 목木을 돕는 생生의 관계가 합이 되니 목의 기운이 커지는 합입니다.

묘술합卯戌合은 나무의 뿌리가 땅에 깊이 내려간 모습입니다. 묘술합은 합화 이론에서 화火로 변한다고 보는데, 술戌의 지장간 안에 정丁이라는 불씨가 묘卯라는 나무를 만나 커진다고 보기 때문입니다. 진유합辰酉合은 진이라는 토土가 유라는 금金을 생하므로 금金의 기운이 강해지는 합입니다. 토생금의 흐름이므로 굳이 합화 이론대로 진유합화금辰酉合化金을 외우지 않아도 됩니다.

사신합巳申合은 금金이 화火를 만나 수水로 변한다고 주장하나 이것은 합화를 지지하는 전문가들 사이에서도 약한 편으로 봅니다. 오미합午未合은 뜨거운 불이 뜨거운 흙을 화생토火生土하니 아주 뜨거운 토土가 됩니다.

지지육합의 합화를 중시하는 전문가들은 오미는 합해서 화火로 변한다고 봅니다. 아주 뜨거운 흙이나 아주 뜨거운 불 모두 비슷하다고 생각하면 일리가 있습니다.

육합	자축子丑		인해寅亥	묘술卯戌	진유辰酉	사신巳申	오미午未
합의 결과	수水	토土	목木	화火	금金	수水	화火

여기서 한 가지 주목할 점이 있습니다. 사신합을 보니 사巳라는 화가 신申이라는 금을 극剋하는 구도라는 점입니다. 그러고 보니 앞서 자축합子丑合도 토가 수를, 묘술합卯戌合도 목이 토를 극하는 구도입니다. 육합이라고 해서 지지 간의 관계가 모두 생生하는 관계는 아닙니다. 천간합을 떠올려보면 오히려 극하는 것이 일반적입니다. 갑기합, 을경합, 병신합, 정임합, 무계합 모두 목이 토를, 금이 목을, 화가 금을, 수가 화를, 토가 수를 극하는 것이었습니다.

사실 합이라는 건 상대와 나의 관계를 엮고 강화하는 것입니다. 생生의 관계처럼 도우면서 관계를 깊게 할 수도 있지만 극剋을 하며 통제하는 관계도 합이 될 수 있습니다. 나무가 땅에 뿌리를 내리고 단단해지는 건 극의 관계라는 것을 생각해보면 쉽게 이해될 겁니다. 일단 지지육합에서는 생이냐, 극이냐를 고민하지 말고 서로 긴밀하게 엮인다는 정도만 생각하면 되겠습니다. 자세한 응용은 종합적인 사례 분석에서 다루겠으나 먼저 몇 가지 사례를 살펴보겠습니다.

시	일	월	연
	甲		
	寅	亥	

시	일	월	연
丁	丙		
未	午		

첫 번째 예시의 갑인甲寅은 강한 소나무인데 인해합寅亥合이 있습니다. 해亥의 수생목水生木으로 힘을 얻은 인寅은 갑甲의 더욱 튼튼한 뿌리가 되어 일간은 아주 강한 소나무가 됩니다.

두 번째 예시는 병오丙午라는 강한 불 옆에 정丁이라는 불까지 있는 모습입니다. 그리고 지지의 오미합午未合으로 미未라는 흙은 더욱 뜨겁고 건조해집니다. 말 그대로 활활 불타는 사막이 되어 흙인지 불인지 구분이 안 될 정도죠.

사주가 이렇게 불의 기운이 강하면 원국의 다른 글자, 또는 대운이나 세운에서 열기를 식혀줄 차가운 흙(축이나 진)의 기운을 찾거나 불을 제어할 물의 기운을 찾아야 합니다. 만일 원국의 모든 글자가 불이나 불을 키우는 목木이라면 '염상격炎上格' 사주라고 해서 오히려 대운이나 세운에서 불의 대세와 역행하는 수水를 꺼리게 됩니다.

[두 번째 지지합, 삼합]

지지는 합의 종류가 여럿이라고 했습니다. 육합이 두 글자끼리의 합이라면 세 글자가 모여 만드는 합도 있습니다. 그중 가장 많이 사용하는 것이 삼합입니다. 삼합의 가장 큰 특징은 합화合化, 즉 세 글자가 모여 특정 오행의 기운으로 변하는 것입니다.

그림 8. 십이지지와 삼합

합화오행		목木			화火			금金			수水		
지지		해亥	묘卯	미未	인寅	오午	술戌	사巳	유酉	축丑	신申	자子	진辰
지장간	여기	戊	甲	丁	戊	丙	辛	戊	庚	癸	戊	壬	乙
	중기	甲		乙	丙	己	丁	庚		辛	壬		癸
	정기	壬	乙	己	甲	丁	戊	丙	辛	己	庚	癸	戊

해묘미亥卯未는 서로 옆에 있으면 합을 이루어 목木으로 변합니다. 같은 식으로 인오술寅午戌은 합하여 화火로, 사유축巳酉丑은 합하여 금金으로, 신자진申子辰은 합하여 수水로 변한다는 것이 삼합의 핵심입니다. 물론 이것만 외워도 사주 해석에서 사용하는 데 문제가 없지만 왜 그런지는 이해해야겠죠.

우선 해묘미 삼합을 살펴봅시다. 해묘미는 합하여 목으로 변하는데, 삼합을 구성하는 세 글자의 가운데 글자 묘卯가 목, 즉 합의 결과인 것을 볼 수 있습니다. 인오술, 사유축, 신자진을 봐도 가운데의 오午, 유酉, 자子가 각각 삼합의 결과인 화, 금, 수입니다. 가운데 글자가 중심이 되어 특정 오행으로 변하는 것입니다.

그러면 세 글자 중 가운데 글자를 제외한 양옆의 글자는 어떻게 이해해야 할까요? 이제 지장간이 필요합니다. 해묘미 삼합의 양 끝에 있는 글자 해亥와 미未의 지장간을 봅시다. 특히 지장간의 가운데에 있는 중기中期를 봐주세요. 해의 가운데에는 갑甲이, 미의 가운데에는 을乙이 있습니다. 모두 목木의 기운입니다. 해묘미는 합하여 목의 기운으로 변하는데 가운데 글자인 묘가 목입니다. 양 끝의 글자는 지장간 가운데에 목을 가지고 있어 전체적으로 목의 기운을 크게 합니다. 그래서 세 글자가 모여 목으로 수렴됩니다.

그다음 인오술 삼합도 마찬가지입니다. 인오술은 합하여 화火로 변하는데 가운데 글자인 오午가 화이고, 양 끝의 글자 중 인寅의 가운데 지장간 글자가 병丙, 술戌의 가운데 지장간 글자가 정丁으로 역시 화입니다. 사유축 삼합이 금으로, 신자진 삼합이 수로 변하는 것도 같은 원리로 이해할 수 있습니다.

시	일	월	연
	壬		
申	子	辰	

시	일	월	연
	丙		
寅	午	戌	

첫 번째 예시는 임壬과 자子, 두 글자만 물이지만 지지地支의 신자진 삼합이 수水로 변해 전체 글자가 물바다를 이룹니다. 두 번째 예시의 경우 인오술 삼합이 화火로 변하니 불바다가 됩니다.

만약 세 글자 중에 두 글자만 있으면 어떻게 될까요? 삼합은 이루어지되 강도는 줄어드는데 이것을 반합半合이라고 합니다. 반합도 삼합 세 글자 중 가운데 글자가 있을 때 의미가 있고, 가운데 글자가 없으면 전문가에 따라 삼합이 성립되지 않는다고 보기도 합니다. 저는 약하게 있다고 봅니다.

시	일	월	연
寅	午		

시	일	월	연
寅	戌		

첫 번째 예시는 인오술 삼합의 가운데 글자인 오午가 있어 화火로 합화하는 효과가 있지만 삼합보다 강도는 약합니다. 정확한 수치로 말하기는 어렵지만 세 글자가 다 있는 삼합 대비 50~70퍼센트 정도의 힘은 합화한 오행에 있다고 봅니다.

두 번째 예시는 인오술 삼합의 가운데 글자인 오午가 없어 화로 합화하는 효과가 많이 떨어집니다. 그러나 살면서 특정 시기에 오午의 운이 오면 불바다가 될 수 있습니다. 불바다가 되면 앞의 육합 예시 중 하나에서도 설명한 바와 같이 원국의 다른 글자나 대운, 세운에서 열기를 식혀줄 기운을 찾게 됩니다.

만일 원국의 다른 글자들이 목이나 화로만 구성되면 '염상격' 사주라서 불을 끄는 물을 오히려 멀리하게 되고, 불을 키우는 목이나 화의 대운, 세운에서 뜻하는 바를 이룰 수 있기도 합니다. 강한 대세를 따라가는 것이 순리이고, 강한 대세를 막거나 거스르면 순리에 반하는 것이기 때문입니다.

시	일	월	연
		丁	
	戌	寅	

위 사주 원국은 삼합의 가운데 글자가 없어도 합화의 효과가 큽니다. 인오술 삼합의 오午는 없지만 같은 속성을 가진 음陰의 화火인 정丁이 천간에 있기 때문입니다. 이런 구조에서는 정丁이 오午의 기운을 하늘에서 이

끌어주어 합화의 의미가 강하다고 봅니다. 이렇게 되면 인오술 세 글자가 있는 것보다는 약할지라도 인오寅午, 오술午戌의 두 글자가 있는 경우보다 절대 약하지 않습니다. 이런 현상을 천간의 '유인력' 또는 '견인력'이라고 부릅니다.

[세 번째 지지합, 방합]

지지에 세 개의 글자가 모여 한 가지 오행의 기운을 강화하는 합화를 만드는 경우가 하나 더 있습니다. 바로 방합方合이라는 것인데요. 여기서 방方은 동서남북의 방향을 뜻합니다. 그리고 방향은 계절과 관계가 있습니다.

1년은 봄, 여름, 가을, 겨울입니다. 사주명리는 여기에 자연과 인생의 생로병사를 대입합니다. 계절을 인생으로 보면 봄은 유년, 여름은 청년, 가을은 장년, 겨울은 노년입니다. 자연의 관점으로 보면 해가 동쪽에서 뜨는 것을 새로운 기운의 시작, 즉 봄으로 봅니다. 봄은 오행에서 목木의 기운입니다. 생명이기 때문이죠. 인생으로는 유년에 해당합니다.

같은 식으로, 여름은 청년의 에너지이며 화火의 기운이고 뜨거운 남쪽 나라의 열정입니다. 따라서 남방南方은 화의 방향입니다. 가을은 성숙함을 갖추고 곡식을 거두는 시기입니다. 동에서 남으로 향했던 나침반은 서쪽으로 옮겨갑니다. 무언가를 거두어 단단히 감추는 모습은 금金에 비유할 수 있습니다. 따라서 금은 서쪽과 가을을 뜻합니다.

추운 겨울은 새로운 봄을 맞이하기 위해 겨울잠을 자러 가는 시기입니다. 씨앗은 땅속에 깊이 들어가 새로운 생명을 잉태하고, 생명의 탄생은 수水의 기운입니다. 겨울은 죽음을 기다리는 인생의 노년을 상징하기도 하지만, 겨울을 견딘 씨앗이 봄에 생명을 꽃피우듯 준비의 계절로도 생각할 수 있습니다. 추운 겨울이 북방北方인 것도 직관적으로 이해할 수 있습니다.

이제 방합을 다룰 수 있는 이론적 토대를 다 이야기했습니다. 무슨 이야기냐고요? 방합은 방향에 관한 것으로, 계절이자 오행이라는 말입니다.

12월	1월	2월	3월	4월	5월	6월	7월	8월	9월	10월	11월
子	丑	寅	卯	辰	巳	午	未	申	酉	戌	亥
겨울		봄			여름			가을			겨울

동쪽은 봄이고 목木입니다. 1년 중 봄의 3개월은 십이지지에서 인묘진寅卯辰의 시기입니다. 양력으로 2월 초에서 5월 초까지입니다. 그래서 사주 원국의 지지에 '인, 묘, 진' 세 글자가 있으면 합하여 목木으로 변한다고 보는 것이 방합 이론입니다.

그림 9. 계절 오행과 방합

방합되는 세 지지	인묘진 寅卯辰	사오미 巳午未	신유술 申酉戌	해자축 亥子丑
방합이 상징하는 방향	동	남	서	북
방합이 상징하는 시기	유년	청년	장년	노년
합화된 강력한 오행	목木	화火	금金	수水

앞서 공부한 삼합은 세 글자 중 두 글자만 있어도 반합이 성립되기도 한다고 했습니다. 그러나 계절합인 방합은 세 글자가 다 있어야 합니다. 묘卯와 진辰만 있는 원국에 특정 시기의 운에서 인寅이라는 기운이 들어오면 그 시기는 한시적으로 방합이 성립됩니다. 같은 방식으로 사오미巳午未는 여름이고 화火로 변하며, 신유술申酉戌은 가을이고 금金으로 변하며, 해자축亥子丑은 겨울이고 수水가 됩니다.

시	일	월	연
己	辛		
	丑	子	

시	일	월	연
己	辛		
亥	丑	子	

위 사주 원국에서 첫 번째 사례는 자월子月(양력 12월 초~1월 초)의 추운 겨울에 태어난 보석 신辛이 차가운 흙인 축丑 위에 있습니다. 여기에 태어난 시간의 천간인 시간時干에 흙인 기己가 있어 차가운 흙에 보석이 묻혀 버릴 가능성이 있습니다.

그런데 두 번째 사례와 같이 한 글자만 더해보면 다른 이야기가 됩니다. 태어난 시간이 21시 30분에서 23시 30분 사이인 해시亥時라고 가정해 봅시다. 해자축亥子丑의 세 글자가 일렬로 붙은 방합이 성립되고, 해자축의 방합은 수水라고 했습니다.

기己라는 글자가 이제는 물바다 위의 작은 흙처럼 보입니다. 토사가 휩쓸려갈지도 모를 정도입니다. 물론 겨울밤이라는 시점을 생각하면 얼어버린 강물 옆의 작은 흙일지도 모르겠습니다. 아무튼 기라는 흙이 추위에 얼든, 물에 쓸려나가든 뭔가 문제가 생긴다는 측면에서는 같은 결과입니다.

더 중요한 것은 사주 주인공의 일간日干이 신辛이라는 겁니다. 물바다

위의 보석이란 결국 보석이 물에 빠지기 쉽다는 이야기입니다. 원국 내의 다른 글자든, 아니면 특정 시기의 운이든 목木의 기운이 와서 물의 기운을 빼주는 것이 좋습니다.

오행론에서 수는 목을 생生합니다. 생한다는 것은 돕는 행동으로 자신의 에너지를 사용하는 것입니다. 위의 사주가 강한 나무의 기운을 만나면 강한 물의 기운이 빠져나가 보석을 빠뜨린 물의 수위가 내려갑니다. 또 다른 대안은 금金의 기운을 만나는 것입니다. 신辛이 금의 기운이라 더 강한 금의 기운이 사주에 보강되면 물의 기운과 균형을 맞춰 그럭저럭 살아가게 됩니다.

그런데 차가운 겨울밤이라는 온도를 생각해보면 목이 더 낫습니다. 오행에서 화는 따뜻함을, 수는 차가움을 나타냅니다. 화 다음으로는 목이 따뜻한 계열이고, 수 다음으로는 금이 차가운 계열입니다. 목이 화를 땔감으로 돕는 것과 금이 수를 수원지로 돕는 것을 생각해보면 알 수 있습니다. 사주명리는 온도의 균형을 중시하므로 이 사주에서는 목을 반기게 됩니다.

물론 금도 좋은 대안입니다. 공부를 어느 정도 하신 분들은 금의 기운이 강한 수를 만나면 금생수金生水의 작용으로 일간 금의 힘이 너무 빠져나가니, 금을 만드는 토나 다른 금이 이 사주 원국에 필요한 1순위가 아닌가 생각할 수도 있습니다. 자세한 것은 십신十神까지 공부한 후 사주 감명에서 다루겠지만, 여기서는 너무 강한 물은 제방으로 막기 어렵고 위 원국이 앞서 이야기한 온도 면에서 금보다 목을 더 선호한다는 정도로만 설명하겠습니다.

[육합과 삼합과 방합]

이쯤 되면 몇 가지 질문이 생겨야 합니다. 세 글자가 만나는 것은 삼합도 있는데 방합과 비교하면 어느 것이 더 강할까요? 두 글자의 합인 육합과 삼합, 방합과의 관계는 어떨까요?

· 합해서 변한 오행의 힘: 방합 〉 삼합 〉〉 육합

· 합해 있는 결합의 강도(끌어들이는 힘): 육합 〉 삼합 〉 방합

육합은 합해서 특정 오행으로 변하는 합화가 세 글자가 모인 방합이나 삼합보다는 약하다고 봅니다. 그리고 방합은 세 글자가 인접하여 강력한 기운을 형성하므로 방합, 삼합, 육합의 순서로 강하다고 봅니다. 그러나 방합은 세 글자 중에 한 글자만 없어도 성립 자체가 안 됩니다. 따라서 결합의 강도는 가장 약합니다. 그러면 육합과 삼합만 남는데요. 삼합이란 본래 세 글자가 있어야 완전한 것이고, 육합은 두 글자만 있어도 충분하기에 육합의 강도를 더 높게 봅니다. 하지만 이렇게 암기하기보다는 실제 사주 원국에 따라 판단하는 연습이 훨씬 더 중요합니다.

시	일	월	연
亥	卯	未	午

시	일	월	연
亥	未	卯	午

첫 번째 사례는 이론적으로는 오미午未, 즉 육합이 되는 글자끼리 당기는 힘이 해묘미亥卯未, 즉 삼합이 되는 글자들이 당기는 힘보다 강합니다. 그래서 오미합이 해묘미 삼합보다 먼저 성립됩니다. 그런데 이때는 해묘미를 먼저 해석해도 문제가 없습니다. 어차피 기운의 흐름이 목에서 화로 가는 목생화木生火 구조이기 때문입니다. 즉 해묘미 삼합이 목을 만들어 오午라는 화를 생生했다고 봐도 결과적으로는 문제가 없는 해석입니다.

두 번째 사례는 해亥-미未-묘卯의 순서입니다. 묘卯와 오午는 육합 관계가 아닙니다. 이럴 때는 해묘미 삼합만 보면 합화하기는 충분합니다. 그러나 마찬가지로 강해진 목의 기운이 오午를 도와 불의 기운을 강하게 한다는 면에서는 같은 결과입니다.

시	일	월	연
申	子	辰	酉

위 사례를 볼까요? 진유합辰酉合을 먼저 본 후에 신자진申子辰 삼합을 보는 것이 이론적인 순서입니다. 그리고 진유합은 합화된다고 보면 금이

되고, 합화가 안 된다고 봐도 진辰이라는 토는 유酉라는 금을 생生하니 금의 기운이 강해집니다. 진유합으로 강해진 금의 기운과 시지의 신申이라는 금의 기운은 금생수金生水가 되어 자子라는 수의 기운을 강화합니다. 신자진 삼합을 먼저 보아 수로 변했다고 해도 유酉라는 금이 금생수로 수를 강화합니다. 즉, 진유합을 먼저 보나 신자진 삼합을 먼저 보나 수가 강해진 결과가 최종적인 상황입니다.

따라서 육합이 먼저냐, 삼합이 먼저냐를 이론적으로 고민하는 것보다 해석의 정확성이 더 중요하다는 것을 염두에 두시길 바랍니다.

[지지충]

합충의 마지막인 지지 간의 충을 배워볼 차례입니다.

그림 10. 지지충의 구조

현재의 지지에서 여섯 번째(자신을 포함하면 일곱 번째)에 있는 글자와 충돌하는 것이 지지충입니다. 축미충丑未沖은 음陰의 토土 사이, 진술충辰戌沖

은 양陽의 토 사이에 지진이 일어나는 것으로 이해하면 됩니다. 그리고 인신충寅申沖은 양陽의 금金과 목木 사이에, 묘유충卯酉沖은 음陰의 금과 목 사이에 금극목金剋木이 일어나는 것입니다. 사해충巳亥沖은 양陽의 화火와 수水 사이에, 자오충子午沖은 음陰의 화와 수 사이에 수극화水剋火가 일어나는 것입니다. 만약 합과 충이 같이 있다면 천간에서와 같이 합이 먼저 형성된 것으로 봅니다.

지지충	축미丑未	진술辰戌	인신寅申	묘유卯酉	사해巳亥	자오子午
충의 속성	땅 사이의 충돌(지진)		도끼나 칼이 나무를 벰		물이 불을 끔	

시	일	월	연
亥	寅	申	

시	일	월	연
寅	亥	申	

첫 번째 예시는 인해합寅亥合이 먼저 이루어져 인신충寅申沖은 평소에는 드러나지 않습니다. 그러나 특정 시기의 운에서 인寅이나 신申이 들어오면 인신충이 촉발됩니다. 만약 해亥가 운에서 들어오면 원국 지지의 인寅

은 원국 지지의 해亥를 잡고 있던 손을 놓고 운에서 들어오는 해亥에 관심을 돌리게 되는데, 이 빈틈을 타서 인신충이 발생하기도 합니다. 운에서 사巳가 들어오면 사해충巳亥沖이 생기는데 이때 인과 해의 합이 풀려 인신충이 발생할 수도 있습니다.

두 번째 예시도 인해합으로 인해 인신충이 잠재되어 있다는 점에서 첫 번째 예시와 같습니다. 그러나 첫 번째 예시는 인寅과 신申이 붙어 있어 평소에도 긴장감이 있습니다. 행동으로 옮기지 않았을 뿐 마음은 약간 떠 있다고나 할까요. 두 번째 예시는 인과 신이 떨어져 있기에 평소에 마음의 동요가 없습니다. 그러다 사巳에 해당하는 운이 와서 사해충이 먼저 일어나고 인해합이 풀린 후 연쇄적으로 인신충이 일어납니다. 생각지도 못한 변동이 생기는 것이죠.

반면 첫 번째 예시에서는 '올 것이 왔구나'라는 감정을 느끼는 것에 가깝습니다. 상담할 때 이런 부분까지 짚어주면 용하다는 소리를 듣게 됩니다. 특히 인寅, 신申, 사巳, 해亥는 역마驛馬라고 해서 역마의 글자가 충돌할 때 이사, 변화, 이동이 많다고 봅니다.

역마와 도화

사주를 한 번도 본 적 없는 사람도 알고 있는 말이 있습니다. 바로 역마驛馬와 도화桃花인데요. 각각 역마살, 도화살이라고도 합니다. 역마는 월지나 일지의 글자가 삼합三合을 이루는 세 글자의 첫 글자를 충沖하는 글자를 말합니다.

삼합의 시작, 즉 인간은 탄생부터 충돌의 시작이므로 변화의 폭이 크다고 생각하면 이해하기 쉽습니다. 예를 들면 월지나 일지가 유酉인 사람은 유가 사유축巳酉丑 삼합을 구성하고 삼합의 첫 번째 글자가 사巳이니, 사巳와 충하는 해亥가 역마가 됩니다.

월지 또는 일지	巳, 酉, 丑	亥, 卯, 未	申, 子, 辰	寅, 午, 戌
역마의 지지	亥	巳	寅	申

해묘미 삼합은 사巳, 신자진 삼합은 인寅, 인오술 삼합은 신申이 역마입니다. 역마는 21세기에 잘 활용하면 변화와 혁신을 가져옵니다. 만약 자신에게 유리한 글자가 역마이고 원국 또는 운에 있다면 역동적 환경에서 성취를 이룰 수 있습니다. 엄격히 월지나 일지 기준으로 나에게 역마가 되는 글자만 역마로 보는 주장도 있지만 이와 상관없이 인, 신 사, 해, 네 글자는 누구에게나 역마의 기운이라고 보는 견해가 더 많습니다.

한편 도화는 복숭아꽃이라는 뜻으로 화려함의 절정을 의미합니다. 이성 또는 대중에게 인기가 많은 걸 의미해서 연예인 기운이라고도 합니다. 우선 일지의 글자가 삼합을 이루는 세 글자 중 첫 번째 글자를 확인합니다. 그리고 그 글자 바로 다음의 글자가 바로 도화입니다.

예를 들면 일지가 술戌인 사람은 인오술寅午戌 삼합에 해당합니다. 그리고 삼합의 첫 글자인 인寅 바로 다음의 글자인 묘卯가 도화가 됩니다. 삼합의 첫 번째 글자는 탄생을, 그다음의 글자는 어린아이가 자랄 때 탈의하고 목욕함을 뜻하므로 숨김없는 자연 그대로의 매력을 뜻하기도 하는 도화가 된 것이죠.

일지	巳, 酉, 丑	亥, 卯, 未	申, 子, 辰	寅, 午, 戌
도화의 지지	午	子	酉	卯

해묘미 삼합은 자子, 사유축 삼합은 오午, 인오술 삼합은 묘卯, 신자진 삼합은 유酉에 해당하는 글자들이 도화입니다. 만약 자신에게 유리한 글자가 도화이고, 원국 또는 운에 있다면 사람들과 무리 지어 일하는 환경에서 성공합니다. 인기를 통한 성공이기 때문입니다. 엄격히 일지 기준으로 나에게 도화가 되는 글자만 도화로 보는 주장도 있지만 이와 상관없이 자, 오, 묘, 유, 네 글자는 누구에게나 도화의 기운이라고 보는 견해가 더 많습니다.

◦04◦

충과 지장간의 관계

충에 관한 공부를 마무리하기 전에 꼭 알아야 할 것이 있습니다. 그만큼 중요하다는 뜻인데요. 바로 지지의 충과 지장간과의 관계입니다. 여기까지 듣자마자 '지지에서 충돌이 일어나면 지진이 일어나는 것과 같으니 그 안에 숨겨져 있던 지장간에도 무언가 변동이 일어나겠구나'라고 생각했다면 명리학으로 대성할 자질이 있는 분입니다.

맞습니다. 지지에 충이 일어나면 지장간들은 땅에서 모습을 드러냅니다. 전문용어로 충출沖出이라고 하는데, 조금 과장하면 단지 드러나는 정도가 아니라 원국의 윗줄인 천간까지 튀어 올라간다고 봅니다. 그래서 주인공인 일간이 그 글자들을 사용하게 되는데 충출된 글자가 도움이 되는 글자면 좋고, 아니면 안 좋다고 봅니다.

그리고 천간의 다른 글자와 합 또는 충이 되면 효력은 없다고 봅니다.

일부 전문가들은 충출되는 글자들은 진辰, 술戌, 축丑, 미未와 같이 토土에 해당하는 일지 속에 있던 지장간들로만 국한하자고 주장합니다. 지진은 흙과 흙 사이에서 일어나니 토 지지들 간의 충沖만 고려하자는 것입니다. 저 개인적으로도 '진, 술, 축, 미' 속 지장간에 대한 충출 효과를 더 눈여겨 봅니다.

토土의 지지	진辰	술戌	축丑	미未
지장간	을계무 乙癸戊	신정무 辛丁戊	계신기 癸辛己	정을기 丁乙己

	시	일	월	연
천간	戊	辛	丁	
지지	戌	未	丑	
지장간	辛 丁 戊	丁 乙 己	癸 辛 己	

위 원국 사례를 살펴봅시다. 일간인 신辛은 보석으로 밝게 빛나고 싶은데 토가 네 개라 흙 속에 파묻혀 빛이 나지 않습니다. 가장 좋은 건 임壬과 같은 큰 강물로 보석의 흙먼지를 닦아주는 것입니다. 만약 없다면 아쉬운 대로 월지月支 축丑 안에 있는 지장간 계癸, 신辛, 기己 중에서 수水에 해당하는 계라도 써보고자 합니다. 물론 지지에도 축미충丑未沖이 존재하

여 불안정한 상태이지만 이 정도 상태만으로는 큰 수준의 충沖을 일으키지 않습니다.

원국은 어떤 면에서 보면 잠재적 특징입니다. 대운이나 세운 등에 따라 달라지는 관계를 복합적으로 분석해 특정 시기의 운을 해석합니다. 위의 사례는 미未 운이 오거나 축丑 운이 오면 잠재된 축미충이 발현합니다. 그리고 축丑 안의 글자들이 천간으로 튀어 오르는데, 이때 올라오는 계癸를 주인공 일간은 기대합니다. 그러나 월간에 있던 정丁이 기다리고 있다가 정계충丁癸沖으로 계를 무력화하니 좋은 일이 생기려다 말게 됩니다.

[삼형]

지지의 해석에 합과 반대로 불안정을 가져오는 4종 세트가 있는데 이것을 형刑, 충沖, 파破, 해害라고 합니다. 파와 해까지 사용하는 경우는 적고, 앞서 배운 충을 가장 많이 활용합니다. 하지만 이제 배울 형도 종종 참고합니다.

형도 두 글자 간의 관계와 세 글자 간의 관계로 나뉘는데 세 글자 간의 형만 숙지해도 충과 함께 활용하면 사주 해석의 정확도를 높이기에 충분합니다. 따라서 여기서는 세 글자 간의 형인 삼형三刑만 살펴보겠습니다.

삼형은 인사신寅巳申, 축술미丑戌未의 두 종류가 있습니다. 인사신은 강력한 인신충이 포함되어 있듯이 사고, 재물 손실, 건강 등의 불미스러운 사건들과 관련이 있습니다. 축술미는 토土 글자들 사이의 지진이니 이사,

이직 등 여러 공간적인 변화와 관련됩니다. 삼형이라고 무조건 나쁜 것은 아닙니다. 좋은 운의 시기에 오는 삼형은 새로운 변화의 기폭제도 됩니다. 그러나 운이 나쁜 시기의 삼형은 불리하며, 특히 인사신 삼형을 더 조심할 필요가 있습니다. 정리하면 다음과 같습니다.

삼형	인사신寅巳申	축술미丑戌未
특징	사고, 재물 손실, 건강 문제 등	이사, 이직 등

시	일	월	연
甲	庚		
申			

대운(10년 단위)의 지지: 巳, 세운(1년 단위)의 지지: 寅

시간時干의 소나무 갑甲은 강한 금의 기운에 둘러싸여 있습니다. 원국에 뿌리를 둘 진辰과 같은 토양도, 뿌리가 될 인寅이나 묘卯와 같은 글자도 보이지 않습니다. 도끼에 잘리기 직전인 원국 구조의 주인공이 마침 10년 단위의 대운에서 사巳, 그해의 운인 세운에서 인寅을 만나게 되었습니다. '대운(사巳)-세운(인寅)-시지(신申)'가 인사신 삼형을 이루는 모습인데요. 실제로 주인공은 어떻게 되었을까요? 금전 거래에서 계약상의 실수로 하루 만에 3,000만 원 정도의 손해를 입었습니다. 시기는 양력 5월 중후반이라 사월巳月이었습니다.

지금까지 십간십이지와 합충 이론을 배웠습니다. 사주명리의 핵심 원리는 다 배운 것입니다. 이제 자연적 존재로서의 인간을 해석할 수 있습니다. 그런데 자연적 존재로서는 신체적 안정을 제외하고 딱히 말할 수 있는 소재가 없습니다.

상담해보면 건강이 나쁜 경우가 아니면 팔자에 대한 고민은 모두 사회적 존재로서의 인간에 대한 것입니다. 취업, 이직, 재테크, 창업, 직장 내 갈등, 사건·사고, 소송, 애정 문제, 결혼·이혼 등의 여러 사건은 인간이 사회적 동물이기 때문에 생깁니다. 그래서 자연을 관찰하며 탄생한 사주명리 이론을 사회적 의미까지 이해할 수 있는 단계로 진화시킬 필요가 있었습니다. 이것이 십신十紳 이론의 탄생 배경이고 마지막 남은 이론 공부의 주제입니다.

제4강

기본이론 3

◦01◦

십신의 개괄

사주명리에서 인간관계는 다섯 종류로 나눕니다. 첫째는 나와 대등한 관계입니다. 형제나 동료, 경쟁자가 여기에 해당합니다. 둘째, 나를 돕는 관계입니다. 부모나 은인이 여기에 해당합니다. 사람이 아니더라도 나를 돕는 무언가도 해당합니다. 셋째, 내가 돕는 관계입니다. 내 에너지를 사용하는 것이니 열심히 하는 일에 해당합니다. 내가 돕는 사람도 포함합니다. 넷째, 내가 통제하는 관계입니다. 나의 것으로 취하는 재물이나 열심히 일해서 얻은 결과를 뜻합니다. 다섯째, 나를 통제하는 관계입니다. 대표적인 것이 직장입니다. 조직은 나를 통제하며 월급을 주고 일을 시킵니다. 관공서도 권위를 통해 개인의 행동을 제약하므로 여기에 속합니다. 각 관계의 경우를 음과 양으로 나누면 10개의 사회적 관계로 분류되며, 이것이 바로 십신十神입니다.

신神이라는 글자에서 왠지 귀신이 연상되기도 할 텐데요. 사전을 찾아보면 신은 귀신이라는 뜻 외에도 정신, 마음 등을 의미합니다. 저는 십신을 '10가지 마음'으로 해석합니다. 인간사의 여러 관계는 나의 마음과 타인의 마음이 상응해야 형성되기 때문입니다. 관계뿐 아니라 업무 성과나 취득한 재물도 나와 동료, 고객 간의 마음이 생산적인 방향으로 상응한 결과입니다.

자연적 존재로서의 인간이라면 돈이나 명예는 큰 의미가 없습니다. 원숭이 무리에도 서열이 있다고 주장하면 할 말이 없습니다만, 대체로 자연 속의 개체는 몸 건강히 장수하고 천적의 위험만 없으면 만족합니다. 신체적 요소인 안전과 건강 외의 명예, 재물, 갈등, 사랑 등은 정신적인 항목이고 마음의 영역입니다. 십신의 신神을 10개의 마음으로 해석할 수 있는 이유입니다.

[사회적 존재로 살기 위해]

사주명리에서 내 팔과 다리는 내 것이지만 통장 속의 돈이나 직장에서의 평판은 실재하는 내 것이 아니라 정신적 실체로서의 내 것으로 봅니다. 통장에 찍힌 잔고는 손으로 만질 수 있는 것은 아니지만 사람들이 인정한 법과 관습에 따라 특정 조건 아래 내 것이 되는 것이죠. 사회적 중요성을 띠는 대부분이 정신적 교류와 공감에 따른 사회적 합의를 통해 존재한다고 봅니다.

이제 본격적으로 십신 이론의 10가지를 다루고자 합니다. 그런데 앞서 설명한 인간관계의 다섯 종류가 왠지 익숙하지 않으십니까? 제2강의 첫 부분에서 공부한 오행五行 간의 상생과 상극의 관계도를 다시 살펴봅시다. 오행 중 어떤 글자를 중심으로 봐도 다른 글자와의 관계는 도움을 주고받는 두 관계와 통제를 가하고 받는 두 관계뿐입니다. 나와 대등한 관계인 것은 같은 오행이라 그림에는 표시하지 않았을 뿐입니다. 일간을 기준으로 이 다섯 관계를 음과 양으로 세분화한 것이 십신입니다.

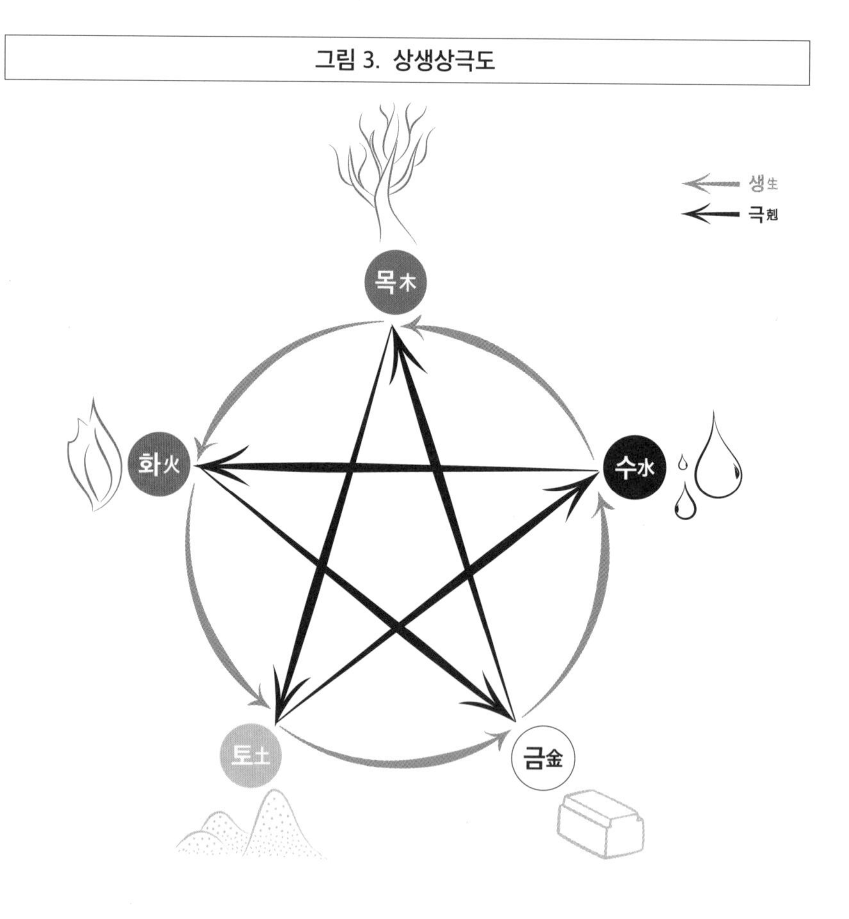

그림 3. 상생상극도

일간과 오행이 같고 음양이 같으면 비견比肩, 음양이 다르면 겁재劫財라고 합니다. 일간을 도우며(생生하며) 음양이 같으면 편인偏印, 음양이 다르면 정인正印이라고 합니다. 일간이 도우며(생하며) 음양이 같으면 식신食神, 음양이 다르면 상관傷官, 일간이 통제하며(극剋하며) 음양이 다르면 정재正財, 음양이 같으면 편재偏財라고 합니다. 일간을 통제하며(극하며) 음양이 다르면 정관正官, 음양이 같으면 편관偏官이라고 합니다. 십신은 두 개씩 묶어 이야기하는데 비견과 겁재는 비겁比劫, 정인과 편인은 인성印星, 식신과 상관은 식상食傷, 정재와 편재는 재성財星, 정관과 편관은 관성官星이라고 합니다. 이를 정리하면 다음과 같습니다.

십신		오행 관계	음양	예 (일간이 甲인 경우)
비겁	비견	나와 같은 오행	나와 같은 음양	甲, 寅
	겁재		나와 다른 음양	乙, 卯
인성	정인	나를 돕는 오행	나와 다른 음양	癸, 子
	편인		나와 같은 음양	壬, 亥
식상	식신	내가 돕는 오행	나와 같은 음양	丙, 巳
	상관		나와 다른 음양	丁, 午
재성	정재	내가 통제하는 오행	나와 다른 음양	己, 丑, 未
	편재		나와 같은 음양	戊, 辰, 戌
관성	정관	나를 통제하는 오행	나와 다른 음양	辛, 酉
	편관		나와 같은 음양	庚, 申

일간의 오행이 금이라면 나와 같은 오행인 금은 비견이나 겁재가, 금을 극하는 화는 정관이나 편관이, 금이 극하는 목은 정재나 편재가, 금이

생하는 수는 식신이나 상관이, 금을 생하는 토는 정인이나 편인이 됩니다. 이를 그림으로 나타내면 다음과 같습니다.

그림 11. 일간의 오행이 '금'인 경우 십신의 상생·상극 관계

이제 십신의 구체적인 내용을 알아봅시다.

02

[비견]

처음에 알아볼 두 가지 관계는 일간인 '나'와 대등한 관계입니다. 내가 목이면 같은 오행인 목木이 대등한 존재입니다. 그런데 우리는 실제 사주를 해석할 때 십간십이지를 사용합니다. 따라서 목이 아니라 갑, 을, 인, 묘의 관점에서 십신을 이해해야 합니다.

비견比肩은 '견줄 비比'와 '어깨 견肩'을 합한 단어로 '어깨를 견주다', 즉 동등하다는 뜻입니다. 특히 나와 음양이 같은 똑같은 글자를 비견이라고 합니다. 갑甲에게는 갑甲, 을乙에게는 을乙, 인寅에게는 인寅, 묘卯에게는 묘卯가 비견이 됩니다. 병丙에게는 병丙, 정丁에게는 정丁, 사巳에게는 사巳, 오午에게는 오午가 비견이 됩니다.

비견을 비롯한 십신 관계는 천간끼리만 성립되는 것이 아니라 천간과 지지 사이에도 성립됩니다. 예컨대 인寅은 갑甲의 비견이 되고, 묘卯는 을乙의 비견이 됩니다. 사巳에게는 병丙, 오午에게는 정丁도 비견입니다. 다른 천간과 지지 사이에서도 마찬가지입니다. 나와 음양이 같고 오행이 같으면 모두 비견입니다.

비견은 나와 음양, 오행이 모두 같기에 형제, 친구, 동료 등을 뜻하며 서로 도움을 주고받는 관계를 의미합니다. 그런데 기본적인 의미가 그런 것이지 언제나 그런 것은 아닙니다. 내가 힘이 약할 때는 동료가 도움이 되지만, 도움이 필요 없을 때는 부담되는 관계일 수도 있습니다. 때로는 가장 가까운 사람이 나의 소중한 것을 빼앗아 갈 수도 있는 것이 인생사입니다.

시	일	월	연
	庚	壬	
申	子	辰	

시	일	월	연
	庚	庚	甲
	申	申	申

첫 번째 사례를 보면 경庚이라는 양陽의 금金이 강과 바다에 해당하는 큰 물인 임壬을 보고 있습니다. 지지에는 신자진申子辰 삼합이 되니 수水로

합화합니다. 아무리 경이 수원지라도, 만들어야 할 수량水量이 물바다 수준이라 수원지가 고갈되게 생겼습니다.

이럴 때 특정 시기의 운에서 경庚이 들어오면 수원지의 힘이 강해지는 것이라 도움이 됩니다. 동일 오행, 동일 음양인 비견이 반가운 상황입니다. 나에게 도움이 되어 반갑게 사용하는 십신을 용신用神이라고 합니다. 도움을 주는 힘이라는 뜻이죠.

첫 번째 사례에서 비견은 용신입니다. 용신에는 여러 종류가 있지만 사례처럼 원국에서 힘의 균형을 맞추도록 돕는 용신을 억부용신抑扶用神이라고 합니다. 힘이 넘치면 빼주거나 눌러주고 힘이 모자라면 돕는 용신입니다. '누를 억', '도울 부'라서 억부입니다.

그러나 두 번째 사례는 다릅니다. 경庚 일간에게 추가로 경이 한 개, 신申이 세 개 있습니다. 비견이 네 개나 있는 것이죠. 내 기운이 강해진 모습으로 이런 원국을 신강身强한 사주라고 합니다. 육체적 건강을 뜻하기보다는 일간의 기운이 강한가 약한가로 판단합니다.

첫 번째 사주는 수원지의 기가 빨려 나가는 모습이니 신약身弱한 사주라고 판단합니다. 신강이라는 어감이 왠지 건강한 사람을 의미하는 것 같아서 좋은 것 같았다면 그건 오산입니다. 신약도 마찬가지로 건강이 좋지 않은 것을 의미하는 게 아닙니다. 신강, 신약에 대해서는 십신의 마지막 부분에 정리해놓았으니 참고하기를 바랍니다.

두 번째 사주는 태어난 연도의 천간인 연간에 갑甲이라는 소나무가 있습니다. '나'라는 일간 경庚은 신월申月에 태어났습니다. 이때의 경은 원석으로 가공·제련 전의 금속, 광물인데 날이 무딘 도끼까지는 됩니다. 신월은 양력 8월 초에서 9월 초로 사주명리에서는 가을의 첫 달입니다. 가을과 겨울의 나무는 꽃 피는 시기가 아니라서 도끼로 잘라 대들보로 삼는 것이 자연의 섭리입니다. 그런데 도끼인 내가 갑이라는 나무를 자르기 전에 동료인 줄 알았던 다른 비견 네 개가 먼저 내가 자를 나무를 베어갑니다. 이쯤 되면 경쟁자입니다.

참고로 두 번째 사례와 같은 사람을 상담하게 되면 "사업하지 마라", "애인을 주변에 소개하지 마라"라고 합니다. 도끼인 내가 베야 할 나무는 당연히 내게 소중한 대상입니다. 사업을 하면 내 돈을 남이 뺏어갈 것이고, 애인을 동창회에 데려가면 잠시 자리를 비운 동안 친구가 애인의 전화번호를 몰래 받아 따로 만나게 됩니다. 심지어 특정 시기의 운에서 재차 비견이 들어온다면 재물, 이성 관계 또는 건강에서 큰 어려움에 빠집니다. 특히 이성의 경우는 남성에게 의미가 큰데 그 이유는 곧 설명할 '정재'와 '편재' 부분에서 설명하겠습니다.

[겁재]

일간과 같은 오행인데 음양만 다른 것을 '겁재劫財'라고 합니다. '내 재물을 강제로 빼앗는다'라는 뜻입니다. 어감만 들으면 나쁜 의미가 강해 보입니다. 물론 조심해야 할 부분이 많은 십신이기는 합니다만 사주명리의 좋고 나쁨은 언제나 그때그때 다릅니다. 비견에서 나왔던 예시를 약간만 틀어서 살펴보겠습니다.

시	일	월	연
	庚	壬	辛
申	子	辰	

시	일	월	연
	庚	辛	甲
	申	酉	申

첫 번째 예시는 일간인 경庚이 수원지이지만 혼자서 임壬과 신자진申子辰 삼합으로 합화한 수水를 만들고 있습니다. 여기서는 신辛이 겁재라도 부족한 금金의 기운을 보충하려면 필요합니다. 반면 두 번째 예시는 매우 우려스럽습니다. 겁재인 신유辛酉라는 날카롭고 강한 칼이 고립된 소나무 갑甲을 자르려고 합니다. 당연히 내 재물을 뺏는 역할을 합니다. 두 사례를 종합하면 겁재라는 십신은 조심해야 하는 것은 맞지만 상황에 따라 유불리를 가려 판단해야 합니다.

세 번째 십신으로 넘어가기 전에 한 가지 짚고 넘어갈 것이 있습니다. 비견을 옆에 둔 일간의 마음, 겁재를 옆에 둔 일간의 마음은 어떨까 하는 것입니다. 사주명리를 통해 우리는 길흉화복을 예측하고자 합니다. 내 사주라면 나를 위한 준비와 계획을 하고, 지인의 사주라면 필요한 조언을 해줄 수 있습니다. 그런데 이런 과정에서 사주 주인공의 마음을 많이들 놓치곤 합니다.

첫 번째 예시에서 수원지 경庚은 혼자서 엄청난 양의 물을 만들고 있습니다. 하루하루가 고단하고 피곤할 것입니다. 그래서 다른 비견이 되었건, 겁재가 되었건 반갑게 맞이합니다. 그런 주인공 일간의 마음까지 읽어야 자신에게든 남에게든 올바른 조언을 해줄 수 있습니다. 가령 겁재를 사용한다면 일단 힘이 부족하니 사용하되 고군분투하는 외로운 마음을 악용하는 사람들은 조심하라는 식으로 말해줄 수 있습니다.

두 번째 사례를 보면 금金이 다섯 개로 아주 강한 금의 기운으로 점철되어 있습니다. 몇 가지 특수한 상황을 제외하면 특정 기운이 너무 넘치거나 부족한 것은 불리합니다. 겁재가 일간과 동일한 금金 오행의 기운을 과하게 만들고 있으므로, 주인공 일간의 마음도 타고난 겁재의 존재를 느끼게 됩니다.

겁재는 재물을 강제로 빼앗는다는 뜻이므로 자신의 소중한 것에 대해 본능적으로 지키고자 하는 마음이 생깁니다. 특히 비견이나 겁재와 같이 일간과 같은 오행의 글자가 원국에 매우 많으면 겁재는 일간인 주인공의 마음에 의심이나 강박증도 가져옵니다. 정확한 개수로 말하기는 어렵지만 비견이나 겁재가 3~4개 이상이면 불필요하게 많다고 생각하면 됩니다.

사주명리에서는 과하면 없느니만 못하다고 봅니다. 나와 같은 기운이 적당하면 힘이 되지만 과하게 많으면 소중한 걸 빼앗길 수 있기 때문입니다. 처음에 공부할 때 저는 이 부분을 이해하기 어려웠습니다. 이제는 이렇게 이해합니다. 동료의 수가 적당하면 나눠 먹어도 내가 먹을 것이 남지만, 같은 편이 너무 많으면 목적을 이뤄도 내 손에 남는 것이 적다고 말입니다.

비견과 겁재가 과하게 많으면 나의 소중한 것을 나누려는 사람이 많은 모습이니, 주인공 일간의 마음도 조심성이 과해져 강박적인 마음까지 생기는 것입니다. 비단 비견과 겁재뿐 아니라 앞으로 배울 다른 십신에 따른 마음 상태 및 변화들도 이런 식으로 이해하면 좋습니다.

∘03∘

나를 돕는 관계, 인성

[정인]

세 번째와 네 번째 관계는 나를 돕는 관계입니다. 나를 돕는 오행인데 음양이 다르면 정인正印, 같으면 편인偏印이라고 합니다. 정인과 편인을 총칭해 인성印星이라고도 합니다. 여기서 인印은 도장, 문서 등을 뜻합니다. 역사적으로 관리의 공무원증인 인장印章에서 유래한 말이 바로 정인과 편인입니다.

잠시 조선 시대로 가봅시다. 어느 지역에 누군지 모르는 낯선 사람이 나타납니다. 그가 어느 날 관아에 들어가 관리와 나졸들에게 뭔가를 지시합니다. 당연히 사람들은 누군지도 모르는 그의 말을 듣지 않습니다. 하지만 그 사람이 암행어사 마패를 꺼내자 사람들이 고분고분해집니다. 관리의 인장을 꺼냈고, 이는 사회적으로 인장의 소유자가 갖는 권한과 권리를 뜻하기 때문입니다.

이처럼 인장의 존재는 사회적 도움이 됩니다. 그런 의미에서 정인이나 편인, 즉 인성은 나를 돕는 기운입니다. 부동산 문서, 졸업장, 합격증도 모두 나를 돕는 사회적 계약 또는 물증입니다. 부동산 문서를 제시하면 월세를 받을 수도 있고 팔면 돈이 들어옵니다. 졸업장이나 합격증 덕분에 면접을 볼 수 있기도 합니다.

인성은 내가 얼마나 대단한 사람인지, 어떤 권한이 있는지 말하지 않아도 알려주는 증표이며, 사회적으로 내게 도움을 주는 존재입니다. 그래서 정인이나 편인을 설명할 때 문서운, 공부운 등으로 표시한 교재들이 많습니다. 육친 관계에서의 인성은 어머니를 뜻합니다. 어머니는 나를 아낌없이 돕는 존재의 상징이기 때문입니다.

그러면 정인과 편인은 어떤 점이 다를까요? 나를 도울 경우 음양이 다른 정인은 보편적인 도움을 뜻합니다. 보편적이라는 말은 사회 통념상 너무 독특한 분야나 방식이라는 느낌이 들지 않는 것을 뜻합니다. 공부라면 잘 알려진 분야, 문서운이라면 잘 알려진 자격증, 부동산이라면 주거용 아파트 등에 해당합니다. 자석에서도 양극과 양극보다는 양극과 음극이 호응하는 것처럼 음양이 다른 정인은 보편적인 범주의 도움에 해당합니다.

정인에 해당하는 글자의 마음가짐은 '돕는' 의미로 인해 갖게 되는 여유와 너그러움입니다. 그러나 정인이 과다하면 너그러운 것이 아니라 게으른 것으로 변합니다.

시	일	월	연
庚	癸	甲	
申		寅	寅

시	일	월	연
庚	癸	庚	
申		申	申

첫 번째 예시는 계癸라는 음陰의 수水가 갑甲 한 개와 인寅 두 개, 즉 나무 세 그루에 물을 주고 있습니다. 계는 샘물이나 연못, 이슬비라서 큰 물이 아닙니다. 따라서 수원지인 경신庚申의 도움이 절실합니다. 금은 수를 돕습니다. 경과 신은 양의 금이고 계는 음의 수입니다. 음양이 다른 오행이 일간을 생生하면 정인입니다.

두 번째 예시는 정인이 병病이 되는 경우, 즉 문제를 만드는 상황입니다. 계라는 샘물, 연못, 이슬비라는 존재가 다섯 개나 되는 수원지의 생生을 받고 있습니다. 아무리 좋은 음식도 과식하면 배탈이 나니 좋은 구도가 아닙니다. 금속성인 경이나 신의 기운이 과하게 존재하며 물에 인접해 있으면 금속에 녹이 생겨 물이 탁해질 수도 있습니다. 전문용어로 '금다수탁金多水濁'이라고 합니다.

나를 돕는 기운이 과해서 나빠지는 경우는 다른 오행들에도 존재합니다.

시	일	월	연
壬	甲	壬	
子	子	子	

시	일	월	연
甲	丁	甲	
寅	卯	寅	

시	일	월	연
戊	辛	戊	
戌	未	戌	

시	일	월	연
丁	戊	丙	
巳	午	午	

나무에 물을 너무 많이 주면 뿌리가 썩고 물에 나무가 떠버리는 수다목표水多木漂, 불에 땔감을 너무 많이 주어 불이 꺼지는 목다화식木多火熄, 흙이 너무 많아 금속(보석)을 덮어버려 빛이 가려지는 토다금매土多金埋, 불이 너무 뜨거워 흙의 수분이 말라 사막처럼 건조해지는 화다토조火多土燥도 정인, 편인이 넘쳐서 해가 되는 경우입니다.

[편인]

정인만 잘 이해했다면 편인偏印은 쉽습니다. 어떤 오행이 일간을 돕는데 '양-양', '음-음'과 같이 음양이 같으면 편인입니다. 일간을 돕고 문서운, 공부운 등을 뜻한다는 면에서는 정인과 같습니다.

다만 편인의 '편偏'이 '편향되다'는 뜻이 있는 만큼 이론적으로는 장인정신이 필요한 분야를 말합니다. 예를 들면 특수 분야 공부나 자격증, 프로젝트 성격의 부동산 개발 등 무언가 독특한 영역의 문서운, 공부운 등을 편인이라고 합니다.

편인에 해당하는 마음도 정인처럼 도와는 주되 친절하지만은 않은, 이른바 '까칠한 도움'과 비슷합니다. 무뚝뚝한 기술자가 말없이 문제를 해결해주고 가는 장면을 상상하면 됩니다. 그런데 과거와 달리 21세기에는 여러 분야가 새롭게 떠오르고 사라지며 몇 년 전에 등장한 놀라운 혁신이 현재에는 일상으로 자리 잡는 것을 볼 수 있습니다. 따라서 이제는 정인과 편인의 경계를 엄밀하게 할 필요는 없다는 것이 개인적인 생각입니다.

시	일	월	연
辛	癸	甲	
酉	卯	午	

일간 계癸는 두 개의 목木인 갑甲과 묘卯에 물을 주느라 힘을 빼고 있습

니다. 오午라는 불을 끄는 데도 힘이 듭니다. 특히 오라는 불은 나무 두 개의 생生을 받아 화력이 크니 끄는 데 힘이 많이 들어갑니다. 따라서 나를 돕는 정인과 편인 등의 인성印星이 필요합니다. 마침 원국에 일간을 생生하고 일간과 음양이 같은 신유辛酉 편인이 있습니다. 두 글자이니 강한 편인입니다. 편인 덕분에 일간의 주인공은 힘을 얻어 나무에 물을 주고 불을 끌 힘이 생깁니다.

위 사주는 1990년대 말에서 2000년대 초 닷컴 붐이 일기 전부터 벤처 업계에 투신해 여러 번의 창업 및 매각에 성공한 분의 것입니다. 성공한 사업들이 모두 특수한 소프트웨어를 개발 또는 적용한 것이라 독특한 분야의 기술을 뜻하는 편인을 잘 사용한 예시입니다.

○04○

남을 도와주는 관계, 식상

[식신]

앞서 나를 돕는 관계를 배웠다면 이번에는 내가 남을 도와주는 관계를 공부할 차례입니다. 일간이 어떤 글자를 생生하는데 음양이 같으면 식신食神, 다르면 상관傷官이라고 합니다.

식신은 한자에서도 알 수 있듯이 먹고사는 생업과 관련된 글자입니다. 내가 어떤 일을 성실히 하며 힘을 쓰는 것은 바로 식신의 활동입니다. 그래서 식신의 마음도 '성실함', '한 가지 분야'가 키워드가 됩니다. 음양이 같은 것을 식신으로 삼은 것도 같은 음양이 변함없는 동일성을 상징하기 때문입니다.

시	일	월	연
戊	辛	庚	
戊	未	子	

신辛이라는 보석이 토土 세 개에 묻힐 수도 있었지만 옆에 경庚이라는 금金이 있어서 금의 기운이 토의 기운에 파묻힐 정도는 아닙니다. 게다가 자子는 타고난 그릇은 작지만 적당한 때를 만나 물의 크기가 커지면 보석에 묻은 흙도 씻을 수 있습니다. 자子는 일간 신辛의 생生을 받고 서로 음양이 같으니 식신입니다.

이 경우에는 10년 단위의 대운에서 신申 운이 올 때가 좋습니다. 원국에 있는 경庚이라는 수원지가 홀로 물을 만들고 있는데, 대운에서 양의 금인 신申이 수원지 역할을 강화하니 드디어 자子라는 물이 커집니다. 식신이 제 역할을 하는 때입니다.

신申 대운 시기에 사주 주인공은 업무 역량이 빛을 발했습니다. 그는 30대 나이임에도 특진을 통해 국내 5대 그룹 핵심 계열사의 상무가 되었는데 당시 그룹 최연소 기록이었습니다.

[상관]

상관傷官은 관官을 상傷하게 한다는 뜻입니다. 여기서 관이란 관청, 공무원을 뜻합니다. 옛날에는 공무원이 되는 것밖에 월급 받는 직장이 없었습니다. 이제는 급여를 주는 조직 모두를 관으로 봅니다. 그런데 조직을 상하게 한다는 뜻이 무엇일까요? 한마디로 나의 에너지가 과해서 조직이라는 그릇에 담기 어려울 정도라는 뜻입니다.

예를 들어 어떤 직원이 창조적인 아이디어가 넘치고 빨리 성과를 내려고 합니다. 그런데 조직에는 나름의 상황과 논리가 있습니다. 사내 정치가 있을 수도 있죠. 많은 것을 고려하며 바른말도 조심해야 하는 것이 조직 생활입니다. 단지 강한 열정만으로 주변에 부담을 준다면 성과가 나더라도 조직에서는 감점이 됩니다. 옳고 그름의 문제가 아니라 조직이 그렇다는 것입니다. 그래서 열정적으로 일하는 수준이 과하면 조직운과 배치되고, 이를 '관을 상하게 한다'라고 표현합니다. 그러면 상관이 있는 사람은 무조건 직장 생활을 할 수 없을까요?

사주명리에 '무조건'이나 '절대적'이라는 말이 나오면 오답입니다. 상관이 강한 사람도 영업직 등 자신의 에너지를 표출할 수 있는 부서에서 일하면 개인의 열정과 회사의 비전을 일치시킬 수 있습니다. 물론 상관이 너무 강하면 일은 잘하지만 조직 내 갈등이 있을 수 있고, 머지않아 창업하겠다고 나갈 수도 있습니다.

시	일	월	연
	丁	戊	己
	巳	辰	

음陰의 화火인 일간 정丁은 일지에 양陽의 화火인 사巳를 두어 큰 불기둥이 되었습니다. 양력 4월 초에서 5월 초 사이인 진월辰月에 태어났는데 봄에서 여름으로 넘어가기 직전이니 불의 기운은 계절적으로도 약하지 않습니다.

양陽의 토土인 무戊와 진辰은 일간 정丁이 생生하고 음양이 다르니 상관입니다. 연간年干의 기己는 식신이지만 식신이 상관과 무리 지어 있으면 상관의 성향을 띱니다. 한곳만 바라보는 식신의 기운도 열정 에너지인 상관 무리에 섞이면 힘을 보태기 때문입니다. 따라서 강한 불이 세 개의 흙을 상관으로 사용해 에너지를 방출하는 모습입니다.

달변가이고 총명한 이 사주의 주인공은 유명 언론사 기자로 사회생활을 시작했습니다. 언론사는 바쁘게 세상을 취재하고 글과 말로 자기 생각을 강하게 피력하니 전형적인 상관의 직업입니다. 조직 내부의 기강은 엄격하지만 각자의 자기 영역이 명확해서 상관을 사용하면서도 조직 생활을 할 수 있습니다. 광고대행사, 경영컨설팅사, 기업체 영업직 등에도 같은 설명이 적용될 수 있습니다.

◦05◦

내가 통제하는 관계, 재성

[정재]

이제 내가 통제하는 관계를 알아볼 차례입니다. 여기서 통제라는 것은 나의 소유를 포함합니다. 업무 성과나 돈이 내가 통제하는 것입니다. 오행상극 관계로 보면 극剋하는 것이 통제입니다. 불이 쇠를 녹이거나, 나무가 흙에 뿌리를 내리며 제압한다거나, 물이 불을 끄고, 칼이 나무를 자르며, 흙이 제방이 되어 강물을 막는 것입니다.

사주 일간의 주인공이 극剋을 하는 오행인데 음양이 다르면 정재正財, 같으면 편재偏財라고 합니다. 정인, 편인 등의 인성印星을 구분할 때도 음양이 다른 것이 도움을 주고받기 편하기 때문에 정인을 서로 음양이 다른 관계로 봤습니다.

통제도 마찬가지입니다. 서로 음양이 다를 때 통제가 쉽고 자연스럽다고 봅니다. 정재와 편재를 통칭해 재성財星이라고도 합니다. 재성이 돈이니 정재는 월급과 같이 안정된 돈이고, 편재는 다소 위험성이 있는 투자를 통해 버는 돈으로 분류합니다. 그러나 정재도 그 크기가 클 때는 큰 돈이 될 수 있습니다.

한 가지 더 이야기하자면 남자에게는 재성이 부인, 애인도 됩니다. 현대와 달리 사주명리 이론이 나왔을 시기는 남성이 여성보다 사회적 우위를 누리던 시절이었습니다. 재성이 남녀 모두에게 돈이 되지만 남성에게는 여성도 되는 이유입니다.

이것을 어떤 명리 전문가는 다르게 해석하기도 합니다. 사회적 위상과 무관하게 자연에서 생물들의 짝짓기를 관찰하면 수컷이 통제하는 모습이라는 주장입니다. 그러면 사마귀 같은 경우는 교미 도중 암컷이 수컷을 잡아먹지 않느냐고 하면 이야기는 끝이 없습니다. 일단 여기서는 재성이 남성에게는 부인, 애인도 되는 것만 언급하겠습니다.

시	일	월	연
己	甲	癸	
	午		

시	일	월	연
己	甲	己	癸
未	午	未	

첫 번째 예시는 소나무 갑甲이 계癸라는 물을 먹고 무럭무럭 자라서 오午라는 붉은 꽃을 피워 기己라는 땅에 뿌리 내리고 잘 사는 모습입니다. 일간이 극剋하면서 서로 음양이 다른 기己는 정재가 됩니다. 열심히 일하는 상관인 오午가 있고 월급 또는 안정된 재물을 뜻하는 정재가 있으니 경제적으로 안정된 삶을 살아갑니다.

그러나 두 번째 예시는 아무리 정재라도 안정된 경제생활을 하기 어렵습니다. 나무는 물을 먹고 자랍니다. 사주에 물이 하나 있는데 일간과 거리가 떨어져 있고 기己와 미未라는 토土에 막혀 있습니다. 내게 오기 전에 물이 흙에 흡수되는 형국입니다. 게다가 내게 힘이 되어줄 다른 나무도 없습니다.

사주 원국에서 나와 같은 오행 또는 나를 돕는 오행이 부족하면 신약한 사주라고 합니다. 아무리 정해진 재물이라는 정재가 사주에 네 개나 있지만 내게 그것을 통제할 힘이 없으니 경제적으로 어렵게 됩니다. 이런 현상을 전문용어로 '재다신약財多神弱'이라고 합니다. 재성이 많으나 일간은 신약해서 재물을 취하지 못하고 오히려 재물 관련 문제가 생긴다고 해석합니다.

여기에 더해 두 번째 사주의 주인공은 양력 7월 초에서 8월 초의 미월未月에 낮 1시 30분에서 3시 30분 사이인 미시未時에 태어났고 일지에 화火인 오午까지 있습니다. 한여름 땡볕에 서 있는 소나무인지라 더욱 목마름이 심할 것입니다. 따라서 사주가 갖고 있는 문제를 해결하기가 쉽지 않다는 것까지 확인할 수 있어야 합니다.

[편재]

일간이 통제하되 서로 오행이 같으면 편재偏財입니다. 정재가 월급과 같이 안정된 재물이면 편재는 고위험·고수익High Risk, High Return의 재물입니다. 어떤 전문가들은 편재를 사업 소득으로 한정하나 투잡과 부캐 시대에 정재와 편재를 특정 소득으로 규정하는 것은 다소 무리라고 봅니다. 재물의 안정성과 크기 면에서만 이해하기를 권합니다.

그리고 남성에게 재성이 여성이 되다 보니 정재만 부인이고 편재는 애인이라고 보는 해석들도 있습니다. 이것도 너무 규정하지 않았으면 좋겠습니다. 사주에 정재가 없고 편재만 있는 사람은 편재를 부인으로 삼는 사례가 너무나 많기 때문입니다.

시	일	월	연
	甲	壬	
午	戌	午	

위의 예시는 남성이며 사주에 정재가 없고 편재 술戌만 있어 술을 부인으로 봅니다. 오월午月, 오시午時에 태어나 사주가 덥습니다. 인오술寅午戌 삼합의 반합인 오술午戌이 술戌을 중심으로 양옆에 있습니다. 원래 양쪽으로 모두 합이 삼합이 될 때는 술戌이 양옆의 오午 중에서 어느 손을 잡을지 고민합니다. 따라서 일단 합을 하지 않고 상황에 따라 둘 중 하나의 손을 잡을 준비만 하고 있다고 봅니다.

오술午戌의 반합으로 화火로 변한 상태는 아니지만 양옆의 화火로 인해 술戌이라는 흙이 매우 건조해져 있는 것은 사실입니다. 그래서 원국의 온도를 낮출 수 있는 양陽의 수水인 임壬의 역할이 매우 중요합니다.

그런데 2006년 병술년丙戌年에 마침 사주 주인공의 10년짜리 대운도 병술丙戌이었습니다. 병丙은 임壬과 병임충丙壬沖을 해서 임의 역할을 일시 정지시켰습니다. 더운 흙을 식혀주는 온도조절장치가 고장 난 셈입니다. 대운과 세운(1년운)의 술戌은 원국의 오午 모두 또는 적어도 하나와 합合을 하게 되는데, 이 과정에서 원국의 오술午戌 간 관계가 일시적으로 붙었다 떨어졌다 하는 혼란을 맞이합니다.

이때 잠재적으로만 존재하던 오술합午戌合이 발생하며 합화하여 화火의 기운이 강해집니다. 실제로 이 사주를 가진 분은 병술년에 입춘인 인월寅月이 되는 달에 부인이 세상을 떠났습니다. 인월의 인寅까지 대입하면 인오술寅午戌 삼합이 해당 월에 성립되니 열기가 더해집니다. 온도조절장치인 임壬이 작동 정지된 상태에서 불바다가 되니 술戌이라는 흙이 바싹 말라버렸습니다. 일지의 편재를 배우자로 삼고 있는 사주에서 발생한 안타까운 상황이었습니다.

시	일	월	연
丙	甲		
寅	戌	寅	

이번 예시도 남성이며 갑술甲戌 일주라는 면에서는 앞 사례와 같습니

다. 다만 앞 사례가 더운 계절의 더운 시간에 태어난 사주라면, 이 사례는 추운 계절(양력 2월 초~3월 초)의 추운 시간(새벽 3시 30분~5시 30분)에 태어난 사주라는 차이가 있습니다.

일간의 갑甲이라는 소나무는 두 개의 인寅을 깔고 있습니다. 동일 오행, 동일 음양의 나무인 비견比肩이 두 개의 뿌리가 되니 자신의 기운은 강합니다. 그런데 너무 추운 시기의 소나무라서 따뜻함이 필요합니다. 따라서 시간時干에 있는 태양 병丙이 귀하게 쓰입니다.

사주에서 귀하게 사용하는 글자를 용신用神이라고 했습니다. 따라서 이 사주는 시기별 운에 따라 용신 병丙이 어떤 모습을 하는지가 길흉화복의 핵심입니다. 병이라는 글자의 중요성 말고 한 가지 더 눈에 띄는 구조가 있습니다. 바로 술戌이 위와 좌우의 3면으로 양의 목을 접하고 있다는 점입니다. 원국에 정재는 없고 편재 술戌만 있는데, 술은 돈도 되지만 남성에게는 배우자를 뜻하기도 합니다.

술의 관점에서 보면 모든 방향에서 나무가 나에게 뿌리를 내리려고 하는 모습입니다. 내 돈을 노리는 자가 많은 형국이고, 내 배우자 또한 안정적인 구조가 아닙니다. 누가 내 소나무인지 흙 입장에서는 헷갈립니다. 만약 인寅이 월지나 시지 중 한 개만 있었더라면 큰 문제가 안 될 수도 있습니다. 인寅이 하나라면 주인공인 일간 갑甲의 뿌리가 되는 글자 정도로 볼 수도 있습니다. 그러나 두 개가 되면 술戌의 입장에서는 누가 내 땅의 주인인지 제대로 헷갈리게 됩니다. 여기까지 파악하고 대운이나 세운을 봐야 합니다.

이 사주의 주인공이 실제로 결혼한 시기는 병신년丙申年이었습니다.

용신인 병丙이 운에서 들어와 보강되었습니다. 신申은 인신충寅神沖으로 인寅 두 개 중 한 개를 제거해줍니다. 부인인 술戌 입장에서는 자신이 허락할 나무가 잠시나마 명확해졌습니다. 그래서 혼인의 시기가 된 것입니다.

그러나 구조적으로 배우자의 모습이 불안하니 운에 따라 갈등이 우려됩니다. 실제로 경자년庚子年에 사주의 주인공은 이혼을 결정했고, 신축년辛丑年에 법적으로 완전히 결별했습니다. 경庚이 일간 갑甲을 충沖하여 정신적인 혼란을 가져올 수 있는데, 자子라는 해는 누구에게나 추운 연도입니다. 해자축亥子丑의 3년간은 지구가 겨울인 연도라고 보면 됩니다. 월에서의 계절 개념을 연도에 적용한 것입니다.

추운 기운을 기다리던 사람에게 경자년은 좋겠지만 위 사주 주인공처럼 병丙이라는 화를 용신으로 사용하면 추운 시기가 불리합니다. 실제 해당 연도에 경제적으로도 어려웠습니다. 특히 경자년은 경庚이라는 수원지가 자子라는 물을 생生하면서 들어오는 연도라서 물의 기운이 강합니다. 따라서 더욱 추운 해가 됩니다. 다음 해인 신축년辛丑年은 신辛이라는 한 해의 글자가 용신 병丙을 병신합丙辛合으로 묶어버려 용신의 기능이 정지됩니다. 원국에서 잘 쓰는 용신이 묶일 때가 인생의 위기입니다.

이 사주에서 병이 묶이면 생기는 구조적인 문제가 하나 더 있습니다. 해당 사례의 원국에서 술戌의 관점에서는 3면에서 목木이 흙에 뿌리를 내리려 하니 고민이라고 했습니다. 이럴 때 화火인 병丙의 중요한 기능이 하나 더 있는데, 바로 목의 기운이 토土를 극剋하지 않게 하는 것입니다.

나무 입장에서는 옆에 불도 있고 흙도 있다면 목극토木剋土를 하지 않고 먼저 목생화木生火를 하고, 이어 화생토火生土를 하려 합니다. 굳이 생生

을 할 수 있는데 극剋을 먼저 하지 않는 것이 자연의 섭리입니다. 그러니 화가 갈등을 중재하는 역할을 합니다.

이렇게 갈등 관계를 피해 우회하게 해주는 기능을 통관通關이라고 하며, 통관 기능이 용신 수준으로 귀한 역할일 때 해당 글자를 '통관용신通關用神'이라고 합니다. 계절의 온도를 맞춰주는 용신을 '조후용신調候用神'이라고 하니 이 원국에서 병丙은 조후용신이자 통관용신이 되는 것입니다. 그러니 병신합이 뼈저리게 아플 수밖에요.

해석이 길었지만 여러 관점에서 다양하게 생각할수록 분석의 정확도가 높아집니다. 하나의 관점에서만 좋거나 나쁘면 해석이 애매할 수 있지만 여러 관점에서 일관되게 특정한 해석을 가리키면 그 방향이 대체로 맞습니다.

해석이 길어진 김에 하나만 더 말씀드리겠습니다. 신축년의 또 다른 갈등 요인에 대한 것으로, 축丑이라는 글자는 편재인 일지 술戌을 만나면 축술형丑戌刑을 합니다. 앞서 삼형三刑을 이야기할 때 축술미丑戌未 삼형을 배웠습니다. 사실 세 글자 중에 두 글자만 만나도 형刑을 합니다. 따라서 남자에게 배우자를 뜻하는 술戌이라는 글자가 흔들린 것도 이혼에 어느 정도는 영향을 주었다고 볼 수 있습니다.

◦06◦

나를 통제하는 관계, 관성

[정관]

이제 마지막 관계인 나를 통제하는 관계입니다. 오행 관계로는 나를 극剋하는 글자인데, 일간과 음양이 다르면 정관正官, 같으면 편관偏官입니다. 둘을 총칭해 관성官星이라고 합니다.

통제 관계에서도 음양이 달라야 자연스럽다고 보기에 정관은 안정적으로 통제받는 모습을 뜻합니다. 정해진 급여를 받으며 안정적인 직장에 다니는 모습을 떠올리면 쉽게 이해할 수 있습니다. 앞에서 잠시 소개했지만 관官이라는 단어는 조직을 뜻합니다. 옛날에 관운官運은 곧 공직운이었습니다. 이제는 관운을 조직운과 같이 범위를 넓혀 이야기하며 이를 관성이라고 합니다.

정관은 '바를 정正'이라는 글자에서 느낄 수 있듯이 안정된 직장입니다. 공무원, 대기업 또는 안정적인 시스템을 갖춘 조직이죠. 편관은 '기울 편'이라는 글자에서 알 수 있듯 일반적인 직장이라기보다는 조직의 업무나 문화가 남달리 강한 곳들입니다. 군軍, 검檢, 경警, 언론言論을 대표적인 편관 조직으로 봅니다. 그 외에도 조직의 업무 개성이 강하면 편관 조직으로 볼 수 있습니다.

요즘은 다양한 조직문화가 존재하므로 단순하게 공무원이나 대기업은 정관, 군인이나 경찰은 편관이라고 하기가 어렵습니다. 이론이 제시하는 기본적인 개념을 숙지하되 현실에서 유연하게 적용하는 것이 바람직합니다.

	시	일	월	연
천간	癸	丙	辛	庚
지지	巳	辰	巳	
지	戊	乙	戊	
장	庚	癸	庚	
간	丙	戊	丙	

국내 10대 그룹의 핵심 계열사 부사장의 사주입니다. 음의 수인 계癸가 양의 화인 일간 병丙을 극剋하고 있으니 계는 정관正官입니다. 월과 시의 사巳가 화라서 일간도 더운 기운이 강해 보입니다. 그러면 시간의 정관

계가 태양 병을 능히 통제할 능력이 되는지가 관운의 품격을 판단하는 기준입니다.

일단 수水가 드러난 글자가 원국에 더는 없고 월간에 신辛이 있으니 금생수金生水라도 해서 물인 계癸를 돕지 않나 살펴봅니다. 그러나 병신합丙辛合으로 묶여 있어 도울 수 있을지 애매합니다. 연간 경庚은 수원지로 쓰기에는 계와 거리가 몇 칸 떨어져 멉니다. 그래도 종합적으로 판단하면 정관의 힘은 쓸 만합니다.

왜 그럴까요? 답은 지장간에서 찾아야 합니다. 사巳의 지장간에 경庚이 있습니다. 거리는 멀지만 연간에도 경庚이 있어 지장간의 글자가 천간에 투간透干되었습니다. 투간된 글자는 의미 있게 쓸 수 있습니다. 반대로 투간된 글자와 호응하는 지장간 내의 글자도 유의미합니다. 또한 진辰의 지장간에도 계癸가 있습니다.

시간의 정관 계癸 입장에서 보면 지장간 안의 글자들 여럿이 자신에게 힘이 되고 있습니다. 물론 드러난 천간의 신辛과 경庚도 거리는 떨어져 있어 직접 생生하는 것은 어려워도 어느 정도의 힘은 준다고도 볼 수 있습니다. 따라서 결론은 정관의 격이 높다고 보는 것입니다.

이 사주의 주인공은 다른 회사에 있다가 영입됐는데 대운의 글자가 술戌인 시기였습니다. 일지인 진辰과 진술충辰戌沖을 하는 시기였습니다. 일지의 글자가 충돌하면 환경 변화가 있는 경우가 많습니다. 충沖은 무조건 나쁘다고 해석할 게 아니라 그 환경 변화가 좋은지 나쁜지를 읽어내는 것이 중요합니다.

[편관]

앞서 편관偏官은 군, 검, 경, 언론 등 강하거나 개성 있는 조직문화를 가진 직장을 말한다고 했습니다. 그러나 지금은 21세기이고 다양한 조직문화가 존재하기 때문에 유연하게 해석해야 합니다. 실제 군인이나 검찰 고위직에 있는 사람들 중 편관운을 사용하지 않는 경우도 많이 봤습니다. 정관과 편관의 기본적인 속성만 이해하고 해석은 폭넓게 해야 합니다. 예를 들어보겠습니다.

시	일	월	연
癸	甲	癸	
酉	申		

유명 외국계 회사의 한국 지사장 사주입니다. 일지를 보니 편관 신申이 있습니다. 시지를 보니 정관 유酉도 있습니다. 정관, 편관이 같이 있으면 정편관 혼잡이라고 해서 관운이 나쁘다고 해석하는 이론도 있습니다. 한마디로 조직운이 지저분하게 섞였다는 것입니다. 그러면 위 사례는 정편관 혼잡인데 사주의 주인공은 어떻게 출세했을까요?

거듭 이야기하지만 사주명리에서 이론을 외우고 해석에 바로 적용하는 것은 매우 조심해야 합니다. 어떤 이론이 있다면 어떤 근거로 그렇게 되는지만 이해하고 적용은 유연하게 해야 합니다. 사주의 디테일이 다르면 이론이 적용되지 않는 경우가 많기 때문입니다.

단순하게 사주 원국을 있는 그대로 읽어볼까요? 위 사주는 갑甲이라는 소나무가 주변에 나무가 없어 뿌리가 약해 보입니다. 만일 이대로라면 금金이 두 개나 되니 나무가 부러지지 않을까 걱정입니다. 그러나 다행히도 계癸라는 수水가 양옆에 하나씩 있습니다. 둘 중 하나를 못 쓰게 되더라도 남은 글자가 역할을 합니다. 항공기 엔진은 두 개라서 하나가 꺼져도 비행이 가능한 것과 같습니다. 따라서 특정 해의 운이 조금 나빠도 매년 승승장구할 수 있습니다.

금이 목을 극剋하는 것을 금생수金生水, 수생목水生木으로 돌려주는 통관通關 기능을 합니다. 즉 통관용신입니다. 그러면서 일간 갑甲을 돕는 목이 없지만 수로써 생生하니 약한 기운을 북돋는 억부용신도 됩니다. 이 사주는 통관용신이자 억부용신 덕에 출세한 것입니다. 두 개의 관운에 두 개의 인성이 있는 것도 관운이나 인성이 하나만 있을 때보다 주인공의 타고난 출세 그릇을 크게 했다고 생각하면 됩니다. 정관과 편관이 모두 있는 것만 보고 정편관 혼잡이라 나쁘다고 하면 안 됩니다. 그렇게 해석하면 월급을 모아 경제적 자유를 이룬 사주 주인공의 인생을 완전히 잘못 이해하는 거겠죠.

이제 십신을 모두 배웠습니다. 자연적 존재인 인간의 사회적 의미를 해석할 준비가 되었습니다. 적어도 이론적으로는 거의 준비가 되었다고 해도 과언이 아닙니다. 물론 일부 다루지 않은 이론도 있지만 해석하면서 배우면 됩니다. 그래도 막상 혼자 분석을 시작할 엄두는 안 난다고요? 당연합니다. 지금까지 한 공부는 앞으로 나올 사례들을 공부할 이론적 준비라고 보면 됩니다.

사주명리 공부의 핵심은 역시 사례 연구입니다. 사례까지 공부하면 여러 사례를 혼자 분석해보고 싶은 마음이 강하게 생길 것이라 믿습니다. 이제 다음 장으로 넘어가 사례를 공부해보겠습니다. 종종 해석이 어려운 사례를 만나도 이론부터 다시 공부하기보다는 실전 사례들을 보면서 필요할 때 이론을 사전처럼 되돌아보는 편이 훨씬 낫습니다. 공부할 때 기본 개념만 달달 외우는 것보다 실전 문제를 접하면서 공부하면 더 효율적인 것과 같은 원리입니다. 그러면 본격적인 사례 공부로 들어가겠습니다.

신강사주와 신약사주

원국에서 일간인 나를 제외한 일곱 글자에 비견, 겁재, 정인, 편인과 같이 일간의 기운을 강화하는 글자가 많으면 신강身强 사주, 적으면 신약身弱 사주라고 합니다. 일간의 기운을 강화하는 글자란 일간과 같은 오행 또는 일간을 생生하는 오행입니다.

사주명리는 균형을 중시하므로 신강한 사주는 강한 기운을 눌러주는 정관이나 편관, 강한 기운을 사용하면서 방출하도록 하는 식신, 상관, 정재, 편재가 필요합니다. 그리고 이렇게 내게 필요한 기운을 용신이라고 합니다. 신강사주, 신약사주의 힘의 균형을 맞추는 용신은 억부용신이라고 합니다. 힘의 균형을 이룬다는 뜻입니다.

그러면 일간의 기운을 강화하는 글자는 몇 개를 기준으로 정할까요? 일간을 제외한 나머지 일곱 글자를 동등한 가중치로 보는 이론도 있지만 지지의 네 글자에 좀 더 비중을 두는 이론이 우세합니다. 이것은 사례를 통해 해석하는 경험이 많이 쌓여야 이해되는 부분이므로, 지금은 이 정도로만 이해하고 넘어가도록 하겠습니다. 그보다 더 중요한 개념이 하나 있습니다. 바로 '종격從格'이라는 것입니다. 이는 사주 원국의 기운이 너무 강하거나 약하면 애매하게 균형을 맞추려 하지 말고 대세에 따르라는 것입니다. 그래서 '따를 종從'을 써서 종격이라고 합니다.

종격은 신강한 수준이 극도로 신강하면 일간의 기운을 누르는 것이 오히려 대세에 역행하므로 일간의 강한 기운을 강하게 하는 운이 좋다는 이론입니다. 마찬가지로 신약한 수준이 극도로 신약하면 애매하게 돕는 것이 안 돕느니만 못하므로 주변의 강한 기운을 따라가는 것이 낫다고 이해하면 됩니다.

용어 정리

원국 原局 사주의 여덟 글자를 뜻한다. 타고날 때 부여받는 생년월일시의 네 가지 정보를 십간십이지의 22개 한자로 표현한 것이다. 여덟 글자라서 팔자八字라고도 한다.

대운 大運 10년 단위로 사용하는 두 글자로 대운 천간과 대운 지지로 구성된다. 태어난 월月의 정보를 기준으로 산출하므로 모든 사람이 같은 대운 구성을 갖지는 않는다.

세운 歲運 1년 단위로 사용하는 두 글자로 세운 천간과 세운 지지로 구성된다. 2022년이 임인壬寅년이면 임壬과 인寅이 누구에게나 동일한 세운의 두 글자다.

천간 天干 원국의 윗줄로 십간十干의 10글자로 표기한다.

지지 地支 원국의 아랫줄로 십이지十二支의 12글자로 표기한다.

십간 十干 갑甲, 을乙, 병丙, 정丁, 무戊, 기己, 경庚, 신辛, 임壬, 계癸의 10개로 천간의 네 자리에 사용된다. 각 글자는 오행五行의 음陰과 양陽을 표현한다. 예를 들면 갑甲은 양陽의 목木을, 을乙은 음陰의 목木을 뜻한다.

십이지十二支 자子, 축丑, 인寅, 묘卯, 진辰, 사巳, 오午, 미未, 신申, 유酉, 술戌, 해亥의 12개로 지지의 네 자리에 사용된다. 각 글자는 오행五行의 음陰과 양陽을 표현한다. 예를 들면 자子는 음陰의 수水, 해亥는 양陽의 수水를 뜻한다.

지장간 地藏干 지지地支 속에 숨은 천간天干이라는 뜻으로 각 십이지의 글자가 품고 있는 천간이다. 예를 들면 자子는 그 속에 임壬과 계癸 두 글자를 품고 있고, 축丑은 그 속에 계癸, 신辛, 기己 세 글자를 품고 있다.

합 合 십간의 글자들, 십이지의 글자들이 서로 합해진다는 뜻이다. 원국 내의 글자 사이에도 합이 가능하고, 대운이나 세운에서 들어오는 글자와도 합을 할 수 있다. 원국에 필요한 글자와 일간이 합을 하면 좋지만 불필요한 글자와 일간이 합을 하면 불리하다. 필요한 글자를 일간이 아닌 원국의 다른 글자가 합하면 불리하고, 불필요한 글자를 원국의 다른 글자가 합하면 유리하다. 천간의 합은 한 종류이나 지지의 합은 육합, 삼합, 방합 등이 있다.

충 沖 십간의 글자들, 십이지의 글자들이 서로 충돌한다는 뜻이다. 원국 내의 글자끼리도 충을 할 수 있고, 대운이나 세운에서 들어오는 글자와도 충을 할 수 있다. 원국의 일간과 일지가 원국 내의 다른 글자와 충을 하거나 대운이나 세운에서 들어오는 글자와 충을 하면 나쁘다고 알려져 있으나 그 정도는 사주 원국의 구조에 따라 다르다. 원국에 필요한 글자를 원국의 다른 글자가 충하면 불리하지만 불필요한 글자를 원국의 다른 글자가 충하면 유리하다.

용신用神 원국에 유리한 음양오행으로 원국 내에 있으면 좋지만 없다면 대운이 나 세운에서 찾아야 한다.

신강사주 身强四柱 원국의 일간을 제외한 일곱 글자에서 일간과 같은 오행 또는 일간을 생生하는 오행의 기운이 강한 경우다. 신강, 신약의 판단은 일간을 제외한 일곱 글자의 힘의 균형을 판단하여 정하되 지지地支의 비중을 높게 보는 이론이 우세하다.

신약사주 身弱四柱 원국의 일간을 제외한 일곱 글자에서 일간과 같은 오행 또는 일간을 생生하는 오행의 기운이 약한 경우를 말한다.

억부용신抑扶用神 신강사주는 강한 원국의 기운을 누르거나 빼서 균형을 맞춰야 하고, 신약사주는 약한 원국의 기운을 원국과 같은 오행(비겁)이나 원국을 생生하는 오행(인성)으로 도와줘야 하는데, 이를 가능하게 하는 십신十神을 억부용신이라고 한다. 원국의 기운을 누르는 것은 정관, 편관, 기운을 빼는 것은 식신, 상관, 정재, 편재 등이다.

조후용신調候用神 너무 더운 여름에 태어난 원국은 서늘한 기운을, 너무 추운 겨울에 태어난 원국은 따뜻한 기운을 우선시하며 해당 기운을 가져오는 음양오행을 용신으로 사용한다.

통관용신通關用神 두 기운이 대치하고 있을 때 둘 사이의 기운을 통과시켜 갈등을 해소하고 자연스럽게 기운의 흐름을 연결하는 용신이다. 예를 들어 강한 금의 기운과 강한 목의 기운이 대치하고 있을 때 수의 기운이 들어오면 금생수金生水, 수생목水生木으로 금과 목의 갈등을 자연스럽게 흘려보내게 된다.

종격從格 극도로 신강한 사주나 극도로 신약한 사주는 오히려 대세의 기운을 따르는 것이 옳으므로 대세의 기운을 강화하는 운이 좋고, 대세의 기운을 거스르는 운이 나쁘다는 이론이다. 예를 들면 원국이 대부분 수의 기운으로 구성되어 있으면 토의 기운이 와봤자 제방이 되기는커녕 휩쓸려 나가서 토극수土剋水가 안 되고, 목의 기운이 와도 홍수 수준의 물보라 속에서 뿌리가 썩거나 뽑혀 수생목水生木이 안 되니 기운을 빼줄 수가 없다. 오히려 대세인 수의 기운을 거스르지 않도록 수를 생生하는 금이나 같은 오행인 수가 대운이나 세운에서 들어오는 것이 낫다는 이론이다. 단, 아주 큰 목의 운과 같이 대세인 기운을 덜어내기 충분한 크기의 운이 오면 이 경우는 유리하게 사용할 수 있다.

제5강

실전 사례 풀이

◦01◦

사례를 해석하기 전에

드디어 본격적으로 사주를 분석하는 단계까지 왔습니다. 이제 우리는 사주를 해석하기 위해 꼭 필요한 이론은 다 배웠습니다. 물론 몇 가지 남은 이론도 있습니다. 격국론格局論, 십이운성十二運星, 신살神殺, 공망空亡 등이 그것입니다. 특히 격국론은 공들여 배워야 한다고 주장하는 전문가도 많습니다. 그러나 남은 이론들은 사례 분석을 병행하며 학습해도 충분합니다.

사주명리를 학문으로 접근하는 게 아니라면 이론을 어느 정도 배운 후에 바로 사례로 들어가야 합니다. 그래야 재미도 있고 실력 향상도 빠릅니다. 남은 이론들은 사례 중간중간에 설명하겠습니다.

사례는 주제별로 나눴습니다. 사주명리로 한 사람의 인생 전체를 이해할 수도 있지만, 보통 '사주를 보고 싶다'라는 생각이 들 때는 특정 시기에 구체적인 질문이 생길 때입니다. 아무 고민이 없는데 그냥 사주를 보고 싶다고 생각하는 사람은 많지 않습니다. 특정 시기에 생기는 심각한 고민에 통찰력과 대안을 제시하는 것이 사주명리의 존재 이유라고 생각합니다.

앞으로 나올 모든 사례는 직접 상담한 것입니다. 제가 직장 경력이 20년이 넘다 보니 비즈니스 관련 질문을 하는 사람들이 많습니다. 그래서 직장운과 사업운부터 시작합니다. 재물운은 누구나 관심 있는 사안이니 직장운과 사업운 안에 반영했습니다.

그다음 주제는 결혼운입니다. 경제주체로서의 고민이 직장운과 사업운이라면 자연인으로서의 고민은 연애, 결혼, 이혼 등인 경우가 많습니다. 성공한 사람이라고 해서 가정이나 애정 문제에서 마냥 자유롭지만은 않습니다. 마지막은 기타운으로, 위의 세 가지 주제에 속하지 않는 사례들을 묶었습니다. 구설수, 해고, 질병 등 절대로 가볍지 않은 주제입니다.

사례를 소개할 때는 최대한 실제 상담에서 분석하는 과정을 그대로 보여드리려고 했습니다. 설명이 조금 길 수 있습니다. 그래도 상세한 설명이 의미 있다고 생각한 건 선생님들의 분석 과정을 옆에서 보며 실력이 많이 늘었던 기억 때문입니다. 다른 사람이 어떻게 풀이하는지 살펴보는 건 실력을 빠르게 키우는 데 큰 도움이 됩니다.

각 사례는 가장 두드러진 삶의 특징 한두 개 또는 특정 시기의 핵심 고민을 중점적으로 다룹니다. 이것은 실제 상담을 요청하는 분들이 주로 특정 시기의 구체적인 주제를 묻기 때문이기도 하지만 공부를 하는 초기일수록 해당 사주의 특징적인 포인트를 잡아내는 연습이 필요하기 때문입니다. 그래도 인생 전체와 같은 큰 그림을 이해하는 경험은 중요하므로 일부 사례에는 인생 전반의 해석을 다룹니다.

사례로 들어가기 전에 앞서 배운 내용을 복습할 겸 사주를 분석하는 순서를 간략히 정리하겠습니다.

첫째, 사주 원국에 필요한 오행과 원국이 꺼리는 오행을 파악합니다. 원국에 필요한 오행은 길신吉神, 용신用神이라고 부르며 원국이 꺼리는 오행은 흉신凶神, 기신忌神이라고 부릅니다.

둘째, 10년 단위 운인 대운大運과 1년 단위 운인 세운歲運이 원국에 필요한 오행과 원국이 꺼리는 오행을 각각 얼마나 가지는지로 시기별 길흉을 분석합니다.

셋째, 좋고 나쁜 상황이 십신十神 중 어떤 것과 연관되어 있는지를 보고 당면한 고민에 대한 원인과 대안을 찾습니다.

세 단계를 통틀어 성공적 분석의 관건은 원국에 필요한 오행과 원국이 꺼리는 오행을 정확히 파악하는 것입니다. 원국 분석의 단계를 세분화하고 이것을 대세운 분석과 십신 차원의 이해까지 연결하는 단계를 구체적으로 설명하면 다음과 같습니다.

[온도의 균형]

먼저 일간을 중심으로 너무 춥거나 더운 계절에 태어났는지 확인합니다. 사주의 온도를 맞추는 용신을 조후용신調候用神이라고 했습니다. 너무 추우면 따뜻한 오행이, 너무 더우면 차가운 오행이 조후용신 후보가 됩니다. 처음 사주를 공부할 때 사주에 필요한 운인 용신을 찾는 연습을 많이 하는데, 그중에서도 조후용신이 가장 중요합니다. 돈과 명예가 없으면 힘들게라도 살 수는 있지만, 사막에 물이 없거나 한겨울 들판에 따뜻한 불을 피운 쉼터가 없다면 생존 자체가 위협받습니다.

[힘의 균형]

그다음에는 일간을 중심으로 전체적인 힘의 균형을 봅니다. 나를 돕는 비견, 겁재, 정인, 편인이 많고 적은지를 보는 것입니다. 식신과 상관은 일하는 기운이니 내 기운을 빼갑니다. 정재와 편재는 돈과 결과물이니 얻는 과정에서 노력이 필요해 역시 일간의 기운을 빼갑니다. 정관과 편관은 일간의 기운을 누르고 통제하니 나를 돕는 기운이 아닙니다.

나를 돕는 기운이 많으면 신강身强한 사주, 반대는 신약身弱한 사주라고 했습니다. 신강사주면 기운이 넘치니 기운을 눌러주는 정관과 편관 그리고 기운을 빼주는 식신, 상관, 정재, 편재가 용신 후보가 됩니다. 신약사주면 기운이 부족하니 기운을 보충하는 비견, 겁재, 정인, 편인이 용신 후보가 됩니다. 단, 종격從格이라면 원국에서 강한 기운을 더 강하게 만드는 십신이 용신 후보가 됩니다. 종격은 대세에 순응하는 것이 필요하기 때문입니다. 기운의 넘침과 부족을 해결하는 용신을 억부용신抑扶用神이라고 했던 것을 기억하세요.

[대운과 세운]

위에서 말한 필요한 운, 즉 용신 후보들이 사주 원국에 있는지 살펴보고, 없다면 대운이나 세운에서 들어오는지를 확인합니다. 원국에 있더라도 용신 후보를 원국의 다른 글자들이 돕지 않아 기운이 약하거나, 원국 내의 다른 글자와 합이나 충이 되어 일간이 사용하기 어려우면 용신의 품질이 높지 않습니다. 한마디로 용신이 제 역할을 못 하는 것입니다.

원국의 용신 후보를 대운이나 세운에서 들어오는 글자가 합이나 충으로 일간이 못 쓰게 하면 그 시기에는 운이 나쁩니다. 그런데 원국에 없어도 대운이나 세운에서 들어오고 합이나 충이 없어 사용하는 데 무리가 없으면 그 시기에는 운이 좋습니다. 돈과 관련된 질문이면 정재나 편재를, 문서와 관련되면 정인이나 편인을, 조직의 출세와 관련되면 정관이나 편관이 해당 시기에 문제가 없는지도 살펴봐야 합니다.

지금은 이 순서가 어려워 보일 겁니다. 일단 외웠다고 해도 실제로 적용할 때는 익숙하지 않겠죠. 그래서 실제 사례를 많이 분석해봐야 합니다. 사례를 반복해서 보면 나도 모르게 위의 단계가 몸에 배고, 개념과 이론이 실전에 어떻게 적용되는지 느낌이 옵니다. 그러면 이제 본격적으로 사례 분석으로 들어갑시다.

직장운은 주로 정관, 편관 등의 관성을 통해 판단합니다. 한마디로 관운이라고 하죠. 사주 원국에 관성이 강하게 존재하면서도 일간이 관성의 극剋을 받을 수 있을 정도로 기운이 강하다면 일단 관운이 있는 사주로 태어났다고 합니다.

그러나 사주에 관운이 없어도 대운이나 세운에서 관운이 오고, 그 관운이 용신에 해당하면 직장인에게는 출세에 유리한 시기입니다. 반대로 사주 원국에서 관성이 나에게 흉하게 작용한다거나 대운이나 세운에서 오는 관운이 나에게 불리하게 작용하면 좋은 직장운을 기대하기 어렵습니다. 때로는 정관이나 편관이 아닌 용신운이나 보편적인 길흉도 직장인에게는 중요하니 너무 관성만으로 직장운을 가늠하지는 않는 것이 좋습니다.

연말에 승진할 수 있을까요?

	시	일	월	연
천간	편인	主	편인	정인
	壬	甲	壬	癸
지지	申	申	戌	丑
	편관	편관	편재	정재
지장간	戊	戊	辛	癸
	壬	壬	丁	辛
	庚	庚	戊	己

대운	78	68	58	48	38	28	18	8
	편관	정재	편재	상관	식신	겁재	비견	정인
	庚	己	戊	丁	丙	乙	甲	癸
	午	巳	辰	卯	寅	丑	子	亥
	상관	식신	편재	겁재	비견	정재	정인	편인

2020년 연말에 승진할 수 있는지 질문한 대기업 부장의 사주입니다. 전체적으로 분석해보겠습니다. 갑甲이라는 소나무가 술월戌月에 태어났습니다. 양력으로 10월 초에서 11월 초 사이니 약간 서늘하여 따뜻한 기운이 있으면 좋겠지만 얼어 죽을 정도는 아닙니다. 그래도 따뜻한 기운인 화火가 혹시 있나 싶어 원국을 살펴보니 없습니다. 술戌의 지장간에 정丁이라는 불이 숨겨져 있는 정도입니다.

조후용신 후보는 지장간 속의 정丁 하나가 됩니다. 그러나 흙 속에 숨겨져 있고 혹시 꺼내서 쓸 수 있는 상황이 된다고 해도 천간의 임壬이 정임합丁壬合해서 기능을 정지시키니 용신 후보로 기대치가 높다고 볼 수 없습니다.

용신 후보의 수준을 평가하는 것을 '용신 품질검사'라고도 하는데, 매우 중요한 분석입니다. 용신의 품질을 가늠해야 좋고 나쁜 정도를 제대로 살펴볼 수 있습니다. 이론적으로 보면 술월갑목戌月甲木은 서늘한 가을에 태어나 따뜻함이 필요하니 원국의 여덟 글자 중에서 화火를 찾고, 없다면 술戌 안의 지장간 정丁을 조후용신으로 잡아야 합니다.

그런데 이 사례는 이론을 그렇게 단순하게 적용하면 안 됩니다. 실제 지장간 속의 글자는 지지地支 간에 충沖이 있을 때 하늘로 튀어올라 사용하게 되는데요. 예를 들면 진辰과 같은 운이 대운이나 세운에서 오면 진술충辰戌沖이 일어나고, 지진이 일어나서 술戌 안의 글자가 밖으로 튀어나오는 상황이 되어 이때 지장간 글자를 일간이 사용하게 됩니다. 그런데 합충 이론에서 정丁은 임壬과 합이 되는데 바로 술戌 위에 임壬이라는 글자가 있으니 '정임합'이 되어 일간이 사용하기 어렵다는 것까지 분석해야 합니다. 이러니 원국 안의 지장간 정丁이라는 용신 후보는 용신으로서의 품질이 1등급은 아닙니다. 따라서 대운이나 세운에서 따뜻한 기운이 오기를 기다려야 합니다.

온도를 확인했으니 힘의 균형을 볼 차례입니다. 일간을 돕는 비견, 겁재, 정인, 편인에 해당하는 것은 정인 한 개, 편인 두 개로 천간에 있습니다. 편재 한 개, 정재 한 개, 편관 두 개는 나를 돕는 기운이 아니므로 신약 사주입니다. 일간을 돕는 십신 세 개와 일간의 기운을 누르거나 빼는 십신 네 개로 단순 비교해도 신약입니다만, 신강·신약 분석에서는 지지의 가중치를 높게 둡니다. 그 이유는 천간은 정신적 영역이고 지지는 육체적 영역, 사회활동 영역이기 때문입니다. 한 사람이 갖는 기운의 강약에는 정신적 영향보다 육체적, 사회적 영향이 크다고 가정합니다.

신약한 사주이니 일간을 도와주는 글자가 억부용신 후보가 되고 원국에 있는 글자 중에서는 정인, 편인이 모두 해당합니다. 일간에 조금 더 가깝게 있는 임壬이 한 칸 떨어져 있는 계癸보다는 어려울 때 손 내밀기 편합니다. 따라서 억부용신 후보는 임壬을 우선합니다.

마침 임壬은 지지에 있는 두 개의 신申이 수원지水源地가 되니 힘도 좋습니다. 양陽의 금金은 바위라서 원석도 되지만 수원지도 됩니다. 또 금생수金生水라는 상생 이론을 떠올려도 임壬이라는 물은 커질 수밖에 없습니다. 용신의 품질이 높아집니다. 게다가 편인偏印이 용신이 되는데 편인은 공부운, 문서운 등을 뜻하니 머리도 좋습니다.

다만 차가운 물이 너무 강하면 조금 추울 수 있습니다. 봄이나 여름에 태어난 사주라면 걱정이 없지만 양력 10월 초에서 11월 초 사이에 태어났으니 온도의 균형이 약간 아쉽습니다. 약간만 아쉬운 이유는 다행히도 겨울에 태어나지 않았기 때문입니다. 겨울에 태어났다면 신약사주에 힘을 불어넣기 위해 물을 더하는 것이 자칫 갑甲이라는 소나무에 물을 주다 얼어버리는 형국이라 생명력에 좋지 않을 수 있습니다.

이 사주의 주인공은 '2020년 연말에 승진할 수 있는가'를 물었습니다. 당시 대운은 병인丙寅, 세운은 경자庚子였습니다. 참고로, 위의 대운은 만 나이 기준입니다. 계축년癸丑年에 태어난 주인공이 2020년에 48세인데 정묘丁卯 대운이라고 생각하실까 봐 말씀드립니다. 병인 대운은 조후 측면에서 좋습니다. 병丙이라는 태양이 인寅이라는 나무를 가지고 있으니 목생화木生火 효과로 병은 힘이 있는 불입니다. 물론 원국과 만날 때 병임충丙壬沖이 되는 것은 조금 아쉽지만 10년 단위의 대운은 전반적인 환경으로도 작용하므로 사주에 따뜻한 온기는 제공할 수 있습니다.

한 가지 더 말씀드리면, 대운을 분석할 때 대운 천간은 10년 중 전반부 5년, 대운 지지는 10년 중 후반부 5년으로 나누어 대입하는 전문가들도 많습니다. 저는 대운 천간, 대운 지지 모두 대운 기간 10년에 걸쳐 영향이 있지만 전반부 5년은 대운 천간에, 후반부 5년은 대운 지지에 가중치를 두고 분석하고 있습니다. 전문가들 사이에서도 의견이 다른 부분이라 참고로 소개합니다.

신약한 사주에서 들어오는 대운 인寅은 비견比肩이라 주인공에게 힘도 됩니다. 다만 일지의 신申과 인신충寅申沖이 되니 회사 생활은 불안정합니다. 이 기간에 사주의 주인공은 수년간 해외에서 근무했습니다. 앞서 일지가 신申이면 인寅이 역마살이라고 했습니다. 따라서 인신충은 역마충, 즉 바쁘게 각지를 다니는 모습이니 실제 상황과 부합합니다.

세운을 보면 경庚 편관과 자子 정인입니다(2020년은 경자년). 경이라는 세운의 천간은 원국 천간의 오른쪽부터 접근하고, 자라는 세운의 지지는 원국 지지의 오른쪽부터 접근합니다. 대운의 천간과 대운의 지지도 접근 방법은 같습니다.

시	일	월	연
壬	甲	壬	癸
申	申	戌	丑

운의 진입 방향	세운
←	庚
←	子

경庚 편관은 신약한 갑甲을 금극목金剋木으로 누르니 신약한 사주에서 안 좋아 보이지만 실제는 다릅니다. 오른쪽부터 접근하면 갑을 만나기 전에 계癸와 임壬이라는 물이 경庚을 먼저 만납니다. 경이라는 금은 계나 임이라는 수를 금생수金生水하여 오히려 물의 크기를 키웁니다. 물은 나무를 수생목水生木으로 도우니 '금생수 → 수생목'의 연쇄 효과로 신약한 사주를 강화합니다.

그러면 지지의 자子도 물이니 수생목 효과가 있을까요? 반대입니다. 오른쪽부터 세운 지지가 원국을 만나면 자子는 축丑을 처음 만납니다. 지지의 육합 이론에서 자축합子丑合이 생각나십니까? 자는 축에 합으로 묶이게 되어 기대만큼 주인공 갑甲에게 수생목을 해주지 못합니다. 합은 좋고 충은 나쁘다는 생각은 버려야 합니다. 첫 사례부터 합충 이론의 핵심을 다루다 보니 어렵긴 합니다. 하지만 이 정도까지 분석하지 않으면 '신약한 사주에서 자子라는 물이 들어와 좋다'라는 식으로 단순하게 해석하게 됩니다. 결과가 같아도 과정을 다르게 이해하면 나중에 다른 사주를 풀이할 때 틀릴 수 있습니다.

종합하면, 사주의 주인공은 가을에 태어난 신약한 소나무 갑甲입니다. 사주 원국을 보면 조후용신 후보가 마땅치 않아 대운이나 세운에서 기다려야 합니다. 그리고 신약하기는 하지만 억부용신 후보는 잘 갖춰져 있습니다. 병인丙寅 대운은 병임충丙壬沖이 조금 아쉽지만 그래도 조후의 단점을 일부 보완합니다. 대운 지지 인寅도 인신충寅申沖 역마의 운으로 정신없는 삶을 살지만 인 자체는 신약한 일간에 비견으로 힘이 됩니다.

경자庚子 세운은 경이라는 편관의 흉凶이 오히려 '금생수 → 수생목'의 연쇄 효과로 신약한 사주에 힘이 됩니다. 편관도 관운, 즉 조직운이니 조직운이 흉할 줄 알았는데 길吉로 바뀌었습니다. 승진운에 유리하다고 판단하는 근거입니다.

게다가 세운 천간인 경은 원국의 일지와 시지에 같은 양陽의 금金인 신申이 있어 왕성한 기운의 관운입니다. 관운도 왕성하고, 금생수를 받은 일간도 강합니다. 전문용어로 '관왕자왕官旺自旺'이라 하며 능히 관운을 사용할 수 있는 경우입니다.

관운이란 무거운 부담을 뜻합니다. 조직은 늘 개인을 짓누르기 때문입니다. 관운의 무게가 무거운데 그 무게를 버틸 힘이 있으면 관운이 큰 것입니다. 큰 관운이 들어왔는데 기운이 강해진 자신의 힘으로 버티니 국내 5위권 대기업 계열사의 상무로 승진합니다. 물론 발표 직전까지는 승진 여부가 불확실해서 조마조마하게 기다렸습니다. 이는 사주의 따뜻함이 다소 부족해서 마음에 여유가 없고, 인신충寅申沖이 원국을 불안정하게 했기 때문입니다.

이어 맞이할 정묘丁卯 대운에서는 정丁이라는 불이 정계충丁癸沖으로 큰 도움이 안 되니 따뜻함이 부족해서 마음의 여유는 여전히 없을 것입니다. 다만 묘卯 겁재는 경쟁자를 뜻하더라도 신약한 사주에서는 일간에 도움이 됩니다. 따라서 문제를 혼자서 해결하려 하지 말고 사내의 선후배, 동료들을 포용하는 리더십을 발휘하며 살아가는 것이 바람직합니다.

사례로 공부하는 핵심 이론

1. 원국의 일간도 강하고 관운도 강한 시기에는 승진 등의 명예운이 있다.
2. 신강·신약 사주의 단점을 해결하는 억부용신뿐 아니라, 태어난 계절의 더위나 추위의 약점까지 보완하는 조후용신까지 완벽하면 원하는 것을 얻는 과정이 수월하다. 또한 봄이나 가을은 여름이나 겨울보다는 사주의 온도를 맞추는 부담이 적다.
3. 대운이나 세운에서 들어오는 천간과 지지의 오행은 각각 원국의 천간과 지지의 오른쪽부터 연年, 월月의 글자들을 만나는 순서로 진입한다. 그 과정에서 원국에 있는 글자와의 합충合沖에 따라 주인공 일간이 대운이나 세운의 운을 만나지 못할 수 있다. 좋은 운이라면 만나야 좋고, 나쁜 운은 만나지 않는 것이 좋다.

합충에서 천간과 지지의 차이

여기서 한 가지 다른 이론적 접근을 소개합니다. 앞 사례에서 세운의 지지 자子가 원국 연지의 축丑을 만나 자축합子丑合이 되어 수생목의 효과가 없다고 했습니다. 그런데 이 부분에 대한 다른 의견도 있습니다. 지지의 합이기 때문에 어느 정도의 영향력은 있다는 견해입니다. 대운이나 세운에서 오는 운이 원국의 천간에서 합이나 충이 되면 만나는 원국의 천간 글자 외의 다른 천간 글자에는 영향을 주지 않지만, 원국의 지지에서는 합이나 충이 돼도 다른 원국의 지지 글자에 영향을 준다는 이론입니다.

이런 주장의 배경에는 '천간에서는 운의 움직임이 가볍고 빠르지만 지지에서는 운의 움직임이 무겁고 느리다'라는 가설이 있습니다. 예를 들면 세운의 천간에서 경庚이 들어오는데 원국의 연간이 을乙이면 합이 되거나, 갑甲이면 충이 되고, 그 순간 세운의 천간 경庚은 기능이 정지됩니다. 반면에 세운의 지지에서 자子가 들어오는데 원국의 연지가 축丑이면 합이 되더라도 어느 정도 시간이 지나면 합이 풀려서 세운 지지 자子는 원국의 월지, 일지, 시지에도 영향을 줍니다. 또 원국의 연지가 오午면 충이 되더라도 어느 정도 시간이 지나면 역시 원국의 월지, 일지, 시지에 영향을 준다고 보는 것입니다.

이 이론에 따르면 위의 사례에서도 '자축합'이 시간이 지나면 풀려서 세운 지지 자子가 신약한 일간을 돕습니다. 게다가 편관 신申과 신자진申子辰 삼합의 반합을 하니 수水 기운이 더 강해집니다.

이 내용을 따로 소개하는 이유는 처음 공부하는 분들에게 혼란을 드리지 않기 위함입니다. 그러나 실전 상담을 하면서 천간과 지지에서 합충의 모습에 미묘한 차이가 있음을 느끼기 때문에 간략하게나마 소개합니다. 일단은 가볍게 읽고 넘어가고 향후 경험하는 사례의 양이 늘어났을 때 참고하면 좋겠습니다.

제가 직업군인 팔자인가요?

	시	일	월	연
천간	편인	主	편인	편관
	丙	戊	丙	甲
지지	辰	寅	寅	子
	비견	편관	편관	정재
지장간	乙	戊	戊	壬
	癸	丙	丙	
	戊	甲	甲	癸

대운	76	66	56	46	36	26	16	6
	편관	정재	편재	상관	식신	겁재	비견	정인
	甲	癸	壬	辛	庚	己	戊	丁
	戌	酉	申	未	午	巳	辰	卯
	비견	상관	식신	겁재	정인	편인	비견	정관

앞 사주의 주인공이 특정 시기의 승진 가능성을 물었다면, 이 사주의 주인공은 평생 직업에 대해 물었습니다. 이 사람은 고등학교를 졸업하고 사관학교에 진학했습니다. 원국을 보고 "사주에 편관 갑甲이 있는데 월지와 일지에 같은 양陽의 목木인 인寅 두 개가 갑甲의 뿌리가 되니 직업군인이 맞아. 편관은 군, 검, 경이라고 들었어"라고 볼 줄 안다면 공부를 열심히 한 것입니다.

연간에 편관이 있다는 것은 초년부터 편관운이 강하다는 것이니 더욱 군인 팔자에 맞는 것 같습니다. 연, 월, 일, 시의 글자들은 각각 초년, 청년, 중년, 말년을 뜻한다는 이론도 있기 때문에 연간의 편관은 만 19세부터의 사관학교 생활과 궤를 같이합니다.

그런데 문제는 이 사람이 평생 군인을 할 것이냐는 점입니다. 결론부터 말씀드리면 그는 임관 후 의무복무 5년만 하고 제대했습니다. 당시 그는 20대 후반이었고, 적지 않은 나이에 명문 대학에 다시 들어갔습니다. 30대 후반인 지금은 회사원입니다. 만 나이 26세 대운인 기사己巳 대운의 기己가 원국의 편관 갑甲과 합合이 되는 점에 주목하는 것이 이 사주 분석의 핵심입니다(만세력 책이나 프로그램에 따라 대운의 기준이 만 나이가 아닌 경우도 있습니다).

대운도 2010년에 바뀌는데 마침 2010년은 경인년庚寅年입니다. 세운의 천간 경庚이 원국 연간의 편관과 갑경충甲庚沖을 합니다. 편관이 대운에서는 갑기합甲己合으로 묶어 기존 관운을 정지시키는데, 세운에서는 갑경충을 하니 새로운 방향으로 진로 전환을 하려는 마음이 생깁니다. 이 시기에 제대를 결심하는 이유입니다.

참고로 말씀드리면, 사례 경험이 많이 쌓인 경우 천간의 편관 갑甲을 지지에서 버텨주며 뿌리 역할을 하는 인寅이 두 개인 것만 봐도 한 직장을 평생 다니지 않을 것임을 몇 초 만에 알 수 있습니다. 갑甲의 뿌리가 두 개면 일하는 분야나 직장도 두 개 이상이 되기 때문입니다. 이 사례는 이직 여부만 다뤘지만 나중에 분석도 해보시기를 권합니다. 힌트를 드리면 인월寅月의 무戊라는 흙은 추운 계절이라 조후용신이 중요한데 심지어 약간 신약한 사주입니다.

사례로 공부하는 핵심 이론

1. 원국의 관운에 합과 충이 복잡하게 오는 시기에는 이직 등의 변화가 있다.
2. 특히 천간의 관운이 합이 되는 시기에는 기존 직장에서의 운로가 막히게 된다. 단, 원국 분석의 결과 관운이 나에게 나쁜 흉신凶神·기신忌神일 경우는 관운이 합이 되는 대운 또는 세운의 시기에 조직 내 또는 외부에서 좋은 기회가 올 수 있다.

직장 내 갈등으로 이직했습니다

	시	일	월	연
천간	편재	主	편관	편인
	乙	辛	丁	己
지지	未	卯	卯	未
	편인	편재	편재	편인
지장간	丁	甲	甲	丁
	乙			乙
	己	乙	乙	己

	73	63	53	43	33	23	13	3
대운	편재	정재	식신	상관	비견	겁재	편인	정인
	乙	甲	癸	壬	辛	庚	己	戊
	亥	戌	酉	申	未	午	巳	辰
	상관	정인	비견	겁재	편인	편관	정관	정인

해외에서 박사과정을 마치고 유명 연구기관에 계약직으로 취업한 분의 사주입니다. 당시 세계적으로 주목받던 분야를 전공했기에 입사하자마자 선배가 공동 프로젝트를 제안했습니다. 그러나 사주의 주인공은 선배의 전공 분야가 연구 시너지를 내기 어렵다고 보고 거절했죠. 문제는 이 선배가 조직 내에서 영향력이 컸던 사람이라는 점이었습니다. 이후 그 선배는 공개적인 자리가 있을 때마다 주인공의 사내 평판에 불리한 발언을 했습니다. 급기야 정규직 전환이 어려울 것으로 보고 주인공은 이직을 결심했습니다.

사주의 어떤 특징이 이런 상황을 만들었을까요? 우선 원국의 특징을 바탕으로 타고난 요인을 이해하고 대운과 세운까지 분석하면 원인을 가늠할 수 있습니다.

사주 주인공 일간은 신辛이라는 음陰의 금金으로 보석과 칼을 뜻합니다. 십간十干 중에서도 가장 날카롭고 예민한 성격의 일간으로 알려져 있습니다. 그리고 주인공 일간과 접해 있는 글자 중에 편재인 을乙과 묘卯가 많다는 점에 주목해야 합니다. 여기에 목木으로 변하는 해묘미亥卯未 삼합三合의 반합半合인 묘미의 조합까지 두 개나 있으니 목의 기운이 매우 강합니다.

주인공 일간이 날카로운 칼로서 주변의 나무들을 쳐내니 주변의 부당한 요구를 들어주는 성격이 아닙니다. 그렇다고 일간 금의 기운이 강해서 주변의 목 기운을 제압하는 상황도 아닙니다. 소신은 지키되 피해를 보는 이유입니다. 만일 사주에 물의 기운이라도 있었다면 금극목金剋木이라는 충돌이 아니라 금생수金生水, 수생목水生木으로 부딪힘을 피해 가는 유연성이 있습니다. 그러나 원국에는 지장간에서조차 수水의 오행이 없습니다.

이런 이야기를 듣고 오해하지 말았으면 하는 부분이 있습니다. 주변의 부당한 요구를 들어주라는 이야기가 아닙니다. 사주는 자연의 일부인 인간의 한 상황을 건조하게 읽어나갈 뿐입니다. 약하지만 날카로운 금속이 주변과의 갈등을 피하지 않고 정면 승부를 하는 모습을 인간사로 해석하면 이런 모습인 것입니다.

그런데 여기까지만 해석하면 갈등 상황 전체를 이해하지는 못합니다. 조직운을 뜻하는 관운까지 봐야 하죠. 원국의 강한 목木 기운은 월간의 편관 정丁을 목생화木生火하여 더 큰불로 만듭니다. 경庚이나 신申은 원석原石이라 강한 불의 제련을 받을 때 새로운 용도를 얻기도 하지만, 이미 제련이 끝난 신辛이나 유酉는 강한 불을 싫어합니다. 이미 제철소를 한번 다녀와 세상의 용도가 정해진 상황에서 또 녹이겠다고 불을 들이대면 싫어하는 이치죠.

물론 정丁과 신辛 사이에 토의 기운이 있다면 화생토火生土, 토생금土生金이라는 연속적인 생生의 구조로 화극금火剋金을 피할 수 있습니다. 그러나 원국에 있는 미未라는 토는 일간과 거리가 멀어 화극금을 피하는 중간 사다리가 될 수 없습니다. 게다가 미는 지장간 안에 정이 있어 이미 뜨거운 흙인데 화생토가 되면 더욱 뜨거운 흙이 됩니다. 사막과 같은 흙이 시간이 흐른들 바위라는 원석, 즉 양의 금으로 바뀌는 토생금土生金이 되기는 어렵습니다.

이 사주의 주인공은 언제 이직했을까요? 2019년 기해년己亥年에 했습니다. 해亥는 두 가지 변화를 원국에 가져옵니다. 첫째는 해묘미亥卯未 삼합의 강화입니다. 묘미만 있던 원국의 지지地支에 해묘미의 삼합이 완성되어 목木의 기운이 강화됩니다. 땔감인 나무가 커지면 목생화木生火도 강해지므로 편관 정丁도 힘이 세집니다.

둘째, 해亥는 화생토火生土, 토생금土生金의 연쇄 작용을 가능하게 합니다. 기해년 세운 천간인 기己라는 흙은 세운 지지에 있는 해亥라는 수의 기운을 가지고 들어오므로 습기가 있는 흙입니다. 불의 기운을 적절히 흡수하여 생금生金을 할 수 있는 흙이 됩니다. 따라서 그동안 직접 화극금火剋金을 하며 일간을 괴롭히던 편관 정丁이 기해년에는 원국을 직접 극剋하지 않으니 관운에 유리한 해가 됩니다. 이 시기에 새로운 조직으로 탈출구를 찾은 이유입니다.

이 사례는 신약사주라며 일간을 돕는 기운이 무조건 좋다고 보면 해석의 오류를 가져올 수 있음을 보여줍니다. 미未는 편인으로 일간의 기운을 강화하지만 묘미卯未 합으로 작용하면 목의 기운이 강화되고, 목은 화를 강화해 정丁 편관이 일간을 극剋하며 부담을 주는 구조는 여전히 존재하기 때문입니다.

사주 원국의 기己가 일부 정丁의 기운을 화생토火生土로 덜어가지만 그 효과는 제한적입니다. 토가 화와 금 사이에 있지 않고, 기己가 깔고 있는 흙인 미未가 지장간에 정丁을 품고 있는 더운 흙이라 기己의 열기 흡수력을 제한하는 것도 아쉽습니다.

정리하면, 신약한 일간이니 편인을 억부용신으로 사용해 생활을 영위하나 관운의 갈등은 오히려 강화되는 구조입니다. 생계를 위해 회사를 다니지만 상사가 정신적으로 힘들게 하는 팔자의 전형적인 예입니다. 그러면 앞으로 어떻게 해야 행복한 삶을 살 수 있을까요?

그 답은 대운에 있습니다. 만 나이 43세부터 새로운 임신壬申 대운입니다. 대운의 천간이자 상관인 임壬은 대운 지지에서 금생수金生水를 하는 신申과 함께 오니 강한 물의 기운입니다. 그렇다면 관운官運, 즉 조직운에 해당하는 원국의 편관 정丁과 대운 천간 임壬이 정임합丁壬合을 하여 관운을 정지시키니 이 기간에 직장을 잃는다고 해석할까요? 답부터 말씀드리면 그렇지 않습니다.

원국의 연주인 기己가 토극수土剋水를 하여 대운에서 들어오는 강력한 수의 기운을 적절히 통제합니다. 그러나 물의 기운이 매우 강해 기미己未라는 연주年柱의 제방을 넘어 정丁이라는 불에까지 물이 접근합니다. 불을 끄지는 않아도 불의 화력은 제어하게 됩니다.

이 사주에서 불의 기운이 나를 괴롭히니 조직에서 갈등을 겪곤 했는데, 새로운 대운의 기간에는 직장 내 괴로움이 다소 줄어들 수 있습니다. 대운 지지의 신申은 겁재지만 신약사주에서 활용할 수 있습니다. 다만 경쟁 상대라는 겁재의 특성상 나의 이익을 나눠 주는 것이 공존하는 비결입니다.

대운 천간의 상관은 왕성한 활동의 기운입니다. 여러 활동을 왕성하게 하되 주변 동료들과 혜택을 나눈다는 마음으로 살면 조직 내에서 조화를 이룰 수 있고 직업적인 성공까지 노려볼 만합니다.

사례로 공부하는 핵심 이론

1. 신辛은 이미 제련된 금속이라 화火가 다시 자신을 녹이려 하는 것을 반가워하지 않는다.
2. 사막과 같이 더운 흙은 토생금土生金 작용이 원활하지 않다.
3. 억부적으로는 신약한 사주라서 비견, 겁재, 정인, 편인 등의 용신을 사용하더라도 조후적인 약점이 해결되지 않으면 용신이 가져오는 만족도는 감소할 수 있다.

승진운, 재물운이 없어도 성공할 수 있다

	시	일	월	연
천간	정인	主	상관	정인
	乙	丙	己	乙
지지	未	戌	丑	卯
	상관	식신	상관	정인
지장간	丁	辛	癸	甲
	乙	丁	辛	
	己	戊	己	乙

대운	80	70	60	50	40	30	20	10
	정재	편관	정관	편인	정인	비견	겁재	식신
	辛	壬	癸	甲	乙	丙	丁	戊
	巳	午	未	申	酉	戌	亥	子
	비견	겁재	상관	편재	정재	식신	편관	정관

이번 사례의 사주 원국에는 돈을 뜻하는 정재나 편재도 없고 관운을 뜻하는 정관이나 편관도 없습니다. 심지어 지지에는 축술미丑戌未라는 삼형살三刑殺까지 있습니다. 그러면 재물운도 없고 출세도 못 하고 삼형살에 되는 일도 없는 사주라고 말할 수 있을까요?

이제 이론을 조금씩 활용하기 시작한 초심자에게는 어려운 사례입니다. 이 사주의 주인공은 대기업 임원으로, 서울 강남권에 아파트가 두 채나 있습니다. 재물운도 있고 관운도 있는 사주가 틀림없죠. 그러면 돈과 출세를 모두 잡은 비결은 어디에 있을까요?

주인공인 태양 병丙은 한겨울 축월丑月에 태어났습니다. 추운 시기에 태어난 일간은 조후부터 보는 것이 순서입니다. 사주 원국에서 일간을 제외한 나머지 일곱 글자 중에 화火는 없지만 목木이 세 개나 있고, 지장간에 정丁이 두 개 있습니다. 태어난 시간인 미시未時는 겨울 중에서는 그나마 태양이 있는 시기입니다.

그래서 추운 겨울에 태어난 사주치고는 온기에 따른 우려가 크지 않습니다. 신강·신약 분석으로 보면 신약사주입니다. 일간을 돕는 비견, 겁재, 정인, 편인 중에 정인만 세 개가 있습니다. 일간을 돕는 기운과 나머지 기운이 3 대 4의 비중이니 아주 신약한 것은 아닙니다.

종합하면, 조후용신은 추운 겨울의 화火인 일간의 화기火氣를 땔감으로 키워주는 목木인데, 마침 억부용신도 신약한 일간을 생生하는 목이 됩니다. 조후용신과 억부용신이 일치하고 원국 안에 있으면 대운이나 세운에 따른 부침의 폭이 작습니다. 이미 필요한 기운을 원국에 타고났기 때문입니다.

이제 용신의 품질검사를 해야 합니다. 용신인 목木이 힘이 있는지 확인해야 사주의 수준을 알 수 있습니다. 용신이 원국에 있어도 힘이 없으면 영향력이 떨어집니다. 지지나 지장간에 용신을 돕는 글자가 있으면 힘이 있는 것입니다.

목이 용신이니 연주의 을묘乙卯를 보겠습니다. 천간과 지지가 모두 목이니 강한 나무라서 유용합니다. 아쉬운 게 하나 있다면 주인공 일간과 거리가 떨어진 것인데, 일지인 술戌과 묘卯가 묘술卯戌 합이니 다행입니다.

일지는 주인공 일간의 생활환경이자 몸으로도 해석합니다. 용신 후보인 을묘乙卯라는 목이 일지인 술戌과 합이 되어 있는 것은 용신과 인연이 있다고 봅니다. 또 다른 용신 후보인 시간의 을乙도 바로 아래의 글자인 미未의 지장간 안에 을乙이라는 같은 글자가 있어 약하지 않습니다.

일지 또는 지장간에 어떤 글자의 비견, 겁재, 정인, 편인에 해당하는 글자가 있으면 뿌리가 있다고 하며 적절히 사용할 수 있는 기운으로 간주합니다. 용신 정인은 문서운, 공부운입니다. 사주의 주인공은 명문 대학을 나와 해외에서 세계 3대 경영대학원이라 할 수 있는 비즈니스스쿨에서 MBA를 취득했습니다. 그리고 원국의 문서운으로 주인공은 부동산 투자에 몰입하게 됩니다. 30대 초반부터 부동산 공부는 물론, 틈만 나면 임장을 다니는 등의 노력으로 10여 년 후 강남 아파트 두 채를 일구었습니다.

그러면 이 사주에 정관, 편관이라는 관운이 없고 정재, 편재라는 재물운이 없는 것은 어떻게 해석해야 할까요? 관운이 없는 사람이 전반적인 운이 좋다면 전형적인 관운의 방식이 아닌 다른 방식으로 출세합니다.

전형적인 관운의 방식이란 무거운 조직이 나를 짓누르는데 이를 오래 버티는 것입니다. 조금 더 쉽게 설명하자면 이렇습니다. 성공한 기업의 CEO는 헬스클럽에서 무거운 덤벨을 들고 버티는 사람과 같습니다. 어떤 사람은 30킬로그램 정도 들다 포기하지만 어떤 사람은 힘들어 온몸을 쥐어짜면서도 200킬로그램을 들고 버팁니다.

이렇게 고통 속에서도 버티는 힘이 바로 관운의 본질입니다. 덤벨을 10킬로그램 단위로 차근차근 올리는데 힘들어도 계속 버티니 100킬로그램, 200킬로그램을 들게 되는 것이죠. 신입부터 차근차근 올라가서 어느 순간 리더가 되는 모습은 그에게 올려지는 책임감의 무게가 점차 커지는 모습으로 전형적인 관운의 방식입니다.

그러나 이 사주의 주인공은 다른 방식으로 출세했습니다. 외국계 회사를 오래 다니다가 경력직 부장으로 입사했는데 그룹 최고위층의 신임을 받고 어린 나이에 임원이 되었습니다. 본인만의 특별한 전문 분야를 인정받은 것인데, 대운에서도 당분간 관운이 들어오지 않으니 남들과는 다른 방식으로 승진을 노려야 합니다.

이제는 돈 이야기를 해보겠습니다. 정재, 편재 등의 재물운이 없어도 부동산으로 부를 축적한 건 용신 정인이 쓸 만했기 때문입니다. 실제 다른 사례들을 봐도 큰 부를 일군 창업자의 사주 중에 정재, 편재가 없는 경우도 많습니다. 이런 경우 식신, 상관 등을 사용하는 경우가 많은데, 일하는 중간 과정인 식신, 상관이 발달하면 일을 잘한 대가는 때가 되면 언젠가는 들어온다고 보기 때문입니다.

다만 이 사례는 식신, 상관을 직접 사용한 것은 아니고 용신인 정인의 품질이 좋아 부동산으로 재물운의 승부를 본 것입니다. 정인은 문서운인데, 부동산 매입운은 대표적인 문서운이기 때문입니다.

그런데 위의 주인공은 가끔 부동산 외의 사업을 하면 어떨까 하는 마음을 품습니다. 현재의 대운인 을유乙酉에서 정재가 들어왔기 때문입니다. 재물운이 들어오니 돈에 대한 욕심이 커진 것이죠. 그래도 정재운이라서 편재가 아니니 욕심을 통제할 수 있습니다. 편재는 고위험·고수익을 뜻하니 일확천금으로 마음이 움직이기 쉽습니다. 반면에 정재는 안정된 재물을 뜻하므로 계획적이고 객관적인 마음으로 재물을 바라볼 수 있습니다.

그렇다면 사주의 주인공은 사업을 하는 것이 좋을까요? 아닙니다. 원래 신약한 사주가 을유 대운의 을乙로 힘을 받고, 을은 정인 문서운이라 부동산에 성공했습니다. 그런데 유酉라는 정재로 자신의 힘을 쏟으면 정재는 일간의 기운을 빼가므로 신약한 정도가 심해지니 노력 대비 성과는 적습니다.

신약사주는 생生을 받으면서 성공의 길을 찾아가는 것이 좋습니다. 즉 정인, 편인, 비견, 겁재를 이용하는 것이죠. 그러나 대운의 특정 시기에 있는 정재나 편재는 당분간 사업으로 마음을 기웃거리게 할 겁니다. 이를 잘 참아내는 것이 40~50대 시기의 숙제입니다.

사례로 공부하는 핵심 이론

1. 원국에 정관, 편관이 없어도 출세할 수 있고 정재, 편재가 없어도 부자가 될 수 있다. 사주의 장점, 즉 용신에 해당하는 십신+神의 성향에 맞게 노력하면 성공할 수 있다.
2. 조후용신과 억부용신이 일치하고 원국 내에 있으며 해당 용신의 기운이 강한 사주는 대운과 세운에 따른 성패의 부침이 적다.

고액 연봉 사주는 따로 있다?

	시	일	월	연
천간	편인	主	상관	편인
	乙	丁	戊	乙
지지	巳	巳	子	巳
	겁재	겁재	편관	겁재
지장간	戊	戊	壬	戊
	庚	庚		庚
	丙	丙	癸	丙

	73	63	53	43	33	23	13	3
대운	겁재	편인	정인	편관	정관	편재	정재	식신
	丙	乙	甲	癸	壬	辛	庚	己
	申	未	午	巳	辰	卯	寅	丑
	정재	식신	비견	겁재	상관	편인	정인	식신

위 사주 원국은 외국계 회사의 한국 지사 대표로 본사에서도 고위 임원에 속하는 직장인의 사주입니다. 앞서 십이지十二支 중 사巳를 설명할 때 일부 글자를 지우고 소개한 사주인데요. 그때 이 사주의 주인공이 재물복이 남다른 이유는 지장간地藏干에 있으며 뒤에서 자세히 설명한다고 했습니다. 앞에서 다룰 때는 십신과 지장간을 배우기 전이라서 설명할 수 없었습니다.

원국의 핵심은 다음과 같습니다. 겨울의 정丁이라는 촛불이 약할 것 같지만 다행히 다른 글자들에 목木이 두 개, 화火가 세 개라서 온도의 부담이 없습니다. 이럴 때는 조후용신 후보를 무리해서 찾지 말고 바로 억부용신 후보를 찾습니다.

목과 화가 많다는 것은 힘의 균형에서도 나를 돕는 기운이 강하니 일간은 신강합니다. 따라서 억부용신 후보는 강한 불을 눌러주는 물인 편관 자子와, 강한 불의 기운을 빼주는 큰 흙인 상관 무戊가 됩니다. 그런데 용신 후보인 무戊는 다른 용신 후보인 자子를 토극수土剋水로 공격하는 모습입니다. 용신 후보끼리 싸우는 이런 모습은 과연 괜찮을까요?

물론 용신 후보끼리 싸우면 좋을 리 없습니다. 다행히도 지장간이 해결사로 등장합니다. 사巳가 지지에 세 개나 되고 각각의 지장간에는 경庚이 있습니다. 세 개나 있기에 숨어 있는 글자지만 약하지 않은 금金이 됩니다. 토생금土生金, 금생수金生水로 무戊와 자子의 갈등을 중재해 갈등 구조가 해결됩니다.

원국 전체의 관점에서 의미를 되짚어보겠습니다. 일간 정丁은 목의 생生을 받아 기운이 강해지고, 세 개의 사巳까지 있어 화 기운은 더욱 강합니다. 강한 불의 기운이 차가운 겨울 흙인 무戊로 방출되니 무도 힘이 세집니다.

무는 강한 힘을 지장간 경庚을 생生하는 데 쓰고, 경은 그 힘을 자子로 보내 금생수金生水합니다. 여러 단계를 거쳐 생生의 기운이 누적된 자子는 작은 음陰의 수水가 아니라 큰 힘을 가진 물이 됩니다. 편관 수水가 폼 나는 조직운이 되는 이유입니다. 게다가 중요한 역할을 하는 경庚은 안정된 월급을 뜻하는 정재正財입니다. 지장간에 숨겨진 월급 보따리가 세 개나 되는 형상입니다. 남들이 선망하는 회사에 다니며 고연봉자가 될 가능성이 있는 것이죠.

시기별로 보면 주인공은 임진壬辰 대운부터 업계에서 두각을 드러내다가 계사癸巳 대운에는 더욱 높은 자리에 올랐습니다. 임壬도 물이지만 진辰이 월지 자子와 신자진申子辰 삼합의 반합을 하여 물의 기운이 강화되니 관운 상승의 시기라 이때부터 전성기가 시작됩니다.

이후 갑오甲午 대운 중에 월지 자子와 자오충子午沖을 해서 관운의 변동이 되니 이 시기에 은퇴하거나 적어도 지금의 직장을 떠날 것입니다. 원국의 여덟 글자나 숨은 지장간의 글자들에 장점이 있어도 결국 특정 대운이나 세운에 따라 세상에 드러나는 정도는 달라집니다. 따라서 시기별 운의 분석은 늘 세심하게 해야 합니다. 그리고 아무리 좋은 사주라도 올라갔다면 내려오는 시기가 있으니 이것도 대운과 세운의 분석으로 가늠합니다.

정리하면, 지장간 덕분에 용신 후보인 무戊 상관과 자子 편관을 모두 사용할 수 있게 되었습니다. 용신 두 개가 모두 힘이 있고 서로 싸우지 않으니 상관의 장점과 편관의 장점 모두 삶의 무기가 됩니다. 어떤 사람들은 용신 하나도 쓸까 말까 한데 무기가 두 개가 되니 정말 부러운 사주입니다.

상관은 왕성한 에너지라 실제 달변가에 고객을 설득하는 능력이 압도적입니다. 영업 실적도 탁월합니다. 뛰어난 영업사원 중에는 상관을 잘 사용하는 사람이 많습니다. 또한 편관의 덕으로 조직에서 높은 사람이 됩니다. 원국 구조를 보면 목, 화, 토, 금, 수의 오행들이 순차적으로 생生의 작용을 합니다. 이렇게 되면 대운이나 세운에 따른 부침도 적고 격이 높은 삶을 살게 되죠.

물론 강한 편관을 잘 사용하는 경우는 일반적인 대기업 관리직 임원이나 행정부처의 고위 관료보다는 외국계 회사나 특수 전문직, 군, 검, 경, 언론 등의 공공기관에서 출세합니다. 실제로 사주의 주인공은 외국계 회사에서 전문직으로 종사하고 있습니다.

사례를 마무리하기 전에 한 가지 짚고 넘어갈 것이 있습니다. 만약 지지의 화火 기운이 사巳가 아니라 오午였다면 어땠을까요? 그랬다면 자오충子午沖이 일어나 편관운이 깨지니 지금과 같은 출세를 하기도 어렵고, 월급만으로 경제적 자유를 이루지 못했을 것입니다. 여기서 우리는 화火가 중요한 것이 아니고 사巳냐, 오午냐가 더 중요한 것임을 알 수 있습니다. 오행을 십간십이지로 세분화해 사용해야 하는 이유입니다.

사례로 공부하는 핵심 이론

1. 지장간도 어느 정도 세력을 이루면 사주의 성공에 크게 기여할 수 있다.
2. 용신을 찾을 때 화火와 같은 오행 단계가 아니라 병丙, 정丁, 사巳, 오午와 같은 십간십이지 수준에서 파악해야 한다. 합충에 따라 용신의 쓰임이 달라지는데 십간십이지 단계에서 합충 분석을 한다.

관운이 없어도 대운의 덕으로 출세할 수 있다?

	시	일	월	연
천간	비견	主	겁재	정인
	甲	甲	乙	癸
지지	戌	戌	丑	丑
	편재	편재	정재	정재
지장간	辛	辛	癸	癸
	丁	丁	辛	辛
	戊	戊	己	己

대운	79	69	59	49	39	29	19	9
	상관	편재	정재	편관	정관	편인	정인	비견
	丁	戊	己	庚	辛	壬	癸	甲
	巳	午	未	申	酉	戌	亥	子
	식신	상관	정재	편관	정관	편재	편인	정인

세계적인 IT 회사 한국 지사장의 사주입니다. 30대 후반에 국내 5대 그룹 계열사에 전무로 특채되어 출세 가도를 달렸습니다. 특 A급 샐러리맨이니 관운이 좋은 사람입니다. 그런데 사주 원국에 정관이나 편관이 하나도 없습니다. 그렇다면 지장간에 있는 정관 신辛 때문에 출세를 한 것일까요? 맞습니다. 지장간에 정관 신辛이 네 개나 있는 것이 눈에 보였다면 대단한 실력입니다.

다만 땅에 묻혀 있는 지장간의 글자가 유용하게 쓰이려면 대운이나 세운에서 지장간의 장점을 부각시키는 기운이 들어와야 그 잠재력이 세상에 드러날 수 있습니다. 따라서 이 사례도 대운의 흐름이 출세의 핵심입니다.

원국을 차근차근 분석해보겠습니다. 일간은 갑甲이니 소나무로, 큰 나무답게 하늘로 높이 솟는 것을 좋아합니다. 리더십이 있고 매사 주도적인 성향이 있습니다. 앞서 원국이 너무 춥거나 더우면 조후용신이 필요하다고 했습니다. 축월 술시에 태어났으니 양력 1월 초에서 2월 초 사이, 저녁 7시 30분에서 9시 30분 사이의 한겨울 밤에 태어났습니다. 추운 계절의 소나무인 셈이죠.

이러니 조후용신으로 화火가 필요합니다. 일지와 시지 술戌 아래 각각 지장간 정丁이 있습니다. 땅속의 불씨라 용신의 품질이 약합니다만 두 개이니 없는 것보다는 낫습니다. 다만 원국의 여덟 글자에 드러나 있지 않고 지장간에만 있으니 대운이나 세운에서 따뜻한 오행이 올 때라야 만족한 수준으로 조후용신 기능을 합니다. 신강·신약 분석으로 넘어가면 축丑은 정재, 술戌은 편재라 원국 지지의 모든 글자가 재성財星으로 일간이 취하려는 재물에 해당합니다. 이 과정에서 일간은 자신의 힘을 사용하니 사주를 신약하게 만듭니다.

일간의 기운을 돕는 갑甲, 을乙, 계癸가 있지만 지지가 모두 정재와 편재이니 종합적으로 판단하면 신약사주입니다. 신약사주라 억부용신 후보는 수水나 목木인데 원국의 갑甲, 을乙, 계癸는 지지에 뿌리가 약해 용신 품질이 낮습니다. 지장간 계癸가 도움이 약간 되지만 충분하지 않다고 보고, 대운이나 세운에서 수나 목이 오기를 기다립니다.

초년의 대운을 보면 강한 물의 기운이 넘칩니다. 자子, 계癸, 해亥, 임壬으로 이어지니 정인, 편인이 신약한 목木을 생生합니다. 초년의 정인, 편인은 공부운입니다. 재수 한 번 하지 않고 서울대에 입학했습니다. 조후적으로 불의 기운이 약한 것은 아쉽습니다. 그러나 원국의 천간에 병丙이나 정丁이 있는 상황에서 대운에 강한 물이 들어와 원국의 불을 끄는 것보다는 원국에 불이 없는 것이 아예 낫습니다.

20대 후반까지 조후적으로 불이 없는 아쉬움은 커리어의 방황으로 연결됐습니다. 남들이 보기에는 부러운 학벌이지만 공부를 더 하려고 대학원에 진학했다가(석사 학위) 결국 학자의 길은 아니라고 판단하고 외국계 컨설팅 회사에 취업합니다. 그런데 관련 업계의 가장 유명한 회사들에 취업하는 것은 실패하고 그다음으로 좋은 회사에 들어갑니다.

우여곡절 끝에 몇 년 후 다시 신입으로 원하던 기업에 취업하지만 얼마간 다니고 난 뒤 이직하고 유학을 준비합니다. 미국 MBA에 가지만 역시 하버드, 와튼스쿨, 스탠퍼드 등 최정상급 대학에 진학하는 것은 실패합니다. 2003년 계미년癸未年 가을에 유학을 준비했는데 이때 대운, 세운,

원국의 지지들이 축술미丑戌未 삼형三刑을 형성합니다. 그렇잖아도 토土의 기운이 과다한데 더욱 강화되고, 게다가 삼형살을 이루니 원하는 결과를 얻지 못합니다.

그러다 2005년 을유년乙酉年에 미국에서 당시 빠르게 성장하던 유명 회사의 인턴으로 일하게 되었고, 2006년 병술년丙戌年에 정규직으로 취업합니다. 을유년의 유酉를 단순 해석하여 정관正官 운이니 이때 구한 인턴 자리가 다음 해의 취업으로 이어졌다고 해도 결과적으로는 맞습니다. 다만 진짜 이유는 그렇게 단순하지 않습니다.

주인공은 신약사주이므로 정관운은 조심해서 써야 합니다. 잘못하면 일간을 극剋하게 되고 신약한 일간은 다치기 때문입니다. 다행히 사주 주인공의 원국 구조를 보면 정관운은 좋게 작용합니다. 왜 그럴까요? 유酉는 지지의 축丑과 사유축巳酉丑 삼합의 반합이 되어 금金 기운을 강화합니다. 토土의 기운이 과다한 것은 사주의 단점인데 강한 금 기운은 강한 토의 기운을 토생금土生金으로 빼줄 수 있습니다.

토의 생生을 받은 금은 기운이 강해지고, 강한 금 기운은 수水를 생生합니다. 연쇄적으로 일간 갑甲도 강해지니 신약했던 사주의 문제가 해결됩니다. 이것이 2005년에 귀한 인턴십 자리를 얻고 이후의 정규직까지 연계된 이유입니다. 물론 정관운이 유酉이니 취직으로 풀린 것은 맞지만 단지 정관운이라 취업이 잘되었다고 하면 위험한 해석입니다. 2006년 병술년의 병丙이 조후적으로 좋은 것도 이 해에 정규직 제안을 받는 데 도움이 되었을 겁니다.

세운을 분석할 때는 한 가지 중요한 기술이 있습니다. 가령 병술년이라면 병丙에 해당하는 세운 천간이 한 해의 상반기에 먼저 영향을 미친다는 점입니다. 천간은 빠르고 가볍게, 지지는 느리고 무겁게 움직이기 때문입니다. 바로 앞에서 언급했던 부분입니다(225쪽 '합충에서 천간과 지지의 차이' 참고). 이 부분은 천간지지의 합충에도 영향을 미치므로 기억은 해두시되, 전문가들의 영역이므로 일단 세운에서는 천간의 효과가 빨리 체감된다고만 기억하세요. 사주의 주인공은 2006년(병술년) 정규직 취업으로 기뻤지만 적응하기까지 고생을 많이 했습니다. 후반기에 강화되는 술戌이 유리한 운은 아니기 때문입니다.

이 사주의 하이라이트는 39세 대운부터 20년 동안 들어오는 관운입니다. 이 사주는 토土가 네 개나 되면서 신약사주를 만드는 것이 단점이었습니다. 그런데 신유辛酉, 경신庚申으로 이어지는 대운은 아주 강한 금의 기운이라 강한 토의 기운을 충분히 흡수합니다. 즉 토생금土生金이 원활히 되는 것이죠. 왕성한 금은 수를 생生하고 수는 일간 갑甲을 생生하는데 이 기운이 아주 강하니, 이 시기가 직업적으로 황금기가 됩니다.

이런 변화를 가져오는 대운이 정관 10년, 편관 10년의 관운들이므로 이 시기에 조직의 리더로서 크게 성공하는 것입니다. 만 39세부터 시작하는 신유辛酉 대운 기간 중인 2012년 임진년壬辰年에 사주의 주인공은 30대 후반의 나이로 대기업 전무가 됩니다. 이 시기에는 아예 조후용신은 고려하지 않고 억부용신으로 승부하는 것이죠.

진辰이라는 글자는 대운의 금 기운, 세운 천간의 임壬과 함께 토생금, 금생수로 이어지니 큰 문제는 없지만 진술충辰戌沖으로 약간의 혼란은 있습니다. 이직하고 초기에 적응하느라 고생한 이유입니다.

물론 사주에 조후용신이 없다는 것은 아쉬운 일입니다. 화의 기운까지 완벽했다면 당시 회사에서 승승장구했을 겁니다. 그러나 여러 사정으로 몇 년 후 다른 유명 회사의 고위직으로 이직합니다. 새로 옮긴 회사에서 3년 정도를 보낸 후 지금의 외국계 회사 한국 지사장으로 부임하게 되었죠.

대운의 힘으로 계속 고위직을 유지하지만 조후용신이 없어 기업 내에서 초기 적응이 어렵거나 성과를 내도 그 과정에서 고생을 많이 하는 상황을 맞이합니다. 그리고 기미己未 대운에 사주의 토土가 과다해지니 이 기간에 대외적으로 유명한 경력은 종료될 것으로 예상합니다.

사례로 공부하는 핵심 이론

1. 조후용신이 약하더라도 억부용신이 훌륭하면 사회적으로 성공할 수 있다. 그러나 온도 차가 맞지 않아 발생하는 부분적인 약점은 상존한다.
2. 신약한 사주라고 무조건 관운이 나쁘다고 보면 안 된다. 관성(정관, 편관)이 사주의 과다한 재성(정재, 편재)의 기운을 흡수한 후 인성(정인, 편인)을 생生하면 신약사주의 약점을 보완할 수 있다. 그리고 관성의 덕으로 조직에서 출세하게 된다.

이직이 잦아서 고민이라면

	시	일	월	연
천간	편인	主	정재	식신
	己	辛	甲	癸
지지	亥	丑	子	丑
	상관	편인	식신	편인
지장간	戊	癸	壬	癸
	甲	辛		辛
	壬	己	癸	己

대운	79	69	59	49	39	29	19	9
	정관	편관	정인	편인	겁재	비견	상관	식신
	丙	丁	戊	己	庚	辛	壬	癸
	辰	巳	午	未	申	酉	戌	亥
	정인	정관	편관	편인	겁재	비견	정인	상관

이 사주의 주인공은 여덟 번 이상 이직을 했습니다. 회사를 겨우 1년 미만 다니고 옮긴 경우도 여러 번입니다. 명문대를 나왔고 유명 대기업 근무 경험도 많지만 이직이 잦다 보니 40대 중반부터는 채용시장에서 환영받기 어렵게 되었다고 토로했습니다.

주인공이 한 군데 정착하지 못했던 이유는 과연 무엇일까요? 원국 분석에서 가장 주목할 점은 겨울밤에 태어난 차가운 금속이 더욱 차갑게 되었다는 특징입니다. 자월子月은 양력 12월 초에서 1월 초 사이이고 해시亥時는 밤 9시 30분에서 11시 30분 사이입니다.

지지의 축丑이라는 흙도 지장간 안에 금金인 신辛과 수水인 계癸를 가지고 있어 차가운 흙입니다. 더구나 수水로 변하는 해자축亥子丑 방합方合이 있습니다. 일간이 신辛이면 예민한 성격의 소유자인데 사주 원국에 찬 기운이 가득합니다.

지장간을 살펴봐도 한 점 불씨가 없습니다. 관운이 존재하지 않는 것이죠. 정재인 갑甲도 옆의 계癸라는 수水가 나무에 물을 주는 의미가 아니라 추운 겨울에 물을 부어 나무에 매달린 고드름을 만드는 모습입니다. 나무의 생명력도 얼어버리니 월급 또는 안정적 수입을 뜻하는 정재에도 문제가 심각합니다. 대운을 살펴봐도 50세 전까지는 수와 금으로 가득합니다. 사주 원국에 조후적으로 필요한 화火는 기대하기 힘들다는 이야기입니다.

이렇게 되면 억부용신이라도 찾아봐야 합니다. 신약사주이니 토土와 금金을 봐야 하는데 원국에는 토만 있습니다. 지지의 축丑은 해자축亥子丑 방합으로 물에 휩쓸려 쓸 수 없는 흙입니다. 시간의 기己가 유일한 억부용신 후보인데 기 입장에서는 지지에 돕는 글자 축丑이 물에 휩쓸려 버리니 용신의 품질도 낮습니다.

대운에서 오는 금은 자칫 수를 금생수金生水로 강화할 수 있어서, 신약하다고 무턱대고 반길 수 없습니다. 결국 기미己未라는 강한 토土의 대운이 와야 그동안의 직업적으로 방황하게 만들었던 물의 범람을 막을 강둑이 생깁니다. 물론 대운의 지지 미未는 원국의 축丑과 축미충丑未沖을 일으키니 절대적인 안정기라고 볼 수 없습니다. 그래도 유일한 용신 후보인 기己에게 힘이 되고 강한 물을 막는 '기미 대운'이니 이전보다는 안정감을 찾습니다.

사주의 주인공에게 왜 그렇게 자주 이직했냐고 물었을 때 "근무한 조직들이 합리적이지 않거나 올바른 것에 대해 논의하고 수용하는 문화가 아니었다"라고 했습니다. 몇 가지 사례를 들었는데 논리 정연해서 개인적으로는 많이 공감할 수 있었습니다. 그러나 겨울밤의 차가운 물속에서 더욱 냉랭해진 신辛이라는 칼날에 상사나 동료도 가까이 다가가기는 어려웠을 겁니다.

사주명리에 옳고 그름의 잣대는 없습니다. 이는 대자연에 선악이 없는 것과 같습니다. 다만 자연의 원리로 인간의 마음과 행동을 이해하여 문제의 원인을 파악합니다. 그러면 대안을 모색하는 데 도움이 되고 마음에 품은 계획을 실행하는 데 용기도 생깁니다. 이번 대운에는 그간의 방황에 마침표를 찍기를 응원하는 마음입니다.

사례로 공부하는 핵심 이론

1. 쓸 만한 조후용신과 억부용신이 원국에 없고 대운에서도 용신운 또는 용신을 돕는 운이 오지 않으면 안정감이 없고 뜻한 바를 이루기 어렵다.
2. 억부용신으로 쓸 만해도 원국 내의 다른 흉신을 키우면 용신의 품질이 낮아진다. 예를 들면 겨울철의 수水가 범람하는 사주 원국은 차가움이 약점인데, 금金이 억부용신 후보라도 금생수金生水로 물이 더 커지면 원국이 더 추워지는 문제가 발생한다.

격국론

격국론格局論은 원국의 월지를 중심으로 일간의 기본적 성격 및 사회적 역량을 형성하는 십신을 정한 다음, 해당 십신을 통해 주인공에 대한 이해를 넓히는 이론입니다.

격국을 정하는 법은 다음과 같습니다. 월지의 지장간 글자 중 원국의 천간에 투출되는 글자를 찾습니다. 그 글자가 식신이면 식신격입니다. 모든 지장간 글자가 투출되면 월지와 같은 오행을 격으로 잡습니다. 월지와 같은 오행을 제외한 글자들만 투출되면 전반적인 원국의 형세를 보아 기운이 더 강한 글자를 격으로 삼습니다. 지장간에서 투출된 글자가 없으면 월지의 십신을 격으로 합니다.

	시	일	월	연
천간	비견	主	겁재	정인
	甲	甲	乙	癸
지지	戌	戌	丑	丑
	편재	편재	정재	정재
지장간	辛	辛	癸	癸
	丁	丁	辛	辛
	戊	戊	己	己

위 사주 원국은 월지 안의 지장간 정인 계癸가 연간年干에 투출되어 있으므로 정인격正印格 사주가 됩니다. 이렇게 되면 정인의 특징인 학문적 능력과 문서운을 갖는다고 봅니다.

그런데 격국론이 무엇보다 중요하다고 생각하는 명리학자들은 격국의 사용을 이 정도로 그치지 않습니다. 격국에 해당하는 십신을 조절하는 다른 십신을 '상신相神'이라고 부르며 또 하나의 용신 개념으로 사용하기도 합니다. 격국 중에 편관격 등 일부 격은 무조건 안 좋다고 보는 학파도 있습니다.

십신을 중심으로 한 격국론을 더 확장시키는 경우도 있습니다. 가령 일간이 목木인데 월지 또는 월지의 지장간으로 인해 상관격이 되었다면, 상관이 화火이므로 '목화상관격木火傷官格'으로 부르며 해당 격의 성향과 유리하고 불리한 기운을 제시하는 데까지 확장합니다. 월지가 연관되지 않아도 사주에서 두드러지는 점이 보이면 격의 한 종류로 명명하기도 합니다. 때로는 일반화하기 어려운 특수한 상황도 별도로 격 이름을 만들기도 합니다.

개인적으로 격을 열심히 공부했고 지금도 일부 이론은 실전에서 사용합니다. 하지만 처음 사주명리를 공부할 때부터 격에 몰입하면 원국 구조를 파악하는 연습에 소홀해질 수 있습니다. 수학 공식을 아무리 많이 외워도 문제의 본질을 알아야만 어려운 문제를 풀 수 있습니다. 마찬가지로 사주도 격국의 패턴 암기만으로는 어려운 사례를 분석하기에는 한계가 있습니다. 따라서 중급 이상의 실력을 쌓은 뒤에 격국을 깊이 공부하고 활용하기를 제안합니다.

사업운은 돈과 관련한 운을 보는 것이니 당연히 정재와 편재, 즉 재성을 가장 중요하게 봅니다. 그러나 사주 원국에 재성이 없어도 식신이나 상관이 자신에게 유리하게 작용하는 사람은 사업을 해도 됩니다. 성실하게 일하는 행동은 결국은 보답받기 마련이기 때문이죠.

실제 유명한 창업가 중에는 원국에 식신과 상관만 있는데 대운이나 세운에서 재성을 만나 부를 크게 축적한 경우도 있습니다. 간혹 관성이 용신인 사업가도 있는데요. 대체로 소비자를 대상으로 한 사업보다는 이른바 B2B라고 하는 법인 거래를 통해 성공한 사례가 많습니다. 관운은 조직 내에서만 작용하는 것이 아니라서 사업가에게는 법인 고객을 뜻하기도 합니다. 그러면 다양한 사업운의 사례들을 살펴보겠습니다.

회사원에서 사장이 되는 운

	시	일	월	연
천간	상관	主	정재	비견
	戊	丁	庚	丁
지지	申	卯	戌	未
	정재	편인	상관	식신
지장간	戊	甲	辛	丁
	壬		丁	乙
	庚	乙	戊	己

	77	67	57	47	37	27	17	7
대운	정관	편관	정인	편인	겁재	비견	상관	식신
	壬	癸	甲	乙	丙	丁	戊	己
	寅	卯	辰	巳	午	未	申	酉
	정인	편인	상관	겁재	비견	식신	정재	편재

사주의 주인공은 증권사 직원으로 시작해 투자전문회사의 오너가 되었습니다. 뛰어난 역량과 조직 내외의 신뢰를 바탕으로 창업했고 성공적인 실적을 거뒀습니다. 주인공은 병오丙午 대운 경인년庚寅年에 독립했는데, 사주 분석을 통해 성공 비결을 알아보겠습니다.

태어난 술월戌月은 양력 10월 초에서 11월 초로 서늘한 계절입니다. 음陰의 화火인 정丁 일간에게는 다소 추운 계절입니다. 그러나 일지에 묘卯가 땔감이 되고 연간에 다른 정丁도 있으며, 지지의 술戌과 미未 안에 지장간 정丁이 있어 적절한 온도가 되었습니다.

그러면 억부용신을 찾아보겠습니다. 나와 같거나 나를 생生하는 오행은 비견 정丁과 편인 묘卯뿐이니 신약사주입니다. 용신 후보는 비견 정丁, 편인 묘卯 둘 다인데, 정丁도 지장간 정丁 및 묘卯의 도움을 받으니 뿌리가 있습니다. 일지의 묘卯도 일간 바로 아래에서 주인공을 생生해주니 좋습니다. 사주 원국 내에 쓸 만한 용신이 있으면 삶의 격이 높다고 했습니다. 그래도 신약사주이니 대운이나 세운에서 일간의 기운을 돕는 운이 올 때 성공합니다.

병오丙午 대운은 천간, 지지가 모두 화火이니 드디어 기다리던 시기가 왔습니다. 경인년庚寅年의 인寅은 땔감이 되어 불이 더욱 커집니다. 이제 원국의 신약한 부분이 해결되니 원국에 준비된 재물을 취할 수 있습니다. 월간에 정재 경庚이 있는데, 보통 정재는 정해진 월급으로 알려져 있습니다. 그런데 시지의 신申이 같은 양陽의 금金이고 지지의 술戌, 미未라는 토土가 경庚을 토생금土生金하니 사주 주인공의 재물복이 매우 큽니다. 정재가 주로 월급을 뜻한다고 하지만 이 경우에는 평범한 월급쟁이가 아님을 예상할 수 있습니다.

다만 신약한 원국이라 대운이나 세운에서 좋은 시기가 올 때까지는 고연봉 정도로 원국의 힘 있는 정재를 사용하다가, 대운과 세운이 일간의 힘을 키워줄 때 드디어 잠재해 있던 돈복이 터지게 됩니다. 만약 신강사주였다면 목木이나 화火가 더 필요 없었을 것이어서, 연간의 비견 정丁은 정재 경庚을 두고 경쟁하는 존재가 되었을 것입니다. 그러나 사주 주인공은 신약사주이니 연간 정丁이 부족한 화의 기운을 돕는 파트너가 됩니다. 이후의 대운도 화와 목이 이어지니 말년까지 재물복이 끊이지 않을 것이라 예상합니다.

사례로 공부하는 핵심 이론

1. 신강사주에게 비견, 겁재는 경쟁자이지만 신약사주에게는 파트너가 된다.
2. 신약사주에 정재나 편재의 뿌리가 있다면 대운이나 세운에서 일간의 기운을 돕는 시기에 준비된 재물복을 취하게 된다.
3. 정재는 무조건 월급이라고 이해하면 안 된다. 정재도 그 크기에 따라 큰돈이 안정적으로 들어오는 구조를 만들 수 있다.

동업자 좋은 일만 시킨 격

	시	일	월	연
천간	편재	主	편재	정재
	甲	庚	甲	乙
지지	申	子	申	卯
	비견	상관	비견	정재
지장간	戊	壬	戊	甲
	壬		壬	
	庚	癸	庚	乙

대운	75	65	55	45	35	25	15	5
	편관	정관	편인	정인	비견	겁재	식신	상관
	丙	丁	戊	己	庚	辛	壬	癸
	子	丑	寅	卯	辰	巳	午	未
	상관	정인	편재	정재	편인	편관	정관	정인

창업으로 대박까지는 아니어도 업계에서 인정할 만큼 성공한 벤처사업가의 사주입니다. 지인들은 그 정도면 개인적으로 먹고살기 충분한 재산을 모았으리라 생각했습니다. 그러나 실상은 경제적 자유를 얻어 은퇴할 수준에는 미치지 못했고, 여전히 새로운 사업으로 제2의 성공을 노리고 있습니다. 그 배경에는 동업자와의 분쟁으로 지분의 상당량을 빼앗겼기 때문입니다. 사주 원국을 보니 사연이 쉽게 이해됐습니다.

사주의 주인공은 원국에 정재 두 개, 편재 두 개로 재성財星이 네 개나 됩니다. 신강사주라면 강한 재성을 취하지만 신약하다면 기회 대비 돈을 벌지 못하거나 돈과 관련된 분쟁에 휘말리게 됩니다. 일명 재다신약財多身弱 사주라고 해서, 원국에 돈을 뜻하는 재성이 많아 일간의 기운이 오히려 약해졌다는 뜻입니다.

그렇다면 위의 원국은 신강사주일까요, 신약사주일까요? 답은 신약사주입니다. 그런데 신약 정도도 약간 신약한 것과 많이 신약한 것으로 나눌 수 있습니다. 이 원국은 언뜻 보면 아주 신약하지는 않다고 볼 수 있습니다. 정인, 편인은 없지만 월지와 시지에 비견이 각각 한 개씩 있습니다. 일간과 같은 오행이 두 개뿐이지만 신강·신약 분석에서 지지는 천간보다 가중치를 둡니다. 그래서 아주 신약하지는 않습니다. 일부 전문가들은 월지와 시지에만 일간을 돕는 글자가 있어도 일단은 신강하다고 볼 정도입니다.

그런데 자세히 들여다보면 조금 달라집니다. 신자진申子辰 삼합三合 때문입니다. 일지에 신자진 삼합의 반합인 신자申子의 조합이 일지를 중심으로 양옆에 두 개가 있습니다. 신자진 삼합은 수水를 만들고 일간 경庚의 입장에서 물의 기운은 식신과 상관으로 기운을 빼냅니다. 따라서 비견 신申이 있더라도 지지에 식신과 상관의 기운이 강화되어 신약한 사주가 됩니다. 신강, 신약의 수준을 일률적으로 수치화하기는 어렵지만 완전히 신강한 경우는 100점, 완전히 신약한 경우는 0점이라고 가정하면 사례의 주인공은 약 40점 전후가 될 것으로 보입니다. 그러니 결론적으로는 신약사주로 봐야 합니다.

신약사주이니 사주의 정재 두 개와 편재 두 개를 충분히 취할 수 있는 일간의 힘이 부족합니다. 원국 안에 정인과 편인이 없으니 비견 신申을 억부용신으로 사용합니다. 그런데 원국의 정재 을乙과 묘卯는 같은 연주에 있어 강한 재물운을 뜻합니다. 반면 원국의 편재 갑甲 아래에는 비견 신申이 있어 나무의 기운이 강하지 않습니다. 또한 일간 경庚이 취하고자 하는데 동업자를 뜻하는 신申도 동시에 노리고 있습니다.

물론 신약사주라 동업자의 도움이 필요하고 부富를 나눠야 합니다. 문제는 나눠도 나에게 돌아올 정도로 재물운이 강하냐는 것입니다. 갑甲은 아래 글자 자리에 갑을 강화하는 수水나 목木의 기운 대신 갑을 극剋하는 신申이 있어 뿌리가 튼튼한 나무가 아닙니다. 따라서 그 크기가 매력적이지 않다고 보기에 편재라도 동업자와 나눠 가지면 나에게 얼마 안 돌아오는 것이죠.

을묘乙卯는 큰 돈이지만 주인공 일간과는 거리가 멀고 동업자 신申에게 가깝습니다. 경진庚辰 대운에 동업해서 성공했는데 경庚은 신약사주에 비견으로 도움이 되는 동업자를 뜻합니다. 그리고 진辰은 신자진 삼합을 완성해 사주를 더욱 신약하게 만듭니다. 만일 진辰이 신약한 사주에 편인으로 힘이 된다고만 보고 삼합은 못 보면 해석의 핵심을 놓치는 것입니다. 초가을이라 너무 추운 계절은 아니지만 신자진 삼합으로 물의 기운이 커지면서 사주가 차가워지는데 원국이나 대운에 화火의 기운이 하나도 없는 것도 일간에게 불리합니다. 물론 수생목水生木으로 사주의 재성財星이 커지니 결국 동업으로 성공했습니다. 그러나 동업자와의 갈등으로 본인이 받아야 할 돈보다 적게 받으면서 첫 번째 사업이 종료된 것입니다.

사례로 공부하는 핵심 이론

1. 신약사주가 비견이나 겁재를 사용해 재물을 취하면 동업의 모습이지만 정재나 편재의 크기나 일간과의 거리 등에 따라 일간이 취하는 부의 크기는 달라진다.
2. 신강·신약 사주를 판정할 때 지지의 비중을 크게 두지만 삼합이나 방합이 존재하면 특정 오행의 영향력을 크게 만들 수 있으니 종합적으로 고려해 판단한다.

하늘이 도와 성공하는 시기가 있을까?

	시	일	월	연
천간	식신	主	상관	식신
	辛	己	庚	辛
지지	未	未	子	酉
	비견	비견	편재	식신
지장간	丁	丁	壬	庚
	乙	乙		
	己	己	癸	辛

대운	71	61	51	41	31	21	11	1
	정재	편재	정관	편관	정인	편인	겁재	비견
	壬	癸	甲	乙	丙	丁	戊	己
	辰	巳	午	未	申	酉	戌	亥
	겁재	정인	편인	비견	상관	식신	겁재	정재

이 사주의 주인공은 동업으로 창업한 회사를 높은 가치로 매각해서 수백억의 부를 축적했습니다. 이는 병신丙申 대운에 있던 일이며 성공의 시작은 임진년壬辰年부터였습니다. 사주명리에서 온도의 균형과 힘의 균형이 모두 조화를 이루는 것이 성공에 얼마나 중요한지를 알려주는 사례입니다.

일간이 태어난 자월子月은 양력 12월 초에서 1월 초 사이로 추운 시기입니다. 일간 기己는 음陰의 토土인데 비견 두 개가 더 있어 큰 흙이니 겨울철의 차가운 큰 흙으로 태어났습니다. 원국의 여덟 글자에 화火가 없으니 대운이나 세운에서 따뜻한 기운을 기다려야 합니다. 물론 미未 중에 지장간 정丁이 있지만 땅속의 불씨라서 조후용신으로 믿고 쓰기에는 조금 약합니다. 물론 없는 것보다는 낫습니다.

신강·신약 분석을 하면 신약사주입니다. 비견 두 개만으로는 큰 흙은 되어도 전체적으로 신강한 수준에는 미치지 못합니다. 조후용신과 억부용신 모두로 사용할 수 있는 화火가 용신이 되는데 미未 중의 지장간 정丁은 땅속에 묻혀 있어 용신의 품질이 높다고 볼 수 없습니다. 이렇게 되면 대운이나 세운에서 화火 기운이 오는 때를 기다려야 합니다.

그런데 이 사주의 원국에는 조후용신 못지않게 중요한 게 있습니다. 바로 힘의 균형입니다. 일간을 포함한 토土의 기운이 세 개이며 식신, 상관의 금金 기운은 네 개인 데 반해 수水는 편재 자子로 한 개뿐입니다. 불균형한 것이죠.

토생금土生金으로 금金의 기운이 강해졌지만 토, 금, 수 간 힘의 불균형에도 금생수金生水가 잘될 것이냐는 질문을 해야 합니다. 일단 온도든 힘이든 사주에서는 균형을 중요하게 생각합니다. 이 사주는 금생수金生水가 잘 안 되는 원국 구조입니다. 전문용어로 금다수탁金多水濁이라고 합니다. 금이 과하면 수가 녹슨 물처럼 탁해진다고 하는 상황이죠. 마치 공장에서 재료는 많이 투입했는데 산출물을 내보낼 출구가 작아 제품이 중간 공정에서 정체된 이미지와 같습니다.

병신丙申 대운의 임진년壬辰年을 봅시다. 병丙은 차가운 흙의 온도를 알맞게 조정해줍니다. 물론 임진년의 임壬과 병임충丙壬冲은 되지만 하늘의 태양은 물이 끌 수 있는 존재는 아닙니다. 이 부분이 자주 문의가 나오는 부분입니다. 자연을 관찰하면 태양은 하늘에 있어 물로 끌 수 있는 불은 아닌 것 같지만, 오행으로 보면 수극화水剋火로 끌 수 있어 보이는데 무엇이 맞느냐는 것입니다.

이렇게 정리하면 됩니다. 병丙이라는 태양 주변에 만약 수水의 기운이 압도적으로 강하면 병의 화기火氣는 매우 제약을 받지만 하늘에 존재한다는 특징이 있기 때문에 죽지는 않습니다. 만일 정丁이라는 땅의 불 주변에 압도적인 수기水氣가 있다면 불은 꺼져 사라졌을 것입니다. 따라서 이 사례에서의 대운 천간 병丙은 병임충에도 불구하고 어느 정도는 도움을 준다고 해석하면 됩니다.

지지의 변화를 보면 대운 지지의 신申, 원국 월지의 자子, 세운 지지의 진辰은 신자진申子辰 삼합을 완성해 큰 물의 기운을 만듭니다. 종합하면 화생토火生土를 하는 대운 천간 병丙이 조후용신 및 억부용신이 되며, 신자진 삼합이 강한 토, 금과 약했던 수 사이의 균형을 맞춰주는 시기가 임진년입니다. 글자들 상호 간에 힘의 균형이 맞고 각 글자의 힘도 강하면 변화의 폭도 큽니다. 일간 기己 입장에서 큰 물의 기운은 재성財星이니 재물운이 되고, 이때부터 큰 성공이 시작됩니다.

그런데 41세부터 시작되는 을미乙未 대운에는 재산을 지키는 데 집중하고 새로운 사업은 조심해야 합니다. 대운의 미未라는 글자가 원국에 더해지면 원래 있던 세 개의 토土 기운에 하나를 더해 토 기운이 네 개가 됩니다. 금金 기운도 원국에 네 개인데 수水 기운은 한 개라 불균형이 심화됩니다.

이 사례에는 또 하나의 토론 주제가 있습니다. 병신 대운, 임진 세운에서 큰 부를 축적하기 시작했는데 기여도 면에서 '병'이라는 화火의 영향이 큰가, 신자진 삼합으로 수水의 균형이 맞춰진 것이 큰가 하는 질문입니다. 개인적으로는 후자라고 생각합니다.

기미己未 일주가 미未 시간에 태어났으면 신약해도 아주 약한 일간은 아닙니다. 지장간에도 정丁이 있어 어느 정도의 온도는 맞춰주니 강한 토, 강한 금, 강한 수의 균형을 이룰 때 재물운 수水를 취할 수 있습니다. 따라서 토, 금, 수 간 힘의 균형이 이뤄진 것을 성공의 첫 번째 요인으로 분석합니다.

사례로 공부하는 핵심 이론

1. 오행 간 불균형이 클 때 생生의 작용은 원활하지 않고, 이것을 해결해주는 대운, 세운의 시기에 생의 작용이 원활해진다.
2. 일간이 겨울의 차가운 흙으로 신약사주라면 조후용신·억부용신을 겸하는 화火가 용신이 된다. 용신이 정丁이라면 땅의 불이라 임壬이나 계癸를 만날 때 용신의 기능이 정지되지만, 용신이 병丙이면 태양으로 하늘의 불이라 임壬이나 계癸를 만나도 어느 정도는 사용할 수 있다.

멈추는 법을 알아야 성공하는 법

	시	일	월	연
천간	편재	主	정관	편관
	壬	戊	乙	甲
지지	子	寅	亥	寅
	정재	편관	편재	편관
지장간	壬	戊	戊	戊
		丙	甲	丙
	癸	甲	壬	甲

대운	72	62	52	42	32	22	12	2
	정재	편재	상관	식신	겁재	비견	정인	편인
	癸	壬	辛	庚	己	戊	丁	丙
	未	午	巳	辰	卯	寅	丑	子
	겁재	정인	편인	비견	정관	편관	겁재	정재

이번에는 예시로 다루지 않았던 중요한 이론 하나를 소개하려고 합니다. 바로 종격從格 사주에 대한 것인데요. 억부용신을 정하는 데 있어 빼놓을 수 없는 내용입니다.

종격이란 원국에서 일간의 기운을 강화하는 비견, 겁재, 정인, 편인이 하나도 없는 경우를 말합니다. 그동안 공부한 바로는 신약사주라면 원국 내에 비견, 겁재, 정인, 편인 중에 한 글자 이상이 있지만 이것만으로는 약한 일간에 힘이 되지 않으니, 대운이나 세운에서 억부용신에 해당하는 기운을 기다리게 됩니다.

그런데 아예 원국 내에 비견, 겁재, 정인, 편인에 해당하는 의지처가 없다면 강한 대세의 기운을 따라가는 편이 낫다는 이론입니다. 그리고 대운이나 세운에서 비견, 겁재, 정인, 편인 운이 오는 것을 오히려 꺼립니다. 대세를 따라가기로 마음을 정했는데 혼란스럽게 하는 모습이기 때문입니다. 또한 대세에 해당하는 기운을 극剋하는 대운이나 세운도 나쁘게 봅니다. 사례와 함께 조금 더 설명하겠습니다.

이 사주의 주인공은 대기업을 다니다 30대에 창업했습니다. 그런데 원국을 보면 전형적인 종격 사주의 모양을 갖고 있습니다. 원국에 편관 세 개, 정관 한 개, 편재 두 개, 정재 한 개가 있고 비견, 겁재, 정인, 편인은 하나도 없습니다. 이런 경우에는 신약사주라고 하지 않고 종격 사주라고 합니다.

정관, 편관에 해당하는 관성이 네 개이고 정재, 편재에 해당하는 재성이 세 개라서 관성, 재성 모두 그 기운이 강합니다. 앞서 종격은 대세의 기운을 따라가는 것이 좋다고 했는데 이 사주에서 기운이 강한 관성과 재성

중 어느 것이 대세일까요? 둘 다 대세이지만 결국은 관성으로 종從한다고 봅니다. 재성은 관성을 생生하기 때문입니다. 이 원국에서 재성은 수水이고 관성은 목木이니 수생목水生木의 원리로 강한 물은 강한 나무를 생生하며 나무의 기운을 더 강하게 합니다. 그러니 대세의 종착지는 목木인 관성이 됩니다.

이렇게 되면 대운이나 세운에서 대세인 목木을 극剋하는 금金은 나쁜 운이 됩니다. 역시 강한 기운인 수水를 극하는 토土도 나쁜 운이 됩니다. 종從하는 일간의 기운을 강화하는 화火와 토土 또한 반갑지 않습니다. 토는 종격인 일간의 기운을 강화하는 면에서 대세를 역행하고, 대세인 수를 극한다는 면에서 모두 꺼리는 기운이 됩니다.

그런데 화火는 어떻게 판단할지 고민이 됩니다. 억부용신보다 중요한 것이 조후용신이라고 했기 때문입니다. 일간 무戊는 해월亥月 자시子時에 태어났으니 초겨울 밤에 태어난 차가운 흙이라 화火가 필요합니다. 화는 왕성한 목의 기운을 빼주지만 적어도 극剋하지 않습니다. 따라서 화는 온도 및 종격 모두를 종합적으로 고려할 때 나쁜 운으로는 간주하지 않습니다. 다만 대세인 수의 기운과 화의 기운이 상충하는 구조가 되지 않을 때 한해서입니다.

재성과 관성이 대세인 원국은 최종적으로 관성을 따른다고 했습니다. 사업을 하더라도 관성의 마음으로 사업을 해야 합니다. 관성의 마음이란 자신을 통제할 줄 아는 마음, 직장인의 마음가짐을 뜻합니다. 관성은 일간을 극剋하는 기운이니 통제를 뜻하고, 관운은 조직운을 뜻하기 때문입니다.

사주의 주인공은 오너를 모시는 월급 사장을 해도 적합합니다. 그러나 공격적인 투자를 개인의 자산으로 실행하는 사업 방식은 추천하지 않습니다. 재성과 관성이 대세를 이루고, 최종적으로는 관성으로 기운이 종從하는 원국이기 때문입니다.

그런데 2006년 병술년丙戌年 하반기에 유통업을 창업한 이후 연이어 공격적인 점포 확장을 시도했습니다. 대운이 무인戊寅에서 기묘己卯로 바뀌는 시점이었습니다. 대운의 기己는 종격에서 반기지 않는 겁재劫財운입니다. 게다가 그 의미가 나의 재물을 겁탈한다는 뜻입니다. 사업에 유리하지 않은 시기입니다.

대운은 10년 단위의 운으로 대운의 천간과 지지 모두가 10년 동안 자신의 역할을 합니다. 그렇지만 대운의 천간이 초반 5년에, 대운의 지지가 후반 5년에 보다 중요합니다. 한 해의 운에서도 세운 천간이 한 해의 초반부에 먼저 작동하고, 중후반부에는 세운의 지지가 역할하는 것과 같은 원리입니다.

그렇다면 대운의 천간 기己가 더 중요한 시기에 해당하는 2009년 기축년己丑年은 종격인 사주에 겁재의 기운이 강한 시기입니다. 창업 직후 일시적으로 성공했으나 무리한 확장 후 2009년 전후로 크게 고생했습니다. 결국 해당 사업은 다른 사업자에게 양도했고 매각차익을 많이 얻지 못했습니다. 종격이라는 개념을 모르면 이처럼 기축년에 대한 해석을 잘못할 수 있다는 점에 유의해야 합니다.

이후 사주의 주인공은 2014년에 요식업을 창업했습니다. 이때는 큰 투자자의 도움을 받았습니다. 독립적인 사업법인을 운영했으나 실제로는 투자자의 영향 아래 있었습니다. 재성과 관성으로 종하는 사주에 걸맞은 형태입니다. 이후 점포를 몇 개 추가하며 성공했는데 무술년戊戌年인 2018년에 더욱 공격적인 투자를 합니다. 이때 대운은 이미 경진庚辰으로 넘어왔습니다. 경庚도 대세인 목木을 극剋하니 나쁘고, 진辰도 비견 토土이니 종격에서 별로 반갑지 않습니다. 그나마 진은 시지時支인 자子와 신자진申子辰 삼합의 반합이 되니 수水의 기운이 강화되는 면이 있어 지나치게 나쁘지 않은 것이 다행입니다. 수의 기운도 원국의 대세를 형성하기 때문입니다.

그런데 한 해의 세운만 보면 무戊와 술戌이라 모두 비견입니다. 대운 지지 진과 세운 지지 술이 진술충辰戌沖을 하니 신자진 삼합의 반합도 안 됩니다. 역시 종격 사주에 불리한 때입니다. 재성과 관성으로 종하는 팔자가 사업을 한다면 적절한 순간에 브레이크를 밟을 줄 아는 관성의 마음을 가져야 재물을 지킬 수 있습니다. 그런데 비견이나 겁재의 시기가 오면 자신의 힘이 강해지면서 관성의 마음, 즉 자기 통제력을 잃게 됩니다. 사주의 주인공에겐 2018년이 그런 때였으며 이때의 투자는 큰 소득이 없었습니다.

또 2020년 경자년庚子年에는 경庚을, 2021년 신축년辛丑年에는 신辛을 만나 기존 사업인 요식업에 많은 어려움을 겪었습니다. 경과 신은 대세인 관성 목木을 극하므로 불리하기 때문입니다. 그러나 이 시기에 기존 분야와는 전혀 다른 사업 분야에서 새로운 아이디어를 내고 전환을 시도했습니다. 아직 큰돈을 벌지는 않았지만 업계에서 잠재력이 있다는 평판을 얻었죠. 이는 2020년의 세운 지지 자子가 대운 진辰과 신자진 삼합의 반합을 해서 원국의 대세 기운인 수水의 기운을 만든 것이 긍정적으로 작용한 까닭입니다.

2021년의 세운 지지 축丑은 원국의 해亥, 자子와 함께 해자축 방합方合을 만들어 수의 기운이 강해지니 좋습니다. 축은 겁재로서 종격인 사주에 부정적이지만 방합으로 인해 대세인 수로 변하므로 치명적인 결과를 가져오지 않았습니다. 원국에서 대세인 오행 중에서 수에 유리한 시기인 것은 다행입니다.

그러나 최종적으로 종從하는 오행은 목木이기 때문에 2020년과 2021년은 금金의 기운이 있어 목에 유리하지 않습니다. 따라서 종합적으로 볼 때 역시 어려운 시기이며 수의 기운 덕분에 새로운 희망을 보게 된 것으로 분석됩니다. 2022년 임인년壬寅年은 오행 대세인 수와 목이 모두 들어오니 사업의 성장을 노려볼 만합니다.

정리하면 사주의 주인공은 아이디어도 독창적이고 실행력도 뛰어난 사업가입니다. 그러나 어느 순간 멈추는 관성의 마음이 부족한 점이 아쉽습니다. 새로운 사업에서도 규모를 조절하며 본인의 뒤에 큰 투자자를 두고 사업할 것을 권합니다. 비록 자신의 능력에 비해 다소 아쉬운 소득을 거두겠지만 경제적으로 안정된 삶을 살 수 있을 겁니다.

사례로 공부하는 핵심 이론

1. 종격은 원국에 비견, 겁재, 정인, 편인이 하나도 없는 경우로 원국의 대세 오행을 따라야 하기에 오히려 비견, 겁재, 정인, 편인을 불리한 기운으로 간주한다.
2. 종격에서는 원국의 대세 오행을 극剋하는 오행은 나쁜 운으로 간주하고, 원국의 대세 오행과 같거나 대세 오행을 생生하는 기운을 용신으로 삼는다.
3. 종격은 억부용신을 찾는 과정에서 만나는 특수 사례에 대한 이론이다. 조후용신과 더불어 종합적으로 고려할 때 조후용신 후보가 비견, 겁재, 정인, 편인이라면 과연 용신을 무엇으로 선택할지 판단이 어렵다. 기본 원칙은 종격 사주는 일단 종격 관점으로 용신을 잡는 것이다. 그리고 조후 관점에서 좋은 오행이 종격의 용신이나 종하는 글자를 극剋하거나 서로 충沖하면 아무리 사주의 온도를 맞추는 글자라고 해도 일간에 불리하다고 본다. 다행히 조후 관점에서 온도를 맞춰주는 오행이 종격의 용신이나 종하는 글자를 극하거나 서로 충하지 않으면 대체로 큰 문제가 없다. 정리하면 종격에서 용신은 일단 대세 오행과 같거나 대세 오행을 생하는 기운에서 정하되 조후 관점에서 필요한 오행 글자가 원국에 유리한지 불리한지를 판단한다.
4. 위의 사례처럼 오행의 대세가 두 개 이상이면 최종적으로 대세의 기운이 종從하는 오행으로 종격의 이름을 정한다. 사례에서는 무戊 일간에게 수와 목이 대세였다. 수는 목을 생生하므로 최종 대세는 목이다. 목이 정관만으로 이뤄져 있으면 '종관격從官格'이라고 부르고, 편관만으로 이루어지거나 정관과 편관이 섞이면 '종살격從殺格'이라고 부른다. 예로부

터 편관을 '살殺'이라고도 불렀기 때문인데, 이때의 살은 무조건 나쁜 의미가 아니라 '강하게 제압한다' 정도의 의미로 간주한다.

만약 특정 시기의 대운이나 세운이 두 개 이상의 오행 대세가 있는 사주 원국에서 한 오행 대세에는 유리하고 다른 오행 대세에는 불리하다면 최종적으로 대세를 형성하는 오행을 기준으로 정한다. 위의 예에서는 최종적인 대세는 목이었고, 2020년과 2021년은 금극목으로 목에 불리하므로 주인공이 원하는 결과가 충분히 나오는 시기는 아니라고 분석한다. 다만 수는 대세에 유리한 것으로서 사례의 주인공에게 일부 긍정적인 결과를 가져올 수 있다.

인기 유튜버를 가능케 한 사주

	시	일	월	연
천간	편관	主	식신	정관
	庚	甲	丙	辛
지지	午	戌	申	未
	상관	편재	편관	정재
지장간	丙	辛	戊	丁
	己	丁	壬	乙
	丁	戊	庚	己

대운	73	63	53	43	33	23	13	3
	비견	정인	편인	정관	편관	정재	편재	상관
	甲	癸	壬	辛	庚	己	戊	丁
	辰	卯	寅	丑	子	亥	戌	酉
	편재	겁재	비견	정재	정인	편인	편재	정관

종격에 익숙해지기 위해 종격 사례를 하나 더 다루겠습니다. 수십만 명의 구독자를 보유한 인기 유튜버이자 인플루언서의 사주입니다. 식신 한 개, 상관 한 개, 정재 한 개, 편재 한 개, 정관 한 개, 편관 두 개이며 비견, 겁재, 정인, 편인은 전혀 없습니다. 지장간에 있는 비견, 겁재, 정인, 편인도 고려해서 종격을 판단하는 전문가도 있지만 개인적으로는 일간을 제외한 나머지 일곱 글자만 보고 판단합니다.

일간 갑甲은 목木이므로 원국 내에서 목생화木生火, 화생토火生土, 토생금土生金의 단계를 거치므로 최종적으로 종從하는 기운은 금金이 됩니다. 그래도 식신과 상관을 뜻하는 식상食傷, 정재와 편재를 뜻하는 재성財星, 정관과 편관을 뜻하는 관성官星이 고루 힘이 있으니 식상의 표현력, 재성의 돈, 관성의 명예를 모두 갖게 됩니다. 물론 관성은 조직운도 되지만 사주에 식상과 재성이 모두 발달하니 회사원을 하기에는 답답하다고 느낍니다. 사주의 주인공이 어떤 조직에 속할 때는 최대한 자유로운 활동을 보장받는 환경이어야 합니다.

기해己亥 대운의 경우 기己는 정재라 괜찮은데 해亥는 편인이라 종격에 좋은 운은 아닙니다. 그래도 대운 천간의 기가 토土로써 해亥라는 수水를 토극수土剋水로 누르는 모습인 것은 다행입니다.

그러나 특정 세운에서 수水의 기운이 강하면 조심하는 것이 좋습니다. 2018년 무술년戊戌年은 개인적으로 좋은 일이 많았던 시기였습니다. 2021년 신축년辛丑年도 정관, 정재운이라 왕성한 활동을 하고 있습니다. 2022년 임인년壬寅年은 조심하는 것이 좋습니다. 임壬이 월간 병丙을 충沖하고, 인寅이 월지 신申을 충하며 들어오는데 해당 세운이 종격에서 꺼리는 편인과 비견이기 때문입니다.

그리고 인寅이 일지에서 인오술寅午戌 삼합으로 화火의 기운이 커지면서 술戌이 일시적으로 불로 변하면 화생토火生土, 토생금土生金으로 자연스럽게 이어지던 생生의 흐름에서 토의 중간 역할에 지장이 생겨 화가 금을 극하게 됩니다. 이미 오술午戌만으로도 반합半合이 된 것이 아니냐고 생각할 수도 있지만 완전히 삼합이 이뤄질 때의 영향은 큽니다.

금은 관성이니 이때는 관성과 관련된 사항들을 조심해야 하며 일반적으로 관성과 관련되어 조심해야 할 사항은 구설수, 주변과의 다툼, 회사원이라면 직장 내 갈등, 여성이라면 배우자 관련 사항 등입니다.

사례로 공부하는 핵심 이론

1. 종격에서 식상, 재성, 관성이 모두 발달하면 왕성한 활동력, 경제적 성과, 명예 모두를 가질 수 있다.
2. 종격에서는 비견, 겁재, 정인, 편인 등의 대운이나 세운에 해당하는 시기를 조심해야 한다. 특히 원국 글자 간에 생生하는 구조가 일시적으로 중단되면서 특정 오행이 극剋을 당하면 관련된 사항을 조심한다. 예를 들어 관성이라면 구설수나 주변과의 갈등을, 재성이라면 재물 관련 손해나 분쟁을, 식상이라면 활동력이나 생업 관련 업무 등을 조심해야 한다.

십이운성

모든 생명은 봄의 탄생, 여름의 성장, 가을의 성숙, 겨울의 마무리를 거칩니다. 그리고 1년은 12개월이니 인간도 12단계를 차례로 겪으며 살아간다는 것이 십이운성十二運星 이론입니다.

12단계는 각각 장생長生(세상에 처음 태어남), 목욕沐浴(태어난 아기를 씻음/어린아이가 천진하게 탈의하고 목욕하는 모습), 관대冠帶(청년기에 허리에 띠를 두르고 성장을 끝내는 시기), 건록建祿(한 명의 사회인으로 자립), 제왕帝旺(인생의 정점으로 왕성한 시기), 쇠衰(기운의 쇠퇴기), 병病(늙어서 병이 나는 시기), 사死(생명의 종료), 묘墓

	갑甲	을乙	병丙	정丁	무戊	기己	경庚	신辛	임壬	계癸
장생	亥	午	寅	酉	寅	酉	巳	子	申	卯
목욕	子	巳	卯	申	卯	申	午	亥	酉	寅
관대	丑	辰	辰	未	辰	未	未	戌	戌	丑
건록	寅	卯	巳	午	巳	午	申	酉	亥	子
제왕	卯	寅	午	巳	午	巳	酉	申	子	亥
쇠	辰	丑	未	辰	未	辰	戌	未	丑	戌
병	巳	子	申	卯	申	卯	亥	午	寅	酉
사	午	亥	酉	寅	酉	寅	子	巳	卯	申
묘	未	戌	戌	丑	戌	丑	丑	辰	辰	未
절	申	酉	亥	子	亥	子	寅	卯	巳	午
태	酉	申	子	亥	子	亥	卯	寅	午	巳
양	戌	未	丑	戌	丑	戌	辰	丑	未	辰

(사후에 묘에 들어가 휴식함), 절絶(무덤 속에서 완전히 사라짐), 태胎(새로운 생명의 잉태), 양養(임신기 동안 자라남)으로 구성됩니다.

이 중에 절絶을 '포胞'라고도 부르는데 그다음 글자인 태胎와 함께 묶어 '포태법胞胎法'이라는 이름으로 십이운성을 부르기도 합니다. 실제 분석에서는 원국의 주인공인 일간에 각각 대응하는 십이운성을 십이지지로 표현합니다. 가령 갑甲이 일간이라면 해亥가 장생, 자子가 목욕, 축丑이 관대가 되는 식입니다.

그런데 십이운성은 어느 정도 사례 해석에 익숙해진 이후에 배우고 제한적으로 사용하기를 권합니다. 일률적으로 적용하면 오행의 생극生剋 관점에서 이해되지 않기 때문입니다. 가령 장생일 때는 일간이 힘이 있는 시기입니다. 그런데 경庚은 사巳에서 장생입니다. 물론 사巳의 지장간 안에 경庚이 있지만 화火는 금金을 극剋하는데 어떻게 힘이 좋은 시기인 장생이냐는 의문이 듭니다. 목木은 화火를 만나면 기운을 방출하여 약해지는데 을乙은 오午에서 장생인 것도 쉽게 이해되지 않습니다.

그러면 어떤 때 십이운성을 유용하게 사용할까요? 임상 경험상 사死, 묘墓, 절絶과 관련해서 심도 있는 해석을 할 때 도움이 되었습니다. 그 외에는 합충 이론이나 조후용신·억부용신 등으로 대부분 해석되었습니다.

	시	일	월	연
천간		乙	庚	
지지		卯	丑	

위 원국 예시에서 을乙 일간에게 정관 경庚이 용신이라고 가정합니다. 경은 축丑이 묘墓입니다. 운에서 미未가 와서 축미충丑未沖이 되면 묘지墓地의 문이 열려 용신 경이 무덤에 들어가 못쓰게 되고 관성과 관련해 문제가 생긴다고 봅니다. 여기서는 이 정도로만 십이운성을 소개하겠습니다.

04

연애·결혼운

남성에게는 정재와 편재, 여성에게는 정관과 편관이 이성운이라는 것이 현재 사주명리의 주류 이론입니다. 그런데 남성의 원국에 재성이 없거나 여성의 원국에 관성이 없다면 배우자 없는 인생을 사는 걸까요? 그렇지는 않습니다. 첫째, 대운이나 세운에서 오는 재성이나 관성을 사용해 결혼할 수 있습니다. 둘째, 대운이나 세운에서 용신운이 올 때 결혼할 수 있습니다. 셋째, 일간과 합合을 하는 글자를 배우자 운으로 사용할 수 있습니다. 넷째, 일지와 합을 하는 글자도 배우자 운으로 사용할 수 있습니다. 첫 번째 경우나 두 번째 경우는 잘 알려졌지만, 세 번째와 네 번째 경우는 모르는 분들이 많습니다. 결혼과 관련된 이야기는 사람마다 사연이 다양하므로 늦은 결혼, 사별, 이혼, 오랜 싱글 생활 같은 특징이 있는 사례들을 소개하고자 합니다.

연애는 많이 하지만 결혼하지 않는 남자

	시	일	월	연
천간	정재	主	상관	겁재
	丁	壬	乙	癸
지지	未	子	卯	丑
	정관	겁재	상관	정관
지	丁	壬	甲	癸
장	乙			辛
간	己	癸	乙	己

대운	74	64	54	44	34	24	14	4
	정재	편관	정관	편인	정인	비견	겁재	식신
	丁	戊	己	庚	辛	壬	癸	甲
	未	申	酉	戌	亥	子	丑	寅
	정관	편인	정인	편관	비견	겁재	정관	식신

늦은 나이에 초혼한 남자입니다. 신약한 임壬 일간이 원국에 정인, 편인이 없어 겁재 자子를 억부용신으로 사용합니다. 연지의 계癸도 도움은 되지만 일간과 거리가 멀어 억부용신은 일지의 자子가 됩니다. 따뜻한 봄에 태어났으니 조후용신을 꼭 찾아야 할 부담은 없습니다.

대운에서 수水와 금金이 연달아 들어오니 원국의 신약함을 대운에서 구제하는 좋은 사주가 됩니다. 사주의 주인공은 재력가의 아들로 태어나 좋은 직장을 다녔습니다. 당연히 이성들에게 인기가 많았는데 연애를 많이 했음에도 막상 결혼은 하지 않았습니다. 그러다 40대 후반인 경술庚戌 대운 기해년己亥年이 되어서야 결혼했습니다.

원국에서 눈에 띄는 가장 큰 특징은 이성운인 정재正財가 시간에 있는 것입니다. 정재와 편재가 원국에 하나만 있으면 부인운으로 보고, 정재와 편재가 여럿 있으면 정재를 부인, 편재는 애인으로 보는 이론이 있습니다. 그러나 실제로는 그처럼 기계적으로 맞아떨어지진 않으니 주의해서 판단해야 합니다.

원국에 편재 없이 정재 하나만 있으니 시간의 정丁이 부인입니다. 연, 월, 일, 시의 순서로 각각 초년, 청년, 중년, 말년으로 보는 이론이 있습니다. 전문가에 따라 시時의 경우부터 중년으로 보는 견해도 있습니다. 어떤 견해로 보든 시時에 정재가 있다는 것은 사주 주인공의 결혼이 늦어질 수 있음을 시사합니다.

그런데 이것만이 유일한 이유는 아닙니다. 사실 시간이나 시지에 배우자에 해당하는 십신이 있어도 너무 늦지 않은 나이에 결혼하는 경우도 많습니다. 그보다는 젊을 때의 임자壬子, 신해辛亥 대운이 원국과 만나면 물바다가 이뤄져 부인에 해당하는 글자인 정丁이라는 불이 약해진다는 것입니다. 그런데 만 44세부터 들어오는 경술庚戌 대운의 대운 지지 술이라는 글자에 결혼의 기회가 있습니다.

술은 지장간에 신정무辛丁戊를 두고 있는데 여기에 정丁이라는 글자가 있습니다. 원국 시간의 정재 정丁은 대운에서 오는 술이라는 글자를 보면 그 속에 숨은 지장간 정丁이 자신과 같은 글자임을 감지합니다. 드디어 나와 기운이 호응하는 글자가 온다고 생각하며 잠에서 깨어나 활동하니 '정재', 즉 부인 자리의 운이 움직입니다.

또 다른 관점에서도 술이라는 대운 지지는 정재 정丁을 발동시킵니다. 원국의 정재 정은 바로 아래에 미未라는 글자가 있습니다. 대운에서 술이라는 글자가 오면 사주 원국의 축丑과 만나 축술미丑戌未 삼형살이 되어 변동성이 높아집니다. 정재 정이 봤을 때 자신이 위치한 아래의 글자들이 흔들리니 자신도 움직이게 됩니다. 조용하던 글자가 움직이는데 이 글자가 마침 부인에 해당하는 정재이기에 결혼 시기가 되었다고도 해석합니다.

그러면 결혼한 세운인 기해己亥는 사주 주인공에게 결혼운이 강한 시기일까요? 기己라는 글자는 신약한 일간을 정관운으로 누르지만 해亥가 수水이기 때문에 신약한 일간이 정재를 취할 힘을 얻으니 결혼한 것으로 해석해도 됩니다.

그러나 이 사주에는 조금 더 알아둬야 할 학습 포인트가 있습니다. 기해년에 결혼한 주인공은 앞서 일간이 강했던 해亥 대운 중에는 왜 결혼을 하지 않았을까요? 해라는 글자는 원국과 만나면 해자축亥子丑 방합과 해묘미亥卯未 삼합이 모두 가능합니다. 앞서 방합이 삼합에 우선한다고 했으니 일단 방합으로 변하는 수水의 기운이 삼합으로 변하는 목木의 기운보다 우세합니다. 대운 기간 동안 차가운 물의 기운이 넘치게 되는 것이죠. 따라서 정재 정丁이 여전히 신해 대운 속에서는 추위에 압도되어 결혼까지 이어지지 못하는 이유가 됩니다. 기해년의 경우는 경술 대운 속에 있기 때문에 상황이 다릅니다. 토의 기운이 어느 정도 수의 기운을 제어해주고, 술 대운 속의 지장간 정丁도 정재의 편입니다.

혹자는 해 대운에서도 수생목水生木이 되면 목생화木生火까지 되어 정丁을 사용할 수 있는 게 아닌지 궁금할 수도 있습니다. 이 경우에는 일지가 중요합니다. 일지는 십신의 종류와 상관없이 배우자 자리로 봅니다. 전문용어로 배우자 궁宮이라고 합니다. 연간은 조부, 연지는 조모, 월간은 부친, 월지는 모친, 시간과 시지는 자녀의 자리이며 일간인 주인공의 바로 아래인 일지를 배우자 자리로 보는 이론입니다.

일지에 용신이 오면 배우자 복이 있다든가 시간이나 시지에 용신이 오면 자식 복이 있다는 이론의 근거는 바로 '궁' 이론입니다. 십신을 성星이라고 하여 둘을 합쳐 '궁성宮星 이론'이라고 합니다. 남자의 일지에 정인이 오면 정인은 모친의 기운이므로 배우자가 엄마 같은 사람이라고 해석하는 것도 궁성 이론의 종합적 분석입니다. 사주 주인공의 원국 일지는 배우자 궁이고, 자子입니다. 해亥 대운의 차가운 기운이 배우자 궁인 자子와 만나면 배우자 궁에는 차가운 물이 넘치게 됩니다.

정리하면, 삼합보다 방합이 더 우세해 수水 기운이 강한 점은 아직 사주가 차가운 상황이라 정재 정丁을 배우자 운으로 쓰기에 불리합니다. 그래도 수생목水生木으로 나무의 기운이 강화되었으니 목생화木生火까지 고려하면 정재 정도는 쓸 수 있지 않을까 하는 생각이 듭니다. 그러나 배우자 궁이 차가운 물로 넘치는 것까지 고려해 종합적으로 생각하면 아직 결혼하기에는 이르다고 봅니다.

사주명리 이론은 두 시간 사이에 태어난 사람을 한 팔자로 가정하다 보니 원국이 같은 누군가는 해亥 대운에 결혼할 수도 있다고 생각합니다. 종합적으로 분석할 때 해亥 대운에서는 정재 정丁이 절대적으로 약한 것이 아니고, 여러 요소를 고려했을 때 아직은 때가 아니라고 한 것이기 때문입니다. 그러나 해亥 대운에 결혼한 사람은 결혼 생활이 순탄하지 않을 확률이 높습니다.

사례로 공부하는 핵심 이론

1. 대운에서 삼합과 방합이 모두 성립하면 방합을 우선한다.
2. 일지는 배우자 궁으로, 십신 이론과 함께 분석하면 심도 있는 배우자 분석이 가능하다.
3. 절대적인 결혼 시기는 없다. 결혼할 확률이 높은 시기 또는 결혼에 유리한 시기가 있는 것이다. 다만 결혼할 확률이 낮거나 불리한 시기에 무리해서 결혼하면 대부분 안정된 결혼 생활을 하기 어렵다.

배우자와의 갑작스러운 사별

	시	일	월	연
천간	편관	主	편인	편관
	庚	甲	壬	庚
지지	午	戌	午	戌
	상관	편재	상관	편재
지장간	丙	辛	丙	辛
	己	丁	己	丁
	丁	戊	丁	戊

대운	75	65	55	45	35	25	15	5
	편관	정재	편재	상관	식신	겁재	비견	정인
	庚	己	戊	丁	丙	乙	甲	癸
	寅	丑	子	亥	戌	酉	申	未
	비견	정재	정인	편인	편재	정관	편관	정재

병술丙戌 대운, 병술년丙戌年에 배우자와 사별한 남성의 사주입니다. 부인은 지병 없이 건강하다가 갑자기 암이 발견되었고 약 1년간 투병하다 세상을 떠났습니다. 남성에게 정재가 없으면 편재가 처성妻星, 즉 부인을 뜻하는 십신이 됩니다. 편재가 두 개가 있으니 두 번 결혼하는 사주로 볼 수도 있는데, 실제로는 사별한 후 계속 독신으로 살고 있습니다. 할 수는 있으나 하지 않은 것으로 이해됩니다.

원국을 보면 인오술寅午戌 삼합의 오술午戌 반합이 두 쌍이나 있습니다. 일간 갑甲이 목생화木生火를 하면 불의 기운은 더 커집니다. 더운 여름 한낮에 태어나 시원한 기운이 필요한 데다가 신약사주이니 편인 임壬이 조후용신 및 억부용신에 해당합니다.

원국의 주인공은 더운 여름에 태어난 데다가 지지가 오술 반합이 두 쌍이라 이미 술戌이라는 흙은 뜨겁고 메마른 흙으로 일간 갑甲이라는 소나무가 뿌리 내리기 어렵습니다. 대운이나 세운에서 더운 기운이 추가로 들어오면 술戌이라는 흙은 더욱 건조해져 갈라지는 상황이 됩니다. 사업하는 사람이라면 재물의 손실도 가능하고, 가족 관계에서는 정재가 없는 원국이라 편재의 문제는 배우자 문제가 됩니다.

병술 대운, 병술년은 병丙이라는 화火가 두 개나 등장해 온도를 높이기도 하지만, 용신 임壬과 병임충丙壬沖이 되니 덥고 메마른 사주의 유일한 오아시스가 막히게 됩니다. 이 시기에 배우자의 문제가 생기는 이유입니다. 만일 부인의 사주가 건강한 팔자였다면 목숨까지 위험하지는 않겠지만 그래도 어느 정도의 어려움은 있습니다. 안타깝게도 고인의 사주도 해당 시기에 건강상의 약점이 심각한 사주였습니다.

다음 사례로 넘어가기 전에 이론적인 부분을 한 가지 짚고 가겠습니다. 연지의 술戌과 일지의 술戌 중에 어느 글자가 배우자인지 궁금할 것입니다. 두 가지 견해가 가능합니다. 첫째, 연지의 술을 첫 번째 배우자로, 일지의 술을 두 번째 배우자로 보고 초혼인 배우자의 경우이니 연지의 술로 고인을 보는 해석입니다. 둘째, 연지의 술은 일간과 거리가 머니 부친으로 보고 일간과 가까운 일지를 배우자로 보는 관점입니다.

원국의 편재는 모친에 해당하는 편인을 극하므로 부친으로 봅니다. 그러나 이 정도로 지지 전체가 불바다가 되는 시기면 연지의 술戌이나 일지의 술戌이나 모두 건조하여 갈라지는 것은 같습니다.

앞서 일지는 배우자 궁이라고 했습니다. 궁宮 이론은 십신의 의미와 별개입니다. 일지는 십신이 무엇이건 간에 배우자 궁, 즉 배우자가 위치하는 자리입니다. 실제 배우자가 연지의 술戌이라도 일지의 배우자 궁이 술戌이라는 흙인데 불바다 속에서 건조해져 흙이 갈라지는 형국이니 배우자 문제가 발생함을 의미합니다.

이처럼 사주명리는 여러 가지를 고려해 종합적으로 판단해야 하므로 처음 공부할 때는 해석이 어렵긴 합니다. 그러나 지름길은 따로 없습니다. 어려울수록 많은 사례를 경험해보는 것이 가장 빠른 길입니다.

사례로 공부하는 핵심 이론

1. 사주가 극도로 덥거나 추운 사주에서 해당 문제를 해결하는 용신의 기능이 정지하는 시기에는 큰 어려움이 생긴다. 어려움의 주제는 어떤 십신이 타격을 받는지를 분석해 가늠한다.
2. 배우자 궁인 일지에 있는 글자가 크게 손상되면 십신과 상관없이 배우자와 관련해 어려움이 발생할 소지가 크다.

관성이 없어도 부잣집 며느리가 될 수 있다?

	시	일	월	연
천간	상관	主	겁재	식신
	丙	乙	甲	丁
지지	子	卯	辰	卯
	편인	비견	정재	비견
지장간	壬	甲	乙	甲
			癸	
	癸	乙	戊	乙

	71	61	51	41	31	21	11	1
대운	정인	편관	정관	편재	정재	식신	상관	비견
	壬	辛	庚	己	戊	丁	丙	乙
	子	亥	戌	酉	申	未	午	巳
	편인	정인	정재	편관	정관	편재	식신	상관

남성의 원국에 재성이 없거나 여성의 원국에 관성이 없어도 결혼을 할 수 있다고 했습니다. 이번 사례는 용신운에 결혼한 여성입니다. 일간이 을乙인 여성인데 사주 어디에도 관성에 해당하는 금金 오행이 없습니다. 없으려면 이처럼 지장간에조차 깔끔하게 없는 것이 낫습니다.

봄의 한밤중에 태어난 을乙은 약간 추위가 있는 시기라 따뜻함이 어느 정도는 필요한데 사주에 병丙과 정丁이 있고, 화火를 생生하는 목木도 많아서 조후용신 후보는 용신 품질이 높습니다. 힘의 균형을 보니 신강합니다. 일간을 제외하고 수水 한 개, 목木 세 개입니다. 게다가 봄은 목의 계절이라 힘이 있습니다. 마찬가지로 여름에 태어난 화, 가을에 태어난 금, 겨울에 태어난 수도 계절의 힘을 얻었다고 해서 신강·신약 분석에서 가산점을 주는 요인이 됩니다.

신강한 일간은 관성으로 누르거나 식상, 재성으로 힘을 빼야 하는데 사주에 관성이 하나도 없습니다. 식신 한 개, 상관 한 개, 정재 한 개가 있습니다. 원국 내의 쓸 만한 억부용신 후보로는 정丁이 가장 좋고, 병丙도 괜찮지만 정이 약간 더 낫습니다.

진월辰月은 양력 4월 초에서 5월 초 사이로 봄의 목木이 꽃을 피우기 가장 좋은 시기입니다. 꽃은 붉은 이미지로 화火의 오행으로 간주합니다. 대지에서 붉게 피어난 꽃은 태양을 뜻하는 병丙보다는 정丁에 가깝다고 봅니다. 그래서 정을 억부용신 후보의 첫 번째로 삼습니다. 물론 정이 일간과 거리가 떨어져 있고 병이 일간 바로 옆에 있다는 점은 고민이 됩니다. 그러나 일간이 자정에 태어났다는 점을 떠올려보면 자정은 태양 병의 주 활동 시기가 아닙니다. 따라서 정을 우선시합니다.

진辰도 좋은 운이지만 굳이 용신으로 추구하지 않는 이유가 있습니다. 월지 진辰을 보면 주위에 갑甲과 묘卯 두 개에 둘러싸여 있습니다. 일간을乙 외에 다른 나무도 뿌리를 내리고 있는 흙입니다. 함께 공유하는 땅에 관심을 두느니 봄에 피어난 존재의 본분대로 열심히 꽃을 피우는 것을 추구하는 편이 낫습니다. 게다가 봄의 자정에 태어나 약간 서늘하니 불이 있어도 좋다고 했습니다. 따라서 정丁이 억부용신과 조후용신이 모두 되는 좋은 기운이 됩니다.

굳이 병과 정을 비교하면 그렇다는 것이지, 병을 쓰지 못한다는 것이 아닙니다. 시時에 있는 글자는 말년에 해당하는데, 원국의 주인공은 말년에 병을 유용하게 사용합니다. 젊어서는 정을, 나이 들어서는 병을 쓰니 인생의 무기가 두 개나 있는 모습입니다. 일간과의 거리를 우선시하는 전문가라면 병을 용신의 1순위로 삼을 수도 있습니다. 그러나 정과 병 중에 어떤 것을 1순위로 삼든지 위의 원국 구조는 화火의 운이 유용합니다.

원국에 관성 하나 없는 주인공은 미未 대운 갑오년甲午年에 대단한 자산가의 맏며느리가 되었습니다. 갑오년의 오午는 용신 정丁과 같은 음陰의 화火이고, 갑甲은 목생화木生火로 불의 크기를 키웁니다. 신강한 목木이 큰 꽃을 피우니 용신운입니다. 신강한 원국에 편재 미未도 나쁠 리가 없습니다. 편재이니 큰돈도 되고, 미未 안의 지장간에는 정丁도 있어 불의 기운을 키우는 데도 도움이 됩니다.

사주의 주인공은 결혼해서도 본인의 일을 계속하면서 육아를 병행하고 있습니다. 관성이 없는 여성의 사주도 남들이 부러워하는 결혼을 할 수 있음을 보여주는 좋은 사례입니다.

사례로 공부하는 핵심 이론

1. 남성의 원국에 재성이 없거나 여성의 원국에 관성이 없어도 용신운으로 결혼할 수 있다.
2. 용신을 정할 때는 원국의 비견과 겁재들이 탐내는 오행은 우선순위에서 미룬다.
3. 용신 후보 간 우열을 정할 때는 일간과의 거리 외에도 태어난 계절과 시간의 온도를 종합적으로 고려해 결정한다.

이혼수가 사주에 있었다?

	시	일	월	연
천간	정관	主	정인	정관
	甲	己	丙	甲
지지	戌	酉	子	寅
	겁재	식신	편재	정관
지장간	辛	庚	壬	戊
	丁			丙
	戊	辛	癸	甲

	78	68	58	48	38	28	18	8
대운	겁재	비견	상관	식신	정재	편재	정관	편관
	戊	己	庚	辛	壬	癸	甲	乙
	辰	巳	午	未	申	酉	戌	亥
	겁재	정인	편인	비견	상관	식신	겁재	정재

결혼한 지 몇 년도 안 되어 아이 없이 이혼한 여성의 사주입니다. 계유癸酉 대운 때의 일입니다. 원국만 잘 분석해도 초년 이혼의 요인을 찾을 수 있습니다. 연주의 갑인甲寅 정관이 일간과 간격이 떨어져 있는데 시간에 정관이 하나 더 있는 점을 살펴봐야 합니다.

이런 사주는 옛날 어른들이 늦게 결혼하라고 하는 사주의 전형입니다. 빨리 결혼하면 초년의 정관 갑인甲寅과 결혼하게 되는데 일간과 거리가 있습니다. 그리고 일간의 바로 아래에 있는 일지 유酉가 칼과 같아서 목木인 정관, 특히 연지의 인寅이 일주에 접근하는 것을 경계합니다. 따라서 연주의 갑인甲寅과는 인연이 약합니다.

게다가 결혼 초기의 대운이 유酉 대운이니 목을 극剋하는 기운이 더욱 강한 시기입니다. 사주의 주인공은 실제 이혼한 시기는 말하지 않았고 30대 초반 이전에 이혼했다고만 했습니다. 2004년이 갑신년甲申年, 2005년이 을유년乙酉年으로 금이 목을 치는 기운이 강하니 만일 참고 살았다고 해도 이 두 해의 어떤 시점부터는 사실상 부부의 인연이 멀어졌을 것으로 추정합니다.

갑甲과 인寅이 한 줄로 같이 있을 때는 두 사람이 아니라 강한 힘을 가진 한 사람으로 간주합니다. 강한 사람이니 능력이 출중한 사람일 텐데 물어보니 전남편이 젊은 나이에 출세한 고연봉의 직장인이었다고 했습니다. 힘이 있는 목木이니 금金이 공격할 때 건강이 상하지는 않지만 주인공 일간과의 갈등이 심해져 헤어지게 됩니다. 아무리 강한 나무도 계속 칼날에 상처를 입으면 아픈 법이니, 관계를 끝내고 싶어집니다.

오래전에 상담한 분이라 이후 재혼했는지는 확인할 수 없었습니다.

그러나 임신壬申 대운까지는 재혼하지 않는 것이 낫습니다. 대운의 신申이 원국의 유酉와 술戌을 만나면 신유술申酉戌 방합으로 금金의 기운이 아주 강해지며, 그 결과 시간의 정관 갑甲을 금극목金剋木으로 치기 때문입니다. 다시 결혼할 생각이 있다면 임신 대운 이후를 고려하는 것이 좋습니다.

사례로 공부하는 핵심 이론

1. 원국의 연주 또는 월주에 배우자에 해당하는 십신이 있는데 시주에도 있을 때 빠른 결혼은 두 번 결혼하는 요인이 된다. 단, 자유로운 연애가 일상화된 현대의 특성을 고려하면 결혼할 정도로 깊게 사귄 애인으로 첫 번째 배우자 운을 사용할 수도 있다. 무조건 두 번 결혼한다는 식으로 추정하면 곤란하다.
2. 대운 및 세운에서 배우자에 해당하는 십신을 강하게 극剋하는 시기는 배우자와의 갈등 요인이 크다.

어떻게 해야 결혼할 수 있을까?

	시	일	월	연
천간	비견	主	정인	편관
	戊	戊	丁	甲
지지	午	寅	丑	寅
	정인	편관	겁재	편관
지장간	丙	戊	癸	戊
	己	丙	辛	丙
	丁	甲	己	甲

	71	61	51	41	31	21	11	1
대운	정관	편관	정재	편재	상관	식신	겁재	비견
	乙	甲	癸	壬	辛	庚	己	戊
	酉	申	未	午	巳	辰	卯	寅
	상관	식신	겁재	정인	편인	비견	정관	편관

기업 임원으로 사회적 능력은 출중하지만 40대 후반까지 미혼인 남성의 사주입니다. 앞서 남성에게는 정재, 편재 등의 재성이 배우자 후보인 십신이라고 했습니다.

원국에는 월지 축丑 안에 지장간으로 있는 정재 계癸가 이성운입니다. 축월丑月인 양력 1월 초에서 2월 초 사이에 태어나 얼어 있는 땅속의 물이니 일간이 접근하기 어렵다는 문제가 있습니다. 설령 축丑이라는 땅속에서 밖으로 나와도 월간 정丁이 바로 정계충丁癸沖을 해버리는 문제가 발생합니다.

아예 지장간 안에 정재나 편재가 없었으면 대운이나 세운에서 재성을 찾거나, 용신운을 기다리는 노력이라도 할 텐데 원국의 지장간에라도 재성이 있으면 해당 재성이 배우자 후보가 됩니다. 일간이 해당 배우자 후보를 바라본다는 뜻입니다. 그런데 배우자 후보가 일간과 만날 방법이 없으니 결혼이 늦어지는 것입니다.

또 한 가지, 결혼이 어려운 이유가 있습니다. 앞에서 일지는 십신이 어떤 것이 오든 배우자 궁이라고 했습니다. 일지에 편관 인寅이 배우자 궁에 있습니다. 그런데 인寅은 오午와 인오술寅午戌 삼합의 반합을 하느라 자신을 땔감으로 불사릅니다. 배우자 궁에 있는 글자가 불 속으로 사라지니 결혼하기 쉽지 않은 또 하나의 이유가 됩니다.

그러면 과연 결혼할 길은 없는 것일까요? 사실 쉽지는 않습니다. 그래도 한 가지 기대를 해보면 여성관을 바꾸는 것입니다. 일간이 바라는 이상적인 여성은 차가운 흙인 축丑 안에 있는 음陰의 수水인 계癸입니다. 겨울철의 맑고 영롱한 샘물이 얼어 있어 접근을 허락하지 않는 형상은 일간이 그동안 품어온 여성상이 다소 현실과는 떨어진 이상적 여성상에 가깝다는 것을 시사합니다. 결혼이 목적이라면 좀 더 눈높이를 현실적으로 두는 것이 좋습니다.

그러나 이상형을 바꾼다는 건 쉽지 않기에, 상담하는 사람은 사주 분석을 잘해놓고 막상 난처한 상황이 되기 쉽습니다. 상담을 요청한 분들의 질문이 "왜 제가 그동안 결혼을 못 했나요?", "어떻게 하면 결혼할 수 있을까요?"가 아니라 "언제 결혼합니까?"이기 때문입니다. 따라서 이런 원국을 가진 분은 마음가짐을 바꾸지 않는 한 결혼하기가 쉽지 않다고 이해하면 됩니다.

사례로 공부하는 핵심 이론

1. 원국에 있는 배우자의 십신이 합이나 충으로 일간이 사용하기 어렵게 되면 결혼이 쉽지 않다.
2. 배우자에 해당하는 십신이 원국에 없으면 대운, 세운에서 배우자에 해당하는 십신을 기다리거나 용신운이 올 때 결혼할 수 있다.

신살론

사주명리를 공부하기 전에 갔던 철학관에서 이런 말을 들은 적이 있습니다.

"자네 사주는 타고난 띠에 백호살이 있으니 조부모 중에 중병이나 사고로 돌아가신 분이 있을 거야."

당시에는 호랑이가 잡아간다는 '백호살'이란 단어만 듣고 무서워했습니다. 실제 조부모님 중에 오랜 투병 끝에 돌아가신 분이 있었기 때문입니다. 지금은 백호살 하나만으로 생사를 단정하지 않지만 사주명리를 모르던 당시는 그랬습니다.

신살론神殺論/神煞論에서 살殺은 흉한 기운을 뜻하지만 신神은 좋은 기운을 뜻합니다. 대표적인 좋은 기운으로 천을귀인天乙貴人이 있습니다. 예를 들어 일간이 갑甲이면 축丑, 미未가 귀인에 해당하는 좋은 운입니다. 이처럼 십간마다 좋은 글자들이 있습니다. 이 외에도 천덕귀인天德貴人 등 다른 귀인들도 있습니다.

흉한 기운의 대표적인 것으로는 백호살이 있는데 갑진甲辰, 을미乙未, 병술丙戌, 정축丁丑, 무진戊辰, 임술壬戌, 계축癸丑에 해당하는 글자가 있으면 일단 백호살이 있다고 봅니다. 연주에 있으면 조부모, 월주에 있으면 부모, 일주에 있으면 본인이나 배우자, 시주에 있으면 자녀에게 나쁜 일이 있다고 보는 것입니다. 이 외에도 괴강살魁罡殺, 원진살怨嗔殺, 귀문살鬼門殺 등 나쁜 운을 뜻하는 살들이 있고 글자마다 무서운 해석들이 따릅니다.

전문가에 따라 신살론을 중요하게 해석하기도 하지만 저는 기본적인 원국과 대운, 세운 분석 등을 마친 후에 참고로만 적용합니다. 다른 운의 요소가 모두 좋은데 백호살 하나만으로 팔자가 나빠진다고 보기도 어렵습니다. 여러 신살에 대한 자세한 설명은 쉽게 검색할 수 있어 흥미가 있다면 언제든 찾아볼 수 있습니다. 하지만 우선 기본적인 원국 분석과 대운, 세운 적용이 익숙해진 뒤에 찾아볼 것을 권합니다.

이 외에 12신살十二神殺이라고 해서 연지와 일지를 중심으로 12개의 신살을 대응시켜 길흉화복을 설명하는 이론이 있습니다. 가령 일지가 인寅이면 해亥는 겁살劫殺, 자子는 재살災殺, 축丑은 천살天殺, 인寅은 지살地殺, 묘卯는 연살年殺, 진辰은 월살月殺, 사巳는 망신살亡身殺, 오午는 장성살將星殺, 미未는 반안살攀鞍殺, 신申은 역마살驛馬殺, 유酉는 육해살六害殺, 술戌은 화개살華蓋殺 등 12개의 살殺을 대응해 특히 흉사凶事를 판단하는 이론입니다.

12신살도 검색하면 쉽게 찾을 수 있으며, 마찬가지로 원국 분석과 대운 및 세운 적용이 익숙해진 뒤에 참고할 것을 권합니다. 개인적으로는 다른 운의 요소들이 너무 나쁠 때 겁살, 재살, 망신살 등을 참고하는 정도로 적용합니다.

◦05◦

기타 사례

이번에는 갑작스런 해고, 불치병, 조직 내 구설수와 관련된 사례를 소개합니다. 물론 투잡을 하다가 해고를 당한 경우는 사업운이나 직장운, 회사 내의 갈등은 직장운으로도 볼 수 있습니다. 그러나 그 결과가 인생에서 한 번 있을까 말까 한 보기 드문 상황이기 때문에 갑작스러운 질병으로 사망하는 경우와 함께 기타 사례로 다뤄 보았습니다.

어떤 사건의 영향이 그 사람 인생에 상당히 크게 작용하는 경우는 대개 사주 원국에 커다란 약점이 내재되어 있고, 그것이 일정 기간 발현되지 않다가 특정 대운이나 세운이 왔을 때 갑자기 불거지는 상황이 많습니다. 책을 다 읽고 주변 사람들 중 특히 삶의 성공이나 실패, 건강 등에서 큰 부침을 겪었던 지인들의 사주를 연구하면 실력이 빨리 향상되는 데에 도움이 됩니다.

아무리 잘나가도
나를 돕는 운이 필요한 이유

	시	일	월	연
천간	편관	主	상관	편재
	甲	戊	辛	壬
지지	寅	寅	亥	寅
	편관	편관	편재	편관
지	戊	戊	戊	戊
장	丙	丙	甲	丙
간	甲	甲	壬	甲

	71	61	51	41	31	21	11	1
대운	겁재	비견	정인	편인	정관	편관	정재	편재
	己	戊	丁	丙	乙	甲	癸	壬
	未	午	巳	辰	卯	寅	丑	子
	겁재	정인	편인	비견	정관	편관	겁재	정재

업계에서 잘나가는 전문가였으나 그간의 외부 활동 중에 사칙 위반이 있다는 이유로 조직에서 해고 통보를 받은 주인공의 사주입니다. 주인공은 정사丁巳 대운 병신년丙申年에 조직을 떠났습니다.

원국을 보면 편관만 네 개인데 편재가 두 개에 상관이 한 개 있으니 종격從格이고, 그중에서도 종살격 사주입니다. 종격 사주인데 원국에서 대세인 십신이 정재나 편재면 종재격從財格, 대세인 십신이 정관이면 종관격從官格, 대세인 십신이 편관이거나 정관과 편관이 모두 있으면 종살격從殺格이라고 부릅니다.

종살격의 예는 앞에서 한 번 다뤘습니다. 일간을 돕는 비견, 겁재, 정인, 편인이 하나도 없습니다. 물론 무戊나 병丙과 같이 지장간의 글자까지 고려해 종격을 정하는 분도 있지만, 그러면 종격에 해당하는 경우가 극도로 줄어듭니다. 따라서 종격을 정할 때는 대부분의 경우 일간을 제외한 천간, 지지의 일곱 글자를 중심으로 정할 것을 권합니다.

원국을 종격으로 보면 일간 무戊의 기운이 신辛으로 토생금土生金하고, 신辛은 다시 임壬과 해亥로 금생수金生水합니다. 최종적으로는 수생목水生木이 되어 갑甲과 인寅에 도달합니다. 원국이 종從하는 최종 종착지가 편관이니 종살격입니다. 종격에서 가장 나쁜 것이 최종적으로 종하는 왕성한 기운을 극剋하는 것입니다. 병신년丙申年의 인신충寅申沖이 무서운 이유입니다.

여기에 더 우려되는 점이 있습니다. 바로 삼형살三刑殺입니다. 병신년은 정사丁巳 대운의 기간인데, 대운 지지 사巳가 합세하면 원국의 인寅, 대운의 사巳, 세운의 신申이 모여 인사신寅巳申 삼형살을 형성합니다. 삼형살이라고 무조건 나쁜 것은 아니지만 종격의 기운을 거스르는 나쁜 시기에 인사신 삼형살이 등장하면 구설, 분쟁, 송사 등으로 큰 고생을 합니다.

게다가 종격이 편관으로 종하는 종살격이라는 점도 불리합니다. 원래 편관은 군, 검, 경을 뜻하는 강한 조직을 의미한다고 했습니다. 본인의 힘이 강하면 강한 조직에서 성공하지만 편관운에 눌리면 구설, 분쟁, 송사로 고생합니다. 경찰·검찰 공무원이 아닌 일반인이 사법기관을 출입하는 상황을 상상해보면 이해가 빠릅니다.

사주의 주인공은 조직을 떠난 이후 프리랜서 활동을 하고 있으며 전성기처럼 왕성한 활동을 하지는 않는다고 합니다. 종격 사주에서는 비견, 겁재, 정인, 편인이 오히려 불리하다고 했는데 무戊 일간인 주인공에게 정인 정丁, 편인 사巳, 비견 무戊, 정인 오午로 대운이 흘러가기 때문이라 생각됩니다.

사례로 공부하는 핵심 이론

1. 종격에서 최종적으로 종從하는 기운을 충沖하면 매우 나쁘다. 강한 기운이 충을 받으면 '왕자충발旺者沖發'이라 하여 오히려 반발력을 형성해 불안정한 운을 만들기 때문이다.
2. 삼형살이 운이 불리한 시기에 형성되면 나쁜 정도가 심각하다.

어느 날 갑자기 암을 선고받다

	시	일	월	연
천간	편인	主	편인	겁재
	乙	丁	乙	丙
지지	巳	丑	未	辰
	겁재	식신	식신	상관
지장간	戊	癸	丁	乙
	庚	辛	乙	癸
	丙	己	己	戊

	76	66	56	46	36	26	16	6
대운	비견	상관	식신	정재	편재	정관	편관	정인
	丁	戊	己	庚	辛	壬	癸	甲
	亥	子	丑	寅	卯	辰	巳	午
	정관	편관	식신	정인	편인	상관	겁재	비견

앞서 지지 이론을 설명할 때 축丑에 대한 사례로 소개했던 사주입니다. 그때는 원국의 일부 글자만 소개했지만 이제 전체 사주를 통해 심도 있게 분석해보겠습니다.

양력 7월 초에서 8월 초 사이인 미월未月 사시巳時에 태어난 일간 정丁이라 원국의 열기가 대단합니다. 그런데 일간의 양옆에서 을乙 두 개가 목생화木生火를 하니 일간의 화력은 더욱 강합니다. 저 멀리 연간의 병丙도 불입니다. 진辰은 지장간에 계癸라는 수水를 품고 있지만 일간과 거리가 멀어서 일간의 불 기운을 화생토火生土로 방출하기에는 애매합니다. 마침 일지의 축丑이 지장간에 신辛이라는 금金과 계癸라는 수水를 품고 있는 차가운 흙입니다. 뜨거운 기운 모두가 일지의 축丑으로 화생토火生土하고 있습니다. 축이 모든 문제를 한 몸에 받아내며 해결하고 있는 모습이라, 축에 문제가 생기면 원국에 위기가 오는 구조입니다.

사주의 주인공은 외관상 지병이 없다가 임진壬辰 대운 을유년乙酉年에 갑자기 암이 발견되었고 1년 만인 병술년丙戌年에 세상을 떠났습니다. 을유년의 을乙은 목생화木生火를 심화시키니 화火가 강해집니다. 더 큰 문제는 유酉입니다. 지지에 사유축巳酉丑 삼합을 만들며 금金이 됩니다. 불의 기운을 유통하던 차가운 흙은 사라지고 금속만 원국에 남았습니다. 불은 맹렬한 기세로 지지의 금金을 녹이게 됩니다.

일지의 금속이 강한 불에 녹는 상황은 건강의 이상을 뜻하니 이때 발병합니다. 다음 해인 병술년의 병丙도 불의 기운을 키웁니다. 세운 지지 술戌은 대운 지지 진辰, 일지의 축丑, 월지의 미未와 만나면 진술축미辰戌丑未가 모두 등장합니다. 다시 말해 진술충辰戌沖, 축미충丑未沖, 축술미丑戌未 삼형살三刑殺이 동시에 발동하니 지지地支가 지각변동을 합니다. 열기를 해소하던 축丑이 기능을 완전히 상실하니 이때 세상을 떠난 것입니다.

일지는 배우자 궁이지만 일간의 아래라서 건강도 의미합니다. 게다가 식신食神은 일상생활, 생업을 뜻하는 글자라 식신이 중단되는 것은 정상적인 생활의 중단이라 건강운으로도 해석합니다. 일지에 있는 식신이 무너지는 것만도 건강 이상을 뜻하는데 원국에 넘치는 불의 기운을 받던 식신 일지가 기능을 잃으니 심각한 건강 문제가 생깁니다.

여기에 앞서 언급한 백호살白虎殺을 적용하면 정축丁丑은 백호살인데 일주 백호살은 본인의 건강이라고 했습니다. 백호살을 몰라도 이 사주의 문제를 해석할 수 있지만 백호살까지 적용하면 더 명확하게 상황을 이해할 수 있습니다.

사례로 공부하는 핵심 이론

1. 원국에 과다한 기운을 해결하던 글자가 기능을 상실하는 시기에 사주의 위기가 발생한다.
2. 백호살과 같은 신살은 먼저 사용하지 말고 원국 및 대운, 세운 분석이 끝난 후에 보조적으로 활용한다. 십이운성의 적용도 같은 순서를 따른다.

사내 갈등에 휘말리다

	시	일	월	연
천간	편관	主	편인	정재
	丙	庚	戊	乙
지지	子	子	子	卯
	상관	상관	상관	정재
지장간	壬	壬	壬	甲
	癸	癸	癸	乙

대운	74	64	54	44	34	24	14	4
	비견	겁재	식신	상관	편재	정재	편관	정관
	庚	辛	壬	癸	甲	乙	丙	丁
	辰	巳	午	未	申	酉	戌	亥
	편인	편관	정관	정인	비견	겁재	편인	식신

대기업에서 임원으로 승승장구하다 계미癸未 대운 기해년己亥年에 사내 갈등에 휘말려 퇴사한 사주입니다. 이 사례는 신강·신약 분석에 특히 중요한 특징들을 보여주기에 소개합니다.

사주의 주인공은 양력 12월 초에서 1월 초의 자월子月 한밤중에 태어나 사주가 너무 춥습니다. 당연히 조후용신은 병丙을 후보로 삼습니다. 병은 태양이라 자체적으로 에너지가 나오지만 그래도 다른 글자에서 힘이 되어주면 조후용신으로서의 품질이 올라갑니다. 멀리나마 을묘乙卯가 목생화木生火하는 모습은 고맙지만 거리가 멀어 아쉽습니다. 그래도 다른 대안이 없으니 일단 병을 조후용신의 1순위 후보로 생각합니다.

신강·신약 판단을 할 때는 좀 더 섬세할 필요가 있습니다. 물론 일간을 돕는 편인이 하나뿐이니 당연히 신약이라고 간주할 수 있습니다. 결론적으로 답은 맞습니다. 그러나 고민을 어디까지 해보고 신약으로 결정했느냐가 중요합니다. 일간을 돕는 비견, 겁재, 정인, 편인 등이 원국에 하나도 없으면 종격이라고 했습니다.

물론 이 원국에는 편인 무戊가 있기는 합니다. 그런데 지지에 무에게 힘이 되는 글자가 하나도 없습니다. 천간에 비견, 겁재, 정인, 편인 등이 하나만 있을 때 만일 이 글자에 힘이 되는, 즉 뿌리가 되는 글자가 지지에 하나도 없으면 종격으로 판정하기도 합니다. 애매한 글자는 아예 버리자는 이론입니다. 혹자는 이것을 진짜 종격은 아니라고 해서 '가종격假從格'이라고도 합니다. 하지만 학파에 따라 가종격을 고려하지 않고 뿌리가 없이 비견, 겁재, 정인, 편인 중에 한 글자만 천간에 있으면 순수한 종격처럼 고려하기도 합니다.

그러나 여기서 무戊는 결론적으로 의미가 있습니다. 한 칸 떨어져 있지만 병丙이 화생토火生土를 하고 있기 때문입니다. 억부용신 후보가 되는 것입니다. 즉 약한 무戊가 일간 경庚을 돕는 신약사주입니다. 다소 복잡할 수 있지만 원국의 여덟 글자를 놓고 이런저런 가능성을 다 생각한 다음에 격국, 십이운성 등의 공식을 대입할 수 있는 것입니다.

이 사주의 성공 방정식을 조금 다르게 설명해보겠습니다. 일간 경이 금생수金生水로 물을 키웁니다. 물은 수생목水生木으로 기운을 을묘乙卯의 목으로 전달하고, 목은 병丙으로 목생화木生火하며 약한 태양인 병을 키웁니다. 그리고 병이 화생토火生土로 차갑고 약한 무戊를 따뜻하게 만들면 무가 다시 일간을 토생금土生金하는 흐름입니다.

이 흐름이 글자 간의 힘의 균형을 유지하며 원활하면 운이 좋고, 그렇지 않으면 힘든 시기가 됩니다. 갑신甲申 대운의 임진년壬辰年에 주인공은 엄청나게 고생했습니다. 대운 지지 신申, 일지의 자子, 세운 지지의 진辰이 신자진申子辰 삼합으로 물을 크게 만들었고, 세운 천간의 임壬이 조후용신 병丙을 수극화水剋火하니 역시 힘들었던 것입니다.

그나마 병丙이 하늘의 태양이라 물이 완전히 끄기 힘들고, 대운 천간 갑甲이 약간이나마 목생화木生火를 하니 힘들어도 겨우겨우 버텨냅니다. 그러다 갑오년甲午年에 승진합니다. 대운 천간 갑甲과 세운 천간 갑甲의 생生을 받은 세운 지지 오午가 화력이 커서 조후용신 병丙의 뿌리가 되어 화력을 키워주기 때문입니다.

물론 자오충子午沖은 있습니다. 그런데 자오충이라고 해서 다 나쁜 건 아닙니다. 대운이나 세운에서 들어오는 운이 좋은 운이면 자오충으로 궁정적인 변화를 만들기도 합니다. 실제로 주인공은 갑오년에 임원으로 승진했고 주요 보직들을 두루 경험했습니다.

문제는 계미癸未 대운의 기해년己亥年입니다. 억부용신 무戊를 대운 천간 계癸가 무계합戊癸合으로 묶어 기능을 정지시킵니다. 세운 지지 해亥, 원국의 묘卯, 대운 지지 미未가 해묘미亥卯未 삼합으로 목木의 기능을 강화합니다. 을묘乙卯의 목 기운이 목생화木生火를 하니 병丙이 커집니다.

원래대로라면 강한 불의 기운을 무戊가 화생토火生土로 받고, 다시 토생금土生金으로 일간을 생生하는 순환 구조를 만들어야 합니다. 그러나 무계합으로 무戊의 기능이 일시 정지되니, 강해진 편관 병丙이 일간 경庚을 극剋합니다. 신약한 사주에서 편관의 극을 당하면 구설수, 분쟁, 송사운이라고 했습니다. 본인 기준에서는 억울한 사내 갈등에 휘말려 다음 해인 경자년庚子年에 회사를 떠났습니다. 회사 직원에게 소송한다고 말하는 수준까지 갔다고 합니다. 그래도 세운 천간 기己(기해년)가 무戊보다는 크기가 작은 흙이지만 어느 정도 병丙의 기운을 받아주어 남 보기에 큰 무리 없이 퇴사하고 다음 해에 다른 직장으로 이직할 수 있었습니다.

이 사주는 앞으로 조후 측면에서 온도를 조절하는 병丙과 억부 측면에서 용신인 무戊가 합이나 충이 되어 기능이 정지되는 시기를 주의해야 합니다. 또는 사주 전체가 물바다가 될 정도로 수水 기운이 왕성해도 조심해야 합니다. 향후의 일이지만 2032년은 임자년壬子年입니다. 이때의 대운은 임오壬午입니다. 강한 물줄기가 사주 전체를 물바다로 만드니 위험합니다. 대운의 오午가 언뜻 원국의 병丙에 힘이 되어줄 것 같지만 강한 물줄기에 오라는 불은 꺼질 확률이 높습니다.

병이나 오는 일간에게 관운입니다. 관운이 크게 상할 때 퇴사나 구설수, 분쟁, 송사 등이 생길 수 있으니 조심해야 합니다. 2032년을 기준으로 몇 년 전부터는 업무나 개인사와 관련된 계약 등이 있다면 철저히 검토해야 하고, 2032년 당해에는 불필요한 분쟁을 피해야 합니다. 이 시기를 전후해 직장을 그만둘 확률이 있다고 예상하고 재테크도 미리 점검해야 합니다. 겨울이 온다는 것을 알면 의식주를 대비하는 원리와 같습니다. 사주명리에서는 나쁜 운을 아주 좋게 바꾸기는 어렵지만 나쁜 정도를 줄이는 건 어느 정도 가능하다고 봅니다. 이것이야말로 사주를 공부하는 중요한 이유라고 생각합니다.

사례로 공부하는 핵심 이론

1. 신강·신약을 판단할 때 일간을 돕는 비견, 겁재, 정인, 편인에 해당하는 글자가 천간에 하나뿐이고 지지에 뿌리가 없을 때 종격으로 보는 견해도 있다. 그러나 조금이라도 해당 글자를 돕는 글자가 천간, 지지, 지장간 중에 있다면 통상 신약으로 본다.
2. 사주 원국에서 연속적인 생生의 단계가 이어지는데 특정 대운이나 세운에서 그 흐름이 끊길 때 운이 나쁜 시기가 된다.

공망

공망空亡은 비어 있어 쓰지 못한다는 뜻입니다. 이론적 유래는 다음과 같습니다. 가령 갑인甲寅이라는 글자가 있고 천간과 지지를 하나씩 적다 보면 을묘乙卯, 병진丙辰, 정사丁巳, 무오戊午, 기미己未, 경신庚申, 신유辛酉, 임술壬戌, 계해癸亥까지 적게 됩니다. 천간은 10개로 다 사용했는데 지지는 12개라 자子와 축丑은 짝을 찾지 못합니다. 따라서 갑인甲寅이라는 조합에는 자子와 축丑이 공망이 된다는 것입니다.

공망은 일주에 적용하기도 하고 일주와 연주 모두에 적용하기도 합니다. 가령 원국의 일주가 갑인甲寅이라면 지지에 자子와 축丑이 있을 때 그 기능을 완전히 사용하지 못합니다. 만일 공망에 해당하는 글자가 용신과 같이 좋은 기운이면 좋은 운이 반감되고, 공망에 해당하는 글자가 나쁜 글자라면 오히려 다행이라는 것이죠.

공망을 표로 외우는 분들도 있지만 간략히 계산하는 방법도 있습니다. 먼저 천간의 갑을甲乙은 1, 병정丙丁은 2, 무기戊己는 3, 경신庚辛은 4, 임계壬癸는 5라고 기억합니다. 그다음 지지의 자축子丑은 1, 인묘寅卯는 2, 진사辰巳는 3, 오미午未는 4, 신유申酉는 5, 술해戌亥는 6이라고 기억합니다.

이제 공망을 찾아봅시다. 지지에 해당하는 숫자에서 천간에 해당하는 숫자를 빼고 남은 숫자의 지지가 공망입니다. 예를 들어 갑인甲寅의 공망을 찾는다면 인寅은 2이고 갑甲은 1이니 '2-1=1'입니다. 1은 자축子丑이니 갑인의 공망은 자축

子丑이 됩니다. 위에 하나씩 천간과 지지를 이동하며 짝을 못 찾은 지지를 발견할 때와 같은 결과입니다.

만약 뺄셈의 수가 음(–)이 나오면 6에서 그 숫자를 뺀 숫자에 해당하는 지지를 찾습니다. 예를 들어 경인庚寅의 공망을 찾는다면 인寅은 2이고 경庚은 4이므로 '2–4=-2'가 됩니다. 6에서 2를 빼서 나온 4에 해당하는 지지인 오미午未가 경인庚寅의 공망이 됩니다.

공망의 적용 또한 앞서 십이운성이나 신살에서 말했던 입장과 같습니다. 원국과 대운, 세운을 분석하고 적용한 후에 참고만 하는 용도로 권하고 싶습니다. 물론 전문가에 따라 12운성, 신살, 공망을 반드시 사용하기도 합니다. 그러나 임상 경험으로 보면 사례에 따라 다르기에 저는 원국에 대한 깊이 있는 해석을 우선해야 한다고 봅니다.

제6강

실전 사례 연습

◦01◦

어떤 사주부터 시작해볼까

이제 여러분은 여러분 자신과 주변 사람들의 타고난 명命과 변화하는 운運을 이해할 준비가 모두 되었습니다. 남은 건 많은 사례를 분석하고 나의 삶에 도움이 되도록 사주명리를 활용하는 일입니다. 많은 사례를 분석하는 것도 체계적으로 접근해야 효율적입니다. 사주명리 활용에도 다양한 방향이 있을 수 있습니다. 그래서 마지막 장에서는 '체계적인 사례 분석'과 '쓸모 있는 사주명리 활용'에 대한 방법을 제안합니다.

과거의 중요한 사건들을 가장 잘 아는 사람들의 사주부터 다루면 흥미도 더해지지만 무엇보다 배운 내용을 잘 이해했는지 점검할 수 있습니다. 실제 일어난 일과 이론적 해석의 차이를 비교하려면 과거의 어떤 시점에 무슨 일이 일어났는지 정확히 알아야 하는데, 가족이나 아주 친한 사람이 아니면 과거에 일어난 중요한 사건들을 알기 어렵습니다.

물론 본인의 사주 분석이 가장 좋지만 샘플 하나로는 수적으로 부족하기도 하고, 본인의 나이가 젊다면 인생의 대형 이벤트가 적을 수 있습니다. 따라서 가족이나 친한 지인들의 사주 분석을 충분히 하는 것이 좋습니다. 사례들이 확보되면 분석을 통해 사주명리 이론이 제시하는 상황과 실제 상황이 얼마나 부합하는지, 어떤 이론들로 설명되는지 등을 확인합니다.

물론 두 시간 안에 태어난 사람은 모두 같은 팔자라는 가정은 구체적인 측면에서 차이가 있을 수 있음을 뜻합니다. 그러나 사주가 같은 사람들끼리는 큰 성공의 시기나 힘들었던 때가 비슷합니다. 관련된 사안도 비슷한 유형인 경우가 많습니다.

분석할 때는 인생에서 큰 성공이나 실패 등 두드러지는 사건을 중심으로 이론과 실제가 얼마나 일치하는지, 일치하지 않는다면 혹시 이론적 해석을 다르게 접근했어야 하는 건 아닌지 검토해봐야 실력 향상이 빠릅니다. 만약 실제 상황이 이론적 예측과 다른데 아무리 고민해도 이해가 되지 않을 때는 일단 다른 사례로 넘어가는 것이 낫습니다. 안 풀리는 문제에 너무 집중하면 흥미와 자신감도 떨어지거니와, 다른 사례들을 보다가 다시 보면 이해되는 경우도 많기 때문입니다.

우선 과거를 잘 아는 사례 3~4개를 정하고 다음 쪽 표에 내용을 적으며 이론과 실제를 비교해봅니다. 표에 있는 일곱 개 분야는 성격, 건강, 학업, 결혼, 직장, 사업, 재물로 인생에서 가장 중요한 영역들입니다. 삶이 복잡한 것 같아도 상담을 해보면 사람들의 고민은 대부분 이 일곱 개 분야에서 크게 벗어나지 않았습니다.

분야	예상 상황	분석의 근거	실제 일치 여부	실제 상황
성격				
건강				
학업				
결혼				
직장				
사업				
재물				

그러면 실제 사례로 위와 같은 표를 채워가며 공부하는 법을 소개합니다. 30대, 40대, 50대, 60대별로 연령대에 따라 각 하나씩 예를 들었습니다.

30대 남성

	시	일	월	연
천간	식신	主	정관	정재
	丁	乙	庚	戊
지지	亥	未	申	辰
	정인	편재	정관	정재
지	戊	丁	戊	乙
장	甲	乙	壬	癸
간	壬	己	庚	戊

	80	70	60	50	40	30	20	10
대운	정재	식신	상관	비견	겁재	편인	정인	편관
	戊	丁	丙	乙	甲	癸	壬	辛
	辰	卯	寅	丑	子	亥	戌	酉
	정재	비견	겁재	편재	편인	정인	정재	편관

분야	예상 상황	분석의 근거	실제 일치 여부	실제 상황
성격	안정 지향, 성실함, 원칙 중시	정재, 정관 각 두 개의 바를 '정正' 자 네 개가 안정을 추구하게 해 성실함과 규율 준수 심리를 형성함	△	철저한 준비, 원칙 중시 성향은 맞지만 안정적 직장도 과감히 떠나는 성격
건강	건강에 문제가 있을 것임	매우 신약한 사주	X	아직 큰 문제 없음
학업	원하는 진학 성공	정재, 정관이 주는 안정감이 공부를 잘하게 함	X	본인 능력과 기준 대비 아쉬움
결혼	20대 결혼	초년운을 뜻하는 연年에 부인을 뜻하는 정재 있음	X	30대 중반 현재 미혼
직장	대기업에 취직해 오래 근무	조직운인 정관이 월주에 강하고, 원국에 다른 관운이 없음	X	대기업에 취직했으나 1년 내 퇴사했고, 이후 여러 번 이직
사업	만 50세 이후 가능	일지에 '고위험·고수익'을 뜻하는 편재가 있고, 세 대운 지지가 편재	아직 해당 연령이 아님	아직 해당 연령이 아님
재물	만 50세 이후 상승	일지에 '고위험·고수익'을 뜻하는 편재가 있고, 50세 대운 지지가 편재	아직 해당 연령이 아님	아직 해당 연령이 아님

30대 남성의 원국과 대운입니다. 제가 처음 공부했던 시절을 떠올리며 '내가 3개월 정도 공부했을 때라면 어떻게 풀었을까'라고 생각하면서 표의 분야별 예상 상황과 분석의 근거를 적어보았습니다. 그리고 실제 상황을 토대로 일치 여부를 기입했습니다.

그런데 아무리 단순한 부분만 파악해 예상했다지만 실제 상황과 안 맞아도 너무 안 맞게 되어버렸습니다. 만약 전문적인 상담자가 이렇게 사주풀이를 했다가는 아주 난처한 상황이 될 겁니다. 그러나 처음 사주명리를 공부할 때는 여기에 적은 분석의 근거처럼 해석하는 경우가 비일비재합니다.

그러면 예시의 원국은 어떻게 해석해야 할까요? 신申월 해亥시에 태어난 을乙 일간이니 가을밤의 목木입니다. 그러나 주인공이 태어난 날은 양력 8월 8일로 24절기상 가을이 시작되었을 뿐 아직 충분히 더운 시기입니다. 즉 가을밤에 태어나 조후 측면에서 불은 필요하지만 추워서 문제가 생길 정도는 아닙니다. 억부 측면에서는 어떨까요? 일간을 돕는 비견, 겁재, 정인, 편인 중에 정인 하나만 있으니 신약한 사주입니다.

조금 세심히 본 독자라면 일지의 미未가 시지의 해亥와 해묘미亥卯未 삼합의 반합을 해서 목木의 기운을 형성함을 알아챘을 것입니다. 그러나 이 점을 고려해도 신약한 상황은 맞습니다. 정인 해亥를 용신 후보로 삼고, 추가로 대운이나 세운에서 수나 목이 와서 신약한 일간을 돕기를 기대하게 됩니다. 다행히 대운에서 수와 목에 해당하는 운이 계속 들어옵니다. 해묘미 삼합의 반합과 대운의 도움으로 신약하지만 건강에 치명적일 정도로 약한 상황은 아닙니다.

그러면 원국의 정관과 정재는 이 사주의 성격에 어떤 영향을 미칠까요? 물론 정재가 연주에, 정관이 월주에 있으면 안정 지향적인 성격을 형성하는 경우가 많습니다. 실제 주인공도 원칙을 중시하고 성실한 사람입니다. 그러나 이 사주는 첫 직장을 1년도 안 다니고 연봉은 적지만 도전의 기회를 주는 해외로 과감히 이직했습니다. 안정 지향적인 성격이 아니라는 것이죠. 도대체 어떻게 된 일일까요?

그 답은 일지의 편재와 당시의 운에서 찾아야 합니다. 일지에 편재가 있으면 편재의 마음, 즉 '고위험·고수익'의 마음이 생깁니다. 정재, 정관과 종합해 편재의 존재까지 읽어야 하죠. 이 사주에는 정재의 마음, 편재의 마음, 정관의 마음이 모두 존재합니다. 이 사주가 해외로 나간 시기까지 확인하면 분명해집니다.

당시는 갑오甲午년이었습니다. 오午는 식신의 기운입니다. 물론 식신이라는 십신十神도 성실성의 기운이지만 당시는 임술壬戌 대운으로 세운의 오午와 대운의 술戌은 인오술寅午戌 삼합의 반합을 형성하며 화의 기운을 키웁니다. 그러면 시간時干의 식신 정丁이라는 불씨도 함께 커집니다. 일간 을乙이라는 목이 목생화木生火로 큰불을 만드는 모습입니다.

이제 큰불은 화극금火剋金으로 정관 경신庚申의 힘을 누릅니다. 불의 기운이 식신이라도 여러 화기火氣가 모여 강한 불이 되면 조용히 성실히 일하는 식신이 아니라 강렬히 자기를 표현하는 상관의 모습이 됩니다. 따라서 나를 누르고 제어하는 조직운인 정관의 힘을 제압한 후 회사 밖으로 나갈 수 있게 됩니다. 성격과 직장운 등에서 정관과 정재가 강하다는 것만 보고 단편적인 해석을 하면 안 됩니다.

학업운은 왜 틀렸을까요? 일단 정재가 정관을 토생금土生金으로 강화했으니 금의 기운이 강합니다. 일간 목을 금극목金剋木으로 압박하게 되는데 목이 신강했다면 극剋을 잘 견디지만 신약한 편이므로 정관의 간섭에 신경이 예민해집니다. 게다가 입시를 준비하던 10대 후반의 대운은 신유辛酉 대운으로 금의 힘이 더욱 강해지니, 신약한 일간은 정관 덕에 안정감을 얻는 것이 아니라 정관 때문에 극도로 불안정해집니다. 정관이 중요한 것이 아니라 균형이 중요함을 잊지 마세요.

더욱 중요한 것이 있습니다. 세운을 확인할까요? 주인공이 수능을 본 2006년은 병술丙戌년인데 원국의 정재 진辰과 진술충辰戌沖으로 불안정함도 생기고, 병丙은 강한 에너지인 상관이라 마음이 밖의 새로움에 눈을 돌리게 됩니다. 술戌의 토 기운이 토생금으로 정관을 강화하는 것도 중심을 잡고 안정감 있게 공부하는 것을 방해합니다. 만족스럽게 입시를 준비하기가 어려운 것입니다.

마지막으로 결혼운도 알아보겠습니다. 역시 편재가 정재와 함께 있는 것이 중요합니다. 이런 원국에서의 시나리오는 두 가지입니다. 첫째, 젊은 나이에 연주 정재와 결혼했지만 헤어지고 다시 일지 편재와 재혼합니다. 둘째, 원국의 정재는 초년에 결혼할 정도까지 고려하던 연인이지만 결혼하지 않고 나중에 편재에 해당하는 여성과 결혼합니다.

만약 조선 시대에 이 사주의 주인공이 태어났다면 이미 결혼했을 것입니다만 이 사례는 후자의 시나리오라고 생각됩니다. 엄밀히 말해 20대에 결혼했을 것으로 예상한 것이 잘못된 해석은 아닙니다. 다만 결혼운이나 직업운은 그 시대의 사회상을 고려해 풀어야 합니다.

참고로 잠시 다루었던 12신살까지 보면 더욱 폭넓은 해석이 가능합니다. 정인 해亥는 용신인데 12신살로 지살地殺입니다. 역마와 더불어 해외운 등을 뜻하는, 이동의 기운이 강한 신살입니다. 정재와 더불어 일지 편재 미未도 배우자 인연인데, 이 글자가 지살 해亥와 해묘미 삼합의 반합으로 합을 합니다. 따라서 배우자의 인연이 먼 지역에 있다고 해석합니다. 실제로 주인공이 오랫동안 사귀고 결혼까지 고려하고 있는 연인이 외국인입니다.

첫 사례부터 너무 어렵다고요? '정재는 이렇다', '정관은 이렇다'라는 단편적 해석을 경계하고자 일부러 어려운 사례로 시작한 것이니 걱정할 필요는 없습니다. 어려운 사주도 분석의 핵심은 십신들과 대세운의 합충을 종합적으로 고려한 해석임을 명심하며 여러 사례를 분석하면 곧 높은 수준에 오를 수 있습니다. 그러면 다음 사례를 보겠습니다.

40대 남성

	시	일	월	연
천간	정재	主	정관	겁재
	壬	己	甲	戊
지지	申	未	子	午
	상관	비견	편재	편인
지장간	戊	丁	壬	丙
	壬	乙		己
	庚	己	癸	丁

대운	75	65	55	45	35	25	15	5
	정재	식신	상관	비견	겁재	편인	정인	편관
	壬	辛	庚	己	戊	丁	丙	乙
	申	未	午	巳	辰	卯	寅	丑
	상관	비견	편인	정인	겁재	편관	정관	비견

분야	예상 상황	분석의 근거	실제 일치 여부	실제 상황
성격	세심, 결단력	일간이 부드러운 음陰의 흙인데, 지지에도 음의 흙이라 일주가 강함	O	예의가 바르면서도 중요한 결단은 과감
건강	큰 문제 없음	신약하지만 아주 신약한 정도는 아님	O	큰 문제 없음
학업	원하는 진학 성공	초년을 뜻하는 연지에 용신 오午가 있고, 편인이라 초년 학운이 좋음	X	대학입시는 아쉬움, 박사는 해외 명문대
결혼	30대 초 이후 결혼	정재가 늦은 나이를 뜻하는 시時에 있음	O	30대 초중반 결혼
직장	초년 직장 생활	정관이 청년기를 뜻하는 월月에 있음	O	박사 후 대기업 취직
사업	만 45세 이후 가능	45세 대운에 신약하고 추운 일간에게 힘이 되는 비견과 온기를 주는 정인이 오니 상관운을 사용할 힘이 생김	아직 해당 연령이 아님	아직 해당 연령이 아님
재물	만 45세 이후 상승	45세 대운에 신약하고 추운 일간에게 힘이 되는 비견과 온기를 주는 정인이 오니 정재운을 취할 힘이 생김	아직 해당 연령이 아님	아직 해당 연령이 아님

40대 남성의 원국과 대운입니다. 자월子月 신시申時에 태어난 기己 일간으로, 겨울 오후의 경작지라 할 수 있습니다. 타고난 추위는 따뜻함이 있어야 언 땅을 녹입니다. 일간을 돕는 비견, 겁재, 편인이 각 한 개씩 있는데 전체적으로 보면 약간 신약합니다. 조후 측면에서나 억부 측면에서나 연지의 편인 오午가 용신이라는 것을 기억하면서 표를 채워봅시다.

위의 사례에서 예상과 큰 차이를 보인 것은 대학 입시 운입니다. 편인

용신인 오午가 연지年支에 있지만 자오충子午沖으로 그 힘이 약해진 것을 고려하지 못했습니다. 게다가 수능시험이 있던 때가 1996년 11월인데 병자丙子년, 기해己亥월로 수水의 기운이 강합니다. 당해의 초반에는 천간이 빠르게 움직이니 병丙이 어느 정도 따뜻함을 주었을 것입니다. 그러나 하반기에는 자子도 득세하고 게다가 해亥월이니 원국의 월지月支 자子와 물바다를 이루어 용신 오午의 기능을 떨어뜨립니다. 실제로 주인공은 수능 결과가 좋지 않아 원하던 대학에 진학하지 못했습니다.

그러나 20대 중반까지의 정관 인寅 대운은 신약한 사주에 힘을 주지는 않지만 용신 오午 입장에서는 불을 키우는 나무입니다. 주인공은 대학에 진학한 뒤 성실성을 인정받아 연구 실적이 좋은 같은 대학 연구실에서 석사 과정에 진학했습니다. 이후 정묘丁卯 대운의 병술丙戌년에 해외 명문대 박사과정에 입학했습니다. 병丙은 억부, 조후 측면에서 모두 좋고, 술戌도 오午와 인오술寅午戌 삼합의 반합으로 화火의 기운을 키웁니다. 또한 정묘 대운의 목, 화 기운과 어우러져 불의 힘이 크니 좋은 시기가 됩니다.

사업, 재물 등은 만 45세 대운에 비견과 정인이 들어오며 신약사주에 힘이 되고 조후 측면에서도 따뜻함이 들어오니 일간의 힘이 생깁니다. 따라서 상관이 뜻하는 외적인 활동력, 정재가 뜻하는 안정된 재물의 기운을 잘 활용합니다.

아직 미래의 일이라 단정하지는 않습니다만, 주인공은 상관운을 사업으로 사용할 것 같지는 않고 회사에서 사업 개발이나 영업과 같이 사업성이 강한 일을 할 것으로 보입니다. 조직운인 정관과 안정된 금전운인 정재를 일간의 양옆에 두고 있는 신약사주가 특정 시기에 힘이 생긴 것이므로, 조직 내에서 왕성한 활동을 통해 높은 연봉을 받는 형태가 더 알맞다고 생각합니다. 이는 원국 자체에서 일간이 갖는 침착하고 안정감을 중시하는 성향을 고려한 것입니다. 더불어 2032년 임자壬子년에 큰 물의 기운이 올 때 용신 오午가 약해지는 일시적인 어려움도 판단해서 종합적으로 제안하는 것입니다.

50대 여성

	시	일	월	연
천간	정관	主	상관	식신
	庚	乙	丙	丁
지지	辰	卯	午	未
	정재	비견	식신	편재
지장간	乙	甲	丙	丁
	癸		己	乙
	戊	乙	丁	己

대운	76	66	56	46	36	26	16	6
	겁재	편인	정인	편관	정관	편재	정재	식신
	甲	癸	壬	辛	庚	己	戊	丁
	寅	丑	子	亥	戌	酉	申	未
	겁재	편재	편인	정인	정재	편관	정관	편재

분야	예상 상황	분석의 근거	실제 일치 여부	실제 상황
성격	부드러운 성격이지만 실행력도 있음	을乙의 유연함과 식신, 상관의 열정을 겸비	O	외유내강, 높은 추진력
건강	조금 체력이 약한 정도	신약하지만 을묘乙卯 일주는 강한 나무	O	큰 문제 없고, 업무 과다로 늘 피곤함
학업	능력 대비 다소 아쉬움	초년을 뜻하는 연과 월에 외부에 눈을 뜨게 하는 식신, 상관이 강함	O	본인 잠재력 대비 다소 아쉬운 입시
결혼	늦은 나이에 결혼	원국에 관운이 시時에 정관 하나뿐이라 늦은 결혼	△	아직 미혼
직장	성공적인 직장 생활	정관이 진辰의 토생금土生金으로 강하고, 일간도 을묘라서 신약해도 아주 약하지 않음	O	회사 임원
사업	사업운은 약함	56세 대운이 수水 운이라 일간이 강해질 것 같지만 연, 월의 화火도 강해 그 영향은 제한적일 것임	아직 해당 연령이 아님	현재 회사에 다니며, 아직 56세 대운이 아님
재물	월급으로 충분한 소득	성공적인 직장운이 있고, 사업은 하지 않을 것임	O	월급을 충실히 저축, 관리하여 노후도 철저히 준비

50대 여성의 사례입니다. 여름에 태어난 을乙이니 다소 덥습니다. 사주에 물은 없지만 일간 을이 뿌리 내리는 진辰이라는 흙은 지장간에 계癸라는 물을 머금고 있어 생존이 가능한 수준의 수분은 보유하고 있습니다. 신약한 사주이기는 하지만 을묘乙卯는 매우 강한 목木의 기운이라 신약한 상황이라는 것만으로 큰 문제가 되지는 않습니다. 다만 신약한 사주라 사업을 권하지는 않고 정관 경庚과 을경합乙庚合의 인연이 된 것을 따라가는 삶이 바람직합니다.

정관 경이라는 글자 아래에는 안정된 월급을 뜻하는 정재 진辰도 있고, 진이라는 흙에 을乙이 뿌리 내리는 구조가 있는 점 등을 종합하면 균형이 잘 잡힌 원국으로 판단됩니다. 회사원으로 명예도 있고 월급도 괜찮을 것임을 시사합니다. 다만 을묘乙卯 일주라서 신약해도 아주 약하지 않기에 정관의 극剋을 견딜 수 있었다는 점이 중요합니다. 과하게 신약하면 종격이 아닌 한 관운의 극을 받을 때 출세가 아니라 구설수와 송사가 발생할 수 있습니다.

예상 상황 대비 대부분 실제와 일치하므로 결혼 부분만 검토하면 되겠습니다. 보기에 따라서는 시時에 남편운도 되는 정관이 있으니 본인만 원하면 결혼할 수 있다는 해석도 가능합니다. 이럴 때가 해석이 참 어렵습니다. 과거에는 50대의 미혼 여성이 결혼하는 경우가 많지 않았지만 요즘은 가능하기 때문입니다. 일단 여기서는 초년에 결혼하지 않은 이유만 짚고 넘어가겠습니다.

대운에서 신申, 유酉, 경庚, 신辛 등의 관운이 들어오는데 이때 금金 기운은 결혼으로 사용하기 어렵습니다. 원국으로 대운이나 세운이 진입할 때 연, 월, 일, 시의 순서로 오른쪽부터 들어오는데, 원국의 연과 월에 정丁, 병丙, 오午 등의 강렬한 불이 대운과 세운에서 들어오는 금金을 녹이기 때문입니다. 관운은 조직운도 됩니다. 따라서 만 46세 대운이 되는 2013년의 신해辛亥 대운은 되어야 본격적으로 조직 내에서 두각을 드러냅니다. 해亥의 기운이 일간에 힘도 되고 더운 열기 또한 어느 정도 식혀주기 때문에 금金 기운인 관운이 불이 강한 원국 속에서 고개를 듭니다. 이와 같은 사례를 만나면 20~30대에 초혼을 할 확률은 적다고 보는 게 결혼운에 대한 적절한 분석입니다.

60대 남성

	시	일	월	연
천간	겁재	主	겁재	편인
	癸	壬	癸	庚
지지	卯	戌	未	子
	상관	편관	정관	겁재
지	甲	辛	丁	壬
장		丁	乙	
간	乙	戊	己	癸

	72	62	52	42	32	22	12	2
대운	정인	편인	정관	편관	정재	편재	상관	식신
	辛	庚	己	戊	丁	丙	乙	甲
	卯	寅	丑	子	亥	戌	酉	申
	상관	식신	정관	겁재	비견	편관	정인	편인

분야	예상 상황	분석의 근거	실제 일치 여부	실제 상황
성격	매사 꼼꼼하게 계획하고 철저히 준비	일간의 좌우에 겁재가 있어 주변을 경계하고 다양한 리스크를 미리 준비하게 됨	O	치밀한 관리 능력으로 업무에서 인정을 받음
건강	큰 문제 없음	약간 신약하지만 대운에서 돕는 기운이 들어옴	O	큰 문제 없음
학업	능력 대비 다소 아쉬움	신약해서 연지의 자子가 중요한데 고3 때 무오戊午년으로 자오충子午沖이 됨	O	본인 잠재력 대비 다소 아쉬운 입시
결혼	만 22~32세에 결혼	만 22세 대운 술戌운에 술미형戌未刑으로 지장간 내의 정재 정丁이 움직임	O	만 30세 이전 결혼
직장	회사원으로 성공하며 이직도 가능	대운에서 신약한 일간을 돕고 정관, 편관이 각각 있어 두 개 이상의 회사	O	이직 경험이 있고, 최종 직장에서 고위 경영진까지 승진
사업	사업운은 약함	신약한 사주라 사업을 권하지 않음	O	현 직장 은퇴해도 사업계획 없음
재물	월급으로 충분한 소득	성공적인 직장운이 있고 사업은 하지 않을 것임	O	월급을 충실히 저축, 관리하여 노후 준비도 이미 완료

마지막으로 60대 남성의 사례입니다. 이 사주의 핵심은 신약한 여름의 강물이 다행히 아주 신약하지는 않고 갈증을 해결할 다른 물이 있다는 점입니다. 더욱 좋은 것은 대운에서 금金과 수水가 신약한 사주를 돕는다는 점입니다.

분석의 근거에 설명을 대부분 했는데, 결혼에 대해서는 조금 더 언급하고자 합니다. 2장의 이론 편에서 축술미丑戌未 삼형三刑을 이야기했습니다. 그런데 축, 술, 미 세 글자가 모두 모이지 않고 그중 두 글자만 모여도 삼형 정도는 아니지만 어느 정도의 변동성, 즉 형刑의 작용은 가져옵니다. 토土를 뜻하는 글자들이 부딪혀서 일어나는 약간의 지진 정도로 생각해도 좋습니다.

원국에도 술戌과 미未가 나란히 술미형을 가지고 있는데 만 22세의 병술丙戌 대운이 들어오면 술이라는 글자가 원국의 술미형을 자극합니다. 그러면 흙과 흙이 부딪히며 그 속의 지장간들이 발동하기 시작합니다. 그러면서 지장간 중 정재 정丁이 세상에 나오고, 일간은 부인을 만날 수 있는 시기가 되는 것입니다.

여기서 혹시 임壬 일간이 원국에 겁재 세 개, 편인 한 개인데 왜 신약하냐고 궁금해하는 분도 있을 것입니다. 왜냐하면 천간보다는 지지에 가중치를 두어 신강인지 신약인지 판단하기 때문입니다. 다만 아주 신약하지는 않기에 이를 '비약非弱한 신약사주'라고도 부르며 관운의 극剋을 견딜 수 있다고 봅니다. 만 52세에 오는 기축己丑 대운은 강력한 정관운입니다. 비약한 일간에게 출세의 시기입니다. 다만 원국의 술, 미와 대운의 축이 축술미 삼형을 만드니 잦은 보직 변동이 있습니다.

삼형은 삼형살로도 불리기에 무조건 나쁘다는 편견이 있습니다. 삼형살이 있으면 바쁘고 힘들 수는 있지만 결과의 길흉은 대운과 세운이 원국에 유리한지 불리한지로 정한다는 걸 기억해야 합니다. 합이 나쁠 수 있고 충이 좋을 수 있음도 대운과 세운이 원국에 유리한지 불리한지로 정한 것과 같습니다.

지금까지 네 가지 실제 사례로 주변의 사주를 수집, 분석하여 공부하는 방법을 소개했습니다. 위의 사례들처럼 몇 개의 샘플을 정리하는 것도 막상 해보면 상당한 노력이 필요합니다. 게다가 실제와 일치하지 않는 부분을 혼자서 한 번에 이해하는 것은 더 어렵습니다. 그러나 배웠던 이론 중에 사용하지 않은 것들을 이것저것 떠올리면서 '이렇게 이론을 적용하니 실제와 맞는구나'라고 경험하는 게 중요합니다.

앞서도 말했지만 잘 이해되지 않을 때는 잠시 다른 사주를 연구하다가 다시 안 풀리던 문제로 돌아오면 됩니다. 이런 과정을 반복하면 조만간 자신과 지인들 사주를 어떤 이론으로 봐야 해석되는지 통찰이 옵니다. 그다음에는 현재의 문제에 대한 이해와 미래의 사안에 관해서도 예상해 볼 수 있습니다. 그렇게 재미가 붙으면 어느새 지인들의 생년월일시를 하나하나 물어보고, 다른 책도 읽어보거나 다양한 동영상들을 열심히 찾아보게 될지도 모릅니다. 누가 알겠습니까. 그러다 인연이 되면 몇 년 후 여러분이 전문가가 되어 있을지도요.

나가며

사주명리로부터 배우는 인생의 지혜

사주를 어디에 쓰느냐는 질문은 너무 당연해 보입니다. 올해 집을 살지, 이직이 좋은 선택일지 궁금할 때 미리 답안지를 보고 싶은 마음이 드는 건 당연합니다. 책의 첫머리에서 저 역시 그동안 이직이 잦았던 이유를 이해하고 싶어서 공부했다고 했습니다. 그러나 단지 그뿐이라면 유명한 역술인에게 물어도 되고, 부동산 전문가나 업계 선배들의 자문을 받을 수도 있습니다.

그래서 책의 마지막에는 직접 사주를 볼 수 있으면 인생에서 무엇이 더 좋은지에 대해 알아보고자 합니다. 물론 사주의 효용이 무엇이냐는 질문에 정답은 없습니다. 그래도 이직 이유를 알려고 공부했던 제가 아직도 회사원인 지금은 어떤 용도로 사주명리를 사용하고 있는지, 어떤 효용을 얻고 있는지 공유하고자 합니다.

먼저 사주명리를 공부함으로써 저는 한 걸음 떨어져 인생을 들여다 볼 수 있었습니다. 이른바 셀프 코칭Self-coaching의 도구로 사용한 것이죠. 사회생활을 하다 보면 일이 뜻대로 되지 않을 때가 많습니다. 사람들은 상대방의 성공과 실패를 자신의 경우와 같은 잣대로 보지 않습니다. 내가 한 고생은 정말 큰 것 같고, 남의 성공은 좋은 운 덕분이라고 보기도 합니다. 남에 대한 정보가 나의 정보보다 적고, 거울이 없이는 내 얼굴조차 볼 수 없는 자기중심적 관점 때문입니다.

그런데 사주팔자 여덟 글자를 눈앞에서 보면 내 팔자나 남의 팔자나 단지 글자들일 뿐입니다. 같은 정보량, 같은 관점에서 보게 됩니다. 그러다 보면 자신에게 과도한 동정도, 불필요한 자책도 하지 않게 됩니다. 물론 제가 그런 높은 경지에 이르렀다는 것은 아닙니다. 아직도 회사에서 '제 기준에' 부당한 상황이 되면 화가 먼저 납니다. 그러나 사주를 돌아보면 종일 화날 일이 한두 시간 만에 진정되기도 합니다. 간혹 주변에 잘나가는 친구의 사주를 알게 되면 그의 장점을 더 잘 이해하게 되고 존중하게 됩니다. 물론 타고난 사주가 좋다는 것 자체가 운이 좋은 게 아니냐고 하면 그 말도 일리가 있습니다. 그러나 저는 현 상황의 인과관계를 객관적으로 이해하는 도구로서 사주명리를 알게 된 것만으로도 정신적 안정에 큰 도움이 되었습니다.

또한 미래에 대한 불안감이 조금은 줄어들었습니다. 이렇게 이야기하면 제가 말년 대운이 좋다고 생각할지도 모르겠습니다. 그러나 저의 대운은 긍정과 부정이 다 준비되어 있습니다. 처음에는 제 나이 몇 살이 되면 특정한 분야의 어려움이 닥칠 수 있다는 생각에 우울했던 적도 있었습니다. 그러나 요즘은 '어차피 그럴 확률이 높다면 그 나쁜 영향을 지금부터 줄이도록 준비해보자'라고 생각이 바뀌었습니다. 어촌을 떠날 수 없는 어부라면 특정 시기에 태풍이 온다는 것을 알았을 때 미리 해둘 일과 하지 말아야 할 일을 고려할 수 있습니다.

물론 미리 알고 있다는 것이 '괜히 알았나' 싶을 때도 있습니다. 사주 공부를 막 시작하려던 30대 초반에 어떤 역술인에게서 "젊은 사람이 판도라의 상자를 열어봤자 재미없으니 공부하지 말라"는 이야기도 들었습니다. 그러나 저는 사주가 모든 것이 정해진 판도라의 상자라고는 생각하지 않습니다. 큰 흐름을 예측하고 그 안에서 각자의 최선을 다하면 행복의 구체적인 모습은 노력에 따라 다르다는 믿음이 있습니다. 그래서 이 공부를 결정론이 아닌, 일기예보를 본 후에 나만의 변화를 계획하는 도구로 사용합니다.

한편으로 사주 공부를 통해 인맥의 폭이 넓어졌습니다. 20년 이상 일부 산업 분야에서만 활동했음에도 사주명리 덕분에 여러 분야의 다양한 사람들을 만날 수 있었습니다. 지인이 지인을 소개하는 식으로 만난 좋은 분들이 참 많습니다. 검색창에 등장하는 유명한 분들도 있었고, 제가 모르는 분야에서 묵묵히 자기 자리를 지키며 사회의 한 축을 담당하는 분들도 있었습니다. 그분들은 저의 사주 이야기를 재미있어 했지만 저는 그분들의 인생을 통해 삶의 교훈을 많이 얻었습니다. 결국 좋은 사람이 좋은 환경이라고 생각하기에, 그처럼 다양한 만남을 가질 수 있음에 더욱 감사하고 있습니다.

저는 이렇게 세 가지 정도의 가치를 사주명리에서 얻고 있습니다. 직장인에게 이 정도 가치를 주는 도구라면 공부해볼 만하다고 생각합니다. 물론 사주팔자가 저와 다른 여러분은 또 다른 여러분만의 가치를 찾으리라 생각합니다. 나름대로 각자 팔자에 맞는 공부의 효용이 준비되어 있다고 생각하면 설레지 않으십니까?

부록 1

사주와 관련해 자주 묻는 질문들

한 권의 책이지만 사주명리에서 중요한 내용을 모두 다루고자 했습니다. 다시 읽어보니 목표했던 바가 완벽하지는 않아도 꽤 이루어졌다는 생각이 들어 기분이 좋아졌습니다. 그런데 문득 무언가 허전한 느낌도 들었습니다. 고급 이론 일부를 다루지 않은 것 때문이 아니었습니다. 사례의 양은 어차피 몇 개를 더 추가해도 아쉽습니다. 그러면 왜 그런 느낌이 들까 생각해보다가 곧 답을 얻었습니다. 바로 독자분들과의 '대화'가 없었다는 것이었습니다.

인터넷 방송도 아닌데 웬 대화냐고 하실 수도 있겠지만, 이 책을 대화체로 적은 이유도 읽는 분들과 사주명리에 대한 제 지식과 생각을 일대일로 이야기하듯 나누고 싶었기 때문입니다. 물론 책이란 창작 시점과 소비 시점 사이에 시간적 단절이 있는 매체입니다. 그래도 이 책의 마지막은 대화로 마무리하고 싶었습니다. 그래서 이전의 제 책들을 읽은 여러 독자분께 사주명리에 대해 궁금한 점을 무엇이든 물어보시라고 부탁했고, 놀랍게도 많은 분의 질문이 비슷하다는 것을 알게 되었습니다. 이 책의 마지막 몇 페이지를 지금 책을 읽는 독자분들과의 대화라고 생각하며, 제가 받았던 질문들을 모은 '자주 묻는 질문'으로 이 책을 마무리해도 좋을 것 같았습니다.

정답은 아니고 저의 답이라는 것을 미리 말씀드립니다. 그래도 재미있게 읽으셨으면 합니다. 사주명리를 더 공부하고 싶은 분들을 위한 추천 도서도 마지막에 있으니 참고해주시면 기쁘겠습니다. 어렵더라도 즐겁게 이 책의 마지막 페이지까지 도착하셨을 것이라 믿으며 다음의 만남을 기약하겠습니다. 언제나 좋은 운이 함께하시기를 바랍니다.

Q. 절대 결혼하면 안 되는 궁합이 있나요?

A. '결혼하면 안 된다'라는 말 자체가 모호한 면이 있는 것 같습니다. 사람마다 안 좋은 결혼 생활에 대한 정의가 다르기 때문입니다. 실제로 배우자가 돈만 많으면 상관없다는 분도 봤습니다. 비록 함께 오래 살지는 못했지만 이번 생애에 배우자로 만나서 행복했다는 분도 있었습니다. 이렇게 이야기했더니 어느 독자분이 질문을 '이혼할 확률이 높은 궁합이 따로 있느냐'로 바꾸셨습니다. 여기에 대한 사주명리 차원의 대답은 '있다'입니다. 그러나 '이 사람이 너무 좋으니 사주 같은 것은 보지 않아도 결혼하겠다'라는 분을 저는 더 존경합니다.

Q. 사주에 직업도 정해져 있나요?

A. 아닙니다. 물론 어떤 유형의 사주 패턴은 강직한 군인, 검찰, 경찰 등에 잘 맞는다거나, 남과 어울리기보다 혼자 연구하는 일에 적합하다거나 같은 직업적 특징은 분석할 수 있습니다. 지금은 21세기입니다. 10년 단위로 보면 예전에 생각도 못 했던 직업들이 생겨나고 있습니다. 그래서 사주의 주인공이 좋아하는 분야, 잘하는 분야를 분석해서 현재 존재하는 직업군들 중에서 제안을 드리고 있습니다.

Q. 사주로 사망 시기도 알 수 있나요?

A. 아닙니다. 다만 건강이 매우 약해질 확률이 높은 시기는 분석됩니다. 그런 때가 다가오면 미리 건강검진을 받는다거나 위험한 활동을 조심하는 노력을 하며 조심스럽게 넘어가길 바랄 뿐입니다.

Q. 재테크에 사주를 이용할 수 있나요?

A. 네, 그렇습니다. 재물운이 유리한 시기와 불리한 시기를 분석할 수 있습니다. 다만 자신의 그릇을 알고 합리적인 수준의 목표를 가질 때만 사주를 이용할 수 있습니다. 상식적으로 봐도 무리한 투자처에 요행을 바라며 투자하면서, 올해 재물운이 좋다고 했는데 왜 별로냐고 하는 분께는 드릴 말씀이 없습니다. 아무리 팔자가 좋은 사람도 높은 절벽에서 맨몸으로 뛰어내리면 살기 힘들다고만 말씀드리겠습니다.

Q. 제왕절개 시기를 조절해서 좋은 사주로 태어날 수 있나요?

A. 네, 그렇습니다. 실제 제왕절개 시간을 제안해달라는 부탁도 자주 받습니다. 그런데 좋은 시간을 제안해도 담당 의사 선생님의 일정 때문에 실제 다른 시간에 낳은 경우도 여럿 보았습니다. 사람의 힘으로 할 수 없는 영역이 분명 있다고 생각합니다.

Q. 팔자가 같으면 인생도 같은가요?

A. 정확히 같지는 않습니다. 예를 들어보겠습니다. 전 국민이 다 아는 가수가 있다고 칩시다. 사주가 이분의 사주와 같은 사람이 우리나라에만도 수십 명이 있을 겁니다. 그런데 모두 음악을 하지는 않습니다. 다만 성격이 비슷하고 잘하는 분야가 유사하며, 인생에서 잘나가는 시기와 어려운 시기는 겹칩니다.

Q. 혼자 독학해도 전문 역술인이 될 수 있나요?

A. 네, 그렇습니다. 저는 여러 선생님께 배울 수 있어 행운이었습니다. 한 분, 한 분이 우리나라에서 A급의 실력을 가졌다고 할 수 있는 분들이었습니다. 그러나 실제 독학으로 고수가 된 분도 많습니다. 중요한 것은 끈기 있게 지속적으로 연구하는 열정이라고 생각합니다. 물론 좋은 선생님과 동료들과의 토론은 학습 시간을 줄여주기에 전문가가 되려면 혼자보다는 먼저 앞서가는 분들의 도움을 받기를 권합니다.

Q. 사주에 평생 벌 돈의 크기도 나오나요?

A. 정확한 액수까지 알기는 어렵지만 부자 수준인지, 중산층 수준인지는 어느 정도 파악이 됩니다. 재물운의 타고난 모습과 대운, 세운에서 오는 흐름을 보고 가늠합니다. 참고로 저는 부자의 팔자가 아닙니다. 그래서 간혹 부자인 분들을 상담해도 전혀 부러워하지 않고 편안한 마음으로 뵙고 있습니다. 어차피 제 것이 아니기 때문입니다.

Q. 사주명리에서 말하는 좋은 사주는 도대체 뭔가요?

A. 가족 및 교우 관계, 건강, 재물, 명예 등 인생사의 여러 관심 분야 중 한 분야에서 너무 어려운 상황만 겪지 않으면 좋은 사주라고 봅니다. 아무리 돈이 많은 부자라도 가족 및 교우 관계가 외로울 수 있고, 건강에 문제가 있을 수도 있습니다. 명예는 높지만 가족 내에 심각한 문제가 있을 수도 있습니다. 겉으로 보기에 화려한 분들도 한두 가지 말 못 할 문제로 불행하다고 하는 경우가 많습니다. 그래서 여러 인생사의 영역에서 과락이 없이 평균점이 적당히 높으면 좋은 사주입니다. 요즘 재테크에 대한 문의가 특히 많은데, 돈은 중요하지만 돈만 많은 것이 좋은 사주의 필요충분조건이 되지는 않습니다.

기초 공부 후, 함께 읽으면 좋을 책들

혹시라도 이 책을 읽고 사주명리를 더 깊이 공부하고 싶은 분들을 위해 제가 도움을 받은 책들을 소개합니다. 물론 이 외에도 많은 책의 도움을 받았지만 모두 소개할 수는 없어 가장 먼저 떠오르는 몇 권을 소개합니다. 순서는 '가나다' 순입니다.

《궁통보감 강해》, 이을로, 동학사, 2007

원국 분석에서 가장 중요한 것이 사주의 온도를 맞추는 '조후'라고 했습니다. 《궁통보감》은 계절인 월과 일간을 중심으로 조후론을 사전처럼 정리한 책입니다. 목차는 '인월갑목寅月甲木', '묘월갑목卯月甲木'과 같이 어느 월에 태어난 일간의 특징은 이렇고 어떤 오행이 필요한지와 같은 구성으로 되어 있습니다. 다 읽어보지는 못한다고 해도 본인과 지인의 사주만이라도 《궁통보감》에서 무엇이라고 말하고 있는지 확인해보기를 추천합니다.

《명리사전》 상·하, 박재완, 역문관, 1978

우리나라 20세기 3대 명인인 박재완 선생의 명저입니다. 앞서 《궁통보감》과 같은 월별 일간의 목차로 설명하지만 구체적인 측면에서는 《궁통보감》을 훨씬 앞섭니다. 타고난 시간과 일지까지 세분화하여 말 그대로 사주 패턴의 사전입니다. 원국의 여덟 글자 중에 다섯 글자는 일반화를 시도한 책으로 그 방대함과 정밀함에 놀라지 않을 수 없습니다. 저는 지금도 어려운 사주의 경우 《명리사전》을 찾아보며 확인합니다.

《명리실관》, 박재완, 역문관, 1999

《명리사전》의 저자인 박재완 선생의 실전 사례집입니다. 몇 살부터 몇 살은 어떨 것이라는 형태로 한 사주의 평생을 풀어나갑니다. 한 사람의 전체를 조망하는 사주풀이를 20세기 최고수의 설명으로 볼 수 있는 귀한 책입니다. 한학에 능통한 분이다 보니 한시를 쓰듯 한자로 사주풀이를 한 것에서 느낄 수 있는 고급스러운 운치는 덤입니다.

《사주정설》, 백영관, 명문당, 1983, 2002

300쪽이 안 되는 책에 자평명리의 핵심 이론을 모두 요약한 단권화의 백미라고 할 수 있습니다. 세로쓰기로 되어 있기는 하지만 얇은 책 한 권으로도 많은 내용을 다 소화할 수 있음을 보여줍니다. 한 권으로 사주

이론을 배워보자는 제 책의 모티브가 된 책입니다. 초판이 1983년에 발행되었는데 아직도 대형 서점 서가에 꽂혀 있다는 것은 이 책이 얼마나 대단한지를 검증해줍니다.

《세운해법》, 위천리, 최기우 옮김, 역학출판사, 2007

우리나라의 20세기 3대 명인이 도계 박재완 선생, 부산의 박도사(박재현 선생), 이석영 선생이라면 중화권에는 위천리 선생이 있었습니다. 홍콩, 대만 및 동남아 화교권에서 최고의 역술인이었는데《세운해법》은 위천리 선생의 상담집입니다. 각 사례에 대한 해석은 짧지만 많은 사례를 담고 있습니다. 중화권 최고수의 실력을 엿보기 위해 읽은 책인데, 명리에 대한 저자의 겸손한 마음이 구절마다 녹아 있어, 감동하며 읽었던 기억이 있습니다.

《역의 향기》, 정숙정, 에세이, 2012 | 《신 역의 향기》, 정숙정, 북랩, 2016

제 마지막 스승인 부산의 정숙정 선생이 쓴 두 권의 사례집입니다. 이 책의 핵심은 기존의 자평명리를 공부한 학생들에게 새롭지만 디테일을 잡아내는 데 필요한 이론들을 실제 사례에 적용했다는 점입니다. 부모, 형제, 처자 등의 육친肉親을 명확히 파악해내는 사례집으로는 타의 추종을 불허합니다. 육친을 정확히 파악하면 그 글자가 가지고 있는 다른 사회적 의미인 재물과 명예까지도 정확한 해석을 할 수 있습니다. 한마디로 천간지지의 합충을 세밀히 분석하면 십신론 해석의 넓이와 깊이가 어디까지 나아갈 수 있는지 보여줍니다. 이 책의 사례 분석에 사용된 합신合神,

투출신透出神, 일간대격日干代格 등은 고급 이론이라 이번 제 책에는 소개하지 못했습니다만 해석의 정확도를 높이길 원하는 분들은 이 책을 꼭 읽었으면 합니다.

《적천수 강해》, 구경회, 동학사, 2013

자평명리의 고전입니다. 지금까지 일간은 '나' 자신이라고 했습니다. 이런 일간 중심의 사주 해석은 중국의 서자평이라는 학자가 정립한 이후 체계화되었기에 '자평명리'라고 합니다. 지금까지 저와 함께 공부한 내용 대부분은 자평명리 계열이라고 보시면 됩니다. 《적천수》는 여러 사람의 손을 거쳐 주석이 달리며 개편되었는데, 이 《적천수 강해》는 두께가 1,000쪽에 육박하는 부담이 있지만 자평명리 여러 분야의 원문과 해석을 충실히 소개하고 있습니다. 제가 소개한 이론들의 고전적 뿌리가 어디에 있는지 궁금하다면 꼭 읽기를 추천합니다. 주제별로만 참조해도 초등학생 때 보던 '전과'와 같은 든든한 안정감을 줍니다.

《핵심통변 상담실례》, 김재근, 천지인, 2009, 2014

105개의 실전 사례를 비교적 자세하게 설명하고 있습니다. 각 사례의 제목이 '내 돈이 아니다', '이혼, 재혼, 자궁수술' 등 상담 고객의 핵심적인 문제를 어떻게 찾는지 공부가 됩니다. 12운성과 신살을 자평명리 안에 어떻게 녹여 해석하는지 알 수 있는 사례들도 많습니다.

찾아보기

[ㄴ]

[ㄷ]

[ㅁ]

[ㅂ]

[ㅅ]

[ㅇ]

[ㅈ]

혼자 시작하는 사주명리 공부

초판 발행 · 2022년 7월 29일
초판 5쇄 발행 · 2024년 6월 28일

지은이 · 김원
발행인 · 이종원
발행처 · (주)도서출판 길벗
브랜드 · 더퀘스트
주소 · 서울시 마포구 월드컵로 10길 56(서교동)
대표전화 · 02)332－0931 | **팩스** · 02)322－0586
출판사 등록일 · 1990년 12월 24일
홈페이지 · www.gilbut.co.kr | **이메일** · gilbut@gilbut.co.kr

기획 및 편집 · 유예진(jasmine@gilbut.co.kr), 송은경, 오수영 | **제작** · 이준호, 손일순, 이진혁
마케팅 · 정경원, 김진영, 김선영, 최명주, 이지현, 류효정 | **유통혁신팀** · 한준희
영업관리 · 김명자 | **독자지원** · 윤정아

디자인 · 어나더페이퍼 | **조판** · 정희정 | **본문 일러스트** · 이유철 | **교정교열** · 김순영
CTP 출력 및 인쇄 · 예림인쇄 | **제본** · 예림바인딩

김원
ISBN 979-11-4070-056-1 (03180)
(길벗 도서번호 090206)

정가 28,000원